北京农业经济学会学术文集 2016—2017
北京市社会科学界联合会社会组织重点资助项目

中国农业经济协调发展研究

唐　忠　曾寅初　主编

中国农业出版社

图书在版编目（CIP）数据

中国农业经济协调发展研究／唐忠，曾寅初主编
.—北京：中国农业出版社，2017.6
ISBN 978-7-109-23139-9

Ⅰ.①中…　Ⅱ.①唐…②曾…　Ⅲ.①农业经济发展
－协调发展－研究－中国　Ⅳ.①F323

中国版本图书馆CIP数据核字（2017）第141947号

中国农业出版社出版
（北京市朝阳区麦子店街18号楼）
（邮政编码100125）
责任编辑　贾　彬
文字编辑　刘金华

中国农业出版社印刷厂印刷　　新华书店北京发行所发行
2017年6月第1版　　2017年6月北京第1次印刷

开本：787mm×1092mm　1/16　印张：11.75
字数：320千字
定价：36.00元
（凡本版图书出现印刷、装订错误，请向出版社发行部调换）

编 辑 委 员 会

前 言
QIANYAN

　　按本届理事会的工作惯例，北京农业经济学会每年举行一次学术年会。2015 年的学术年会是 2015 年 12 月 5 日在中国人民大学召开的。会议围绕"新常态下的农业经济发展"的主题，邀请了专家学者进行了主题报告，入选征文的作者分为"农地流转与劳动就业""市场贸易与产业发展""信任信仰与社会保障""经济增长与资源环境"四个分会场进行了报告交流。

　　本论文集所收录的论文包括 3 个来源：一是北京农业经济学会 2015 年 12 月学术年会入选征文中经作者同意收录的论文；二是北京农业经济学会 2015 年 7 月召开的"京津冀农业协同发展"学术研讨会所征集的部分论文；三是学会部分会员专门为本论文集提交的论文。尽管论文的来源不同，但是从所探讨的问题来看，主要关注的是中国农业经济的协调发展问题。

　　中国农业发展正面临着新的挑战。从农产品市场的角度看，一方面，由于收入增长和人口城市化的驱动，中国居民对农产品的需求，无论是在数量还是在质量安全上都将快速提升，从长期来看中国农产品国内供给与国内需求之间的缺口有可能进一步增加，对进口的依赖将进一步上升，国内农业自然资源和环境所面临的压力难以缓解；另一方面，我国部分产品（如玉米）在市场上销售不畅，库存上升，这有价格政策没有及时调整的原因，但更是进口产品产生的市场"挤出效应"的结果，因此，如何恰当地处理总体净进口下的部分产品过剩，实现产品进口和国内生产之间的协调发展，需要深入研究；从农业生产的角度看，收入增长就意味着劳动力成本上升，在过去几年中，中国农业劳动力成本上升迅速，机器替代劳动成为必然，劳动力就会进一步转移出农业，在劳动力大量离开农业的情况下，我国现行土地制度如何恰当地处理劳动力与土地的再匹配，形成有竞争力的农业经营模式，需要深入研究。从经济结构转型的角度看，中国第一产业在 GDP 中的份额已下降到不足 9%，这一农业小部门化的趋势还会继续，在整个国民经济越来越市场化的情况下，农业发展如何恰当地处理政府与市场的关系，使得政府既不放松对农业的支持，也不过度干预市场，实现农业与其他经济部门的协调发展，需要深入研究。在这样的历史背景下，北京农业经济学会的各位会员，希望通过自己的学术研究，为中国农业的发展贡献自己绵薄的力量。

北京农业经济学会为这样的学术研究提供了一个交流平台。学会成立于1980年，是由王耕今、郑林庄、周诚等人自愿联合发起，后经北京市社会团体登记管理机关核准登记的北京地区研究农业经济的学者所组成的民间学术团体。学会第一届会长为王耕今，秘书长为周诚；第二届会长为周诚，秘书长为秦其明；第三届会长为周志祥、缪建平（周志祥1995年10月去世后缪接任），秘书长为唐忠；第四届会长为徐柏园，秘书长为唐忠；第五届会长为唐忠，秘书长为曾寅初；目前为第六届理事会，会长为唐忠，秘书长为曾寅初。

我最早参加北京农业经济学会的活动，大概是1985年我还是中国人民大学农业经济系的硕士研究生时，跟着老师们去旁听学会组织的学术研讨会。记得那时候北京农业经济学会每月在羊肉胡同的民盟北京市委组织的农经专题研讨会，是农经专业研究生们常去参与的一个重要学术活动。组织这些活动的学者中，就有本会的几位发起人。这一代农业经济学者领导的北京农经学会，有力地促进了北京地区乃至全国农业经济届的学术发展。在先师周诚教授的提携下，我从1995年8月开始担任学会秘书长。作为学会秘书长的12年，我先后协助中国人民大学农业经济系原系主任周志祥教授、农业部农研中心主任缪建平研究员、农业部农研中心研究员徐柏园研究员等几任会长处理了学会的日常事务。2007年5月换届后，我开始担任北京农业经济学会会长，曾寅初教授开始担任秘书长。当学会的"接力棒"传递到我们这一代学者手中时，我们有责任继承和发扬先辈学者为学会留下的光荣传统，立足北京、面向全国，更好地团结北京地区农业经济理论界和实际部门的专家学者，为他们提供一个开放、包容的学术交流平台。举办学术年会和专题研讨会、出版论文集等，正是这个平台的主要内容。2017年，学会又将进入换届之年。在两届会长任期届满之后，根据学会章程，我将不再担任学会会长职务。但是，作为学会会员我将一如既往地参加学会的活动。在此，我要特别感谢先师周诚教授！特别感谢先后担任第三届和第四届会长的周志祥教授、缪建平研究员和徐柏园研究员！

在学会创始人之一，学会第一届、第二届理事会秘书长，第三届理事会会长周诚教授的倡议下，北京农业经济学会于2013年设立了"北京农业经济学会周诚农业经济学奖"，以表彰学术年会征文中的优秀论文。中国人民大学农业与农村发展学院校友佟捷女士为 2013 年的颁奖、中国人民大学农业与农村发展学院校友邓联武先生为 2014 年和 2015 年的颁奖和学术年会提供了资金支持。在此，对这两位人大农经校友特致谢忱！

在学会 2016 年学术文集出版之际，请允许我代表编者和北京农业经济学会，再次感谢学会各团体会员单位对学会活动的积极支持和帮助，感谢各位作者热情参加学会 2015 年的学术征文活动，感谢参加征文活动的各位评审专家，感谢学术年会征文报告环节的各位主持人和评论专家；感谢学会秘书处在学术年会组织和论文集编辑中所承担的具体事务工作；感谢北京市社会科学界联合会长期以来对学会工作的指导、支持和帮助，特别是要感谢对本论文集出版给予的资助。当然，也要感谢我工作的单位、目前学会秘书处所在的中国人民大学及其农业与农村发展学院对学会工作给予的支持！

祝北京农业经济学会的事业越来越兴旺！

北京农业经济学会会长　唐　忠

2017 年 2 月 26 日

目 录
MULU

第一部分
国际贸易与产业安全

中国棉花不同来源地进口需求的系统模型分析

曾寅初　喻　希

（中国人民大学农业与农村发展学院，北京　100872）

摘　要： 基于月度贸易数据和结合中国棉花的政策因素，本文通过需求系统模型分析了 2005—2013 年的中国棉花不同来源地的进口需求。结果表明，中国棉花进口总需求增长对各来源地的棉花进口需求增长均有显著的正向影响。除了澳大利亚之外，其他来源地的棉花进口需求都会对其自身价格具有显著的正常灵敏反应。美国与印度、美国与其他国家、印度和乌兹别克斯坦之间，进口棉花存在显著的替代关系。配额剩余量对所占份额较小的来源地的进口棉花需求有显著的正向影响。滑准税税率提高对美国的棉花进口需求有显著的负向影响，但对印度的棉花进口需求有显著的正向影响。临时收储政策实施可显著促进对美国和澳大利亚的高等级棉花的进口需求。

关键词： 棉花进口需求　进口来源地　进口价格　棉花政策　Rotterdam 模型

一、引　言

加入 WTO 以来，我国棉花进口尽管有剧烈的波动但总体呈快速增长趋势。进口量由 2001 年的 5.6 万吨增长到 2013 年的 414.7 万吨，进口额由 0.71 亿美元增长到 84.41 亿美元，分别年均增长 43.1％和 48.9％。中国已经成为世界最大的棉花进口国，进口量和进口额均占近世界的一半①。与此同时，中国棉花进口的来源结构也发生了较大的变化。2001—2013 年，美国从占近 60％的高份额逐步下降，从 2004 年开始进口的印度所占的份额快速上升并终于在 2011 年超过美国，澳大利亚的份额在经历了两年的急剧下降后逐步稳定但在 2011 年后有所回升，从 2002 年开始进口的乌兹别克斯坦和西非四国（马里、贝宁、乍得和布基纳法索）则一举占据超过 10％的份额后逐步下降，原来市场份额较大的埃及、俄罗斯和哥伦比亚从 2005 年之前陆续退出前十位。2013 年位居中国棉花进口额前五位的主要来源地分别是印度、美国、澳大利亚、乌兹别克斯坦和西非四国，分别占中国棉花进口总额的 28.8％、27.8％、19.2％、6.6％和 4.2％，五者合计占 86.6％（图 1）。

为什么中国棉花进口快速增长会同时带来进口来源结构的巨大变化？在这一过程中，中国进口棉花总需求的增长、各来源地的棉花市场价格的变化以及中国国内的棉花政策对

基金项目：本研究受到中国人民大学科学研究基金（中央高校基本科研业务费专项资金）资助项目（批准号：10XNI013）的资助。

① 2013 年中国棉花进口量和进口额分别占世界棉花进口总量和总额的 46.8％和 47.1％，所占份额分别比位列世界棉花进口第二位的土耳其高出 37.0 个和 37.7 个百分点。棉花已经成为我国仅次于大豆的第二大进口农产品，2013 年棉花进口额占我国农产品进口总额的 7.09％。

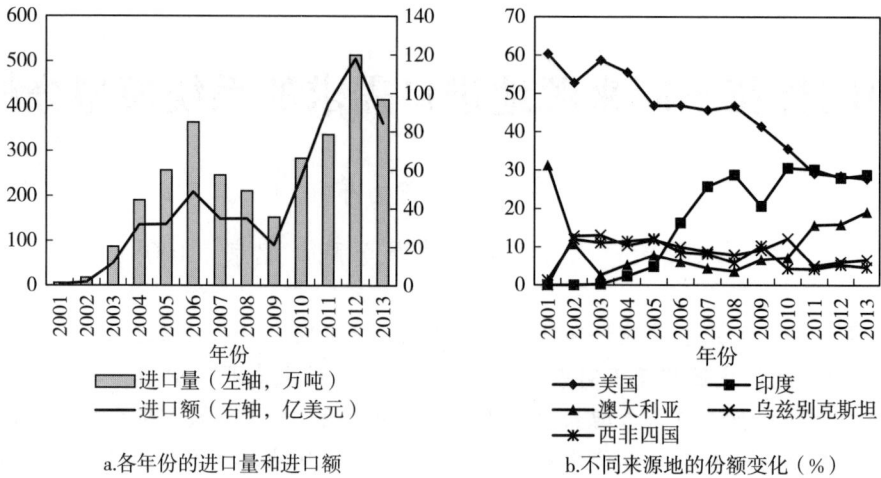

a.各年份的进口量和进口额　　　　　　b.不同来源地的份额变化（%）

图1　2001年至2013年间中国棉花进口增长与不同来源地份额变化

数据来源：UN COMTRADE 整理得出。

不同来源地的进口需求具有什么样的不同影响呢？探讨这些问题，对于我国有效利用国外棉花资源，降低棉花进口风险，保障棉花的安全稳定供给无疑具有重要的现实意义。

然而，现有研究仅有少量文献关注中国棉花的进口需求问题。朱再清等（2012）和金琦等（2013）研究了棉花进口来源国自身价格变化对中国棉花进口市场结构的影响，但未涉及主要进口来源国价格变化对进口需求的相互影响。Muhammad et al.（2012）虽然较为全面地分析了中国棉花进口价格变化对各来源地棉花进口需求自身的影响和相互之间的影响，但由于主要关心进口方之间的竞争关系而没有考虑中国国内棉花政策对不同来源地棉花进口需求的影响。杜珉（2006）、徐玲（2009）和钟昌元等（2013）研究了棉花关税配额政策对中国棉花进口总量的影响，胡冰川等（2008）、张淑荣等（2012）和范欣欣（2013）分析了棉花滑准税政策对中国棉花市场价格的影响，但都没有关注中国国内棉花政策因素对中国棉花进口需求结构的影响。

因此，本文尝试利用基于月度贸易数据的需求系统模型，综合考虑国际棉花市场因素和中国棉花政策因素，研究中国棉花不同来源地的进口需求，探讨中国棉花进口市场结构变化的影响因素。考虑到中国棉花进口主要以原棉进口为主（占据90%以上）的特点，本文将棉花定义为 HS 编码为 5 201 的原棉，即未梳棉花。考虑到《多边纤维协定》2005年1月废止纺织品纳入 WTO 贸易规则的贸易环境变化，将研究时期确定为2005年1月至2013年12月。并根据2001年至2013年12年间至少有7年其进口额超过中国棉花进口总额的10%的标准，同时考虑到西非主要出口国家贝宁、马里、乍得和布基纳法索植棉环境相似而适宜作为整体分析的处理方法，选定了5个主要进口来源地，分别为美国、印度、澳大利亚、乌兹别克斯坦、西非四国，再加上其他国家。也就是说，本文将在上述研究界定的基础上[①]，估计我国棉花不同来源地进口的需求系统模型，并通过模型估计系

---

①　详细的研究界定，请参照数据来源部分。

数和各种弹性的分析，主要回答以下 3 个问题：一是中国棉花进口总需求的增长对各来源的棉花进口需求有什么影响？二是棉花进口价格的变化对各来源的棉花进口需求有什么影响？三是中国国内棉花政策对各来源的棉花进口需求有什么影响？

二、模型与研究方法

（一）进口需求模型

需求系统模型是研究不同来源地进口需求的基本方法（Armington，1969）。由于棉花不是最终消费产品，而是棉纺织业的原料投入，因此更适宜于采用基于生产者理论的 Rotterdam 模型，而不是更常用的 AIDS（almost ideal demand system）模型（Sanyal & Jones，1982；Muhammad et al，2012）。

在进口棉花的需求和国产棉花的需求存在弱分离性的假定下，基于生产者理论的 Rotterdam 模型将通过进口厂商的两阶段利润最大化决策过程而推导出不同来源地的进口需求方程（Laitinen，1980；Theil，1980）。

首先，进口厂商要在给定的技术约束下按照利润最大化的原则来决定棉纺品的生产量。假定某个进口厂商从 N 个国家进口棉花生产棉纺织品，且以 Q 表示厂商的棉纺织品总产出，p 表示其棉纺织品价格，则此厂商其利用 N 种投入品（即进口棉花）的利润最大化生产函数的差分形式可表示为：

$$\mathrm{d}(\log Q = \frac{\psi}{\gamma - \psi}[\mathrm{d}\log p - \sum_{j=1}^{N}\theta_j \mathrm{d}(\log w_j)] \tag{1}$$

其中，w_j（$j=1, 2, \cdots, N$）指投入品 j 的价格，即从不同国家进口的原棉价格；ψ 是一个正向的标量，可以看作是对数成本函数的曲率；γ 是相对于产出的总成本弹性。

其次，进口厂商要在既定的纺织品生产数量下按照成本最小化的原则决定棉花的进口量。以 θ_i 为从 i 国进口棉花的边际成本份额，$\theta_j = \partial (w_j x_j) / \partial C$，$x_j$ 是此进口厂商从 j 国进口的棉花数量，C 是总成本，则在给定产出水平 Q 下，进口厂商成本最小化后对 i 国棉花进口的需求可定义为：

$$f_i \mathrm{d}(\log x_i) = \gamma\theta_i \mathrm{d}(\log Q) - \psi\sum_{j=1}^{n})(\theta_{ij}) - \theta_i\theta_j)\mathrm{d}(\log w_j) \tag{2}$$

其中，n 是棉花进口来源地的个数，f_i 表示自 i 国进口棉花成本占总进口成本（$w_i x_i / \sum_{i\in n}w_i x_i$）的份额，$\theta_{ij}=\Theta_{n\times n}$ 是一个对称的正定矩阵，其中 $\Theta = \frac{1}{\psi}F(F-\gamma H)^{-1}F$。$F_{n\times n}$ 是以 f_i 为对角线的对角矩阵。H 是厂商生产函数的黑塞矩阵[①]，H 矩阵中的元素是产出的二阶导数 $\partial h^2/\partial x \partial x'$。在（2）式中，有 $\sum_{j=1}^{n}\theta_{ij}=\theta_i$，并且 $\sum_{i=1}^{n}\sum_{j=1}^{n}\theta_{ij}=1$。

对（2）式中的 i 求和，可得：

$$\mathrm{d}(\log X) = \gamma\mathrm{d}(\log Q) \tag{3}$$

其中，$\mathrm{d}(\log X)$ 是 Divisia 进口数量指数，$\mathrm{d}(\log X) = \sum_{i=1}^{n}f_i \mathrm{d}(\log x_i)$，（3）

---

① 黑塞矩阵（Hessian Matrix），是一个多元函数的二阶偏导数构成的方阵，描述了函数的局部曲率。

式表明进口总量与 Divisia 指数是成比例的。

将式（3）代入式（2）式，可得如下的不同进口来源地进口需求方程：

$$f_i \mathrm{d}(\log x_i) = \theta_i \mathrm{d}(\log X) + \sum_{j=1}^{n} \pi_{ij} \mathrm{d}(\log w_j) \qquad (4)$$

其中，θ_i 表示边际成本份额，$\pi_{ij} = -\psi(\theta_i - \theta_i \theta_j)$ 为价格系数，表示进口价格与进口数量的关系，当 $i=j$ 时为自价格系数，当 $i \neq j$ 时为交叉价格系数。

（二）研究方法

根据研究目的，本文以基本模型（4）为基础进行以下 3 项扩展：

（1）为了反映偏好等其他因素对棉花进口需求的影响，本文参照 Alston 和 Chalfant（1993）的方法，在各方程中加入了常数项。

（2）由于本文采用月度数据，为了反映生产季节性对棉花进口需求的影响，参照 Arnade，Pick 和 Gehlha（2005）的方法，在每个方程中引入季节三角函数变量。

（3）为了反映和验证政策因素对我国棉花进口需求的影响，本文参照 Karen（2006）、Liu，Zhou 和 Malcolm（2011）和 Nzaku 和 Houston（2010）的方法，在每个方程中引入了 q（1%关税配额的当月剩余量）、r（估算的月度平均滑准税率）和 PS（表示临时收储政策实施与否的虚拟变量）3 个政策变量。

于是得到了如下的不同来源地棉花进口需求的估计式：

$$f_{it} \mathrm{d}(\log x_{it}) = \alpha_i + \theta_i \mathrm{d}(\log X_t) + \sum_{j=1}^{n} \pi_{ij} \mathrm{d}(\log w_{jt}) + \beta_{1i} \mathrm{d}(\log q_t) + \beta_{2i} \mathrm{d}(\log r_t) +$$
$$\beta_{3i} PS + \alpha_{1i} \sin\left[\frac{2\vartheta}{z}\pi T\right] + \alpha_{2i} \cos\left[\frac{2\vartheta}{z}\pi T\right] + \varepsilon_{it} \qquad (5)$$

其中，f 为某时期从某个国家进口棉花金额占总金额的比重，简称份额；x 为某时期从某国进口棉花的数量，即进口量；w 为某时期从某国进口棉花的价格；ε 为误差项；t 表示时间，ϑ 是季节周期的频率，在本文中为 1；z 为数据频率，此处使用月度数据，故为 12；T 代表样本数据的序号，α_{1i} 和 α_{2i} 衡量了每个季节周期对模型的贡献。

在线性预算约束条件下，满足利润最大化和成本最小化的需求系统模型（5），应该满足以下限制：（1）加总性：$\sum_{i=1}^{n}\theta_i = 1$；（2）齐次性：$\sum_{j=1}^{n}\pi_{ij} = 0$；（3）对称性：$\pi_{ij} = \pi_{ji}$。

根据模型（5）式的估计系数，可以按照以下公式，计算得出支出弹性和 slutsky（补偿）价格弹性：（1）支出弹性：θ_i/f_i；（2）价格弹性：π_{ij}/f_i（当 $i=j$ 时为自价格弹性，$i \neq j$ 时为交叉价格弹性）。支出弹性可以衡量在价格和其他因素不变的条件下，支出变化对需求数量变化的影响。正常商品的收入弹性一般为正，若富有弹性，则商品的进口量增加大于总支出的增加幅度。自价格弹性衡量从某国进口的商品数量与自身价格的关系，一般为负，即进口数量随着价格的提高而减少。该弹性的大小可以衡量进口数量对价格变化的敏感程度，从而判断出价格变化所带来的进口风险。替代价格弹性表示可以衡量不同来源地的进口之间的替代关系与互补关系，替代价格弹性的显著性亦可以表明该产品的同质替代是否强烈，来源地选择是否主要基于经济因素。

三、数据与模型估计

(一) 数据来源

模型所用的贸易数据来源于农业部贸易促进中心 Infobeacon 数据库。根据引言部分的研究界定，本文获取的是 2005 年 1 月至 2013 年 12 月，按照美国、印度、澳大利亚、乌兹别克斯坦、西非四国（贝宁、马里、乍得、布基纳法索）以及其他国家分列的，我国未梳棉花（HS 编码为 5201）的进口数量和金额的月度数据。进口量的单位为千克，进口金额的单位为美元。进口价格采用单位价值方法，按照"进口额/进口量"计算（Shiells，1991）。

模型所用的政策变量中，棉花关税配额和棉花临时收储政策的原始数据来源于国家发展改革委员会官方网站[①]，而棉花的滑准税计算公式及换算汇率来源于海关综合信息网[②]。

棉花的关税配额主要分为 1% 的关税配额和滑准税关税配额，其中 1% 关税配额自 2004 年起，每年均为 89.4 万吨，年初发放，配额内进口征收 1% 的关税；而滑准税配额无法得到准确的公开数据，故本文只考虑 1% 的关税配额。为了考察配额发放对进口国结构的影响，为将年度数据转换为月度数据，本文构建了关税配额月度剩余量指标（q）。其计算方法为：本月关税配额剩余量=此月前 1% 关税配额发放量—本年此月前实际累计进口量。

我国棉花进口关税采用滑准税方式，为了反映进口关税税率对我国棉花进口需求的影响，本文参照了范欣欣等（2013）、张淑荣等（2012）和胡冰川等（2008）的研究成果，利用我国棉花的月度平均进口价格和滑准税的税率估算了我国棉花进口的实际月度平均滑准税率（r）[③]。

而为了反映我国棉花临时收储政策对棉花进口需求的影响，本文设置了临时收储政策变量（PS）。这是一个表示临时收储政策实施与否的虚拟变量。我国实施临时收储政策的月份，即 2011 年 9 月至 2012 年 3 月、2012 年 9 月至 2013 年 3 月和 2013 年 9 月至 2013 年 12 月期间各月份，其值设为 1；其余月份为 0。

模型所涉及的我国棉花贸易相关变量的描述性统计如表 1 所示。在进口量和进口金额上，美国和印度平均值位居前两位，是目前中国主要的棉花进口来源地，从澳大利亚、乌兹别克斯坦和西非四国的进口量和进口额也较大。从标准差可以看出，印度的进口波动最为明显。在进口价格上，各国的价格标准差较为相近，澳大利亚进口平均价格最高，达到 1.91 美元/千克，其次为美国为 1.87 美元/千克，印度均价最低为 1.72 美元/千克，进口价格与国际棉花市场的供需波动有关，同时也与本国棉花品质相关。在市场份额上，美国和印度平均份额位于前两位，同时标准差也是最大的两国，这与近 10 年来美国市场份额

---

① 具体为网站政策公告栏目中《××××年粮食、棉花进口关税配额数量、申请条件和分配原则》和《×××× 年度棉花临时收储预案》。网址为：http://www.sdpc.gov.cn/。

② 网址为：http://www.china-customs.com/。

③ 由于 2005—2013 年滑准税几经调整，估算方法也有所不同。详见正文所列的参考文献。

逐渐下降，印度市场份额上升密切相关。

表 1　变量的描述性统计

进口来源地	进口量（万千克）		进口金额（万美元）		进口价格（美元/千克）		市场份额（%）	
	均值	标准差	均值	标准差	均值	标准差	均值	标准差
美国	9 500	5 820	17 546	12 241	1.87	0.61	40.15	17.58
印度	6 285	7 919	11 906	17 177	1.72	0.5	19.29	17.88
澳大利亚	2 838	3 641	6 188	9 022	1.91	0.56	11.8	14.15
乌兹别克斯坦	2 108	1 434	3 738	2 786	1.79	0.63	8.98	6.67
西非四国	1 697	1 241	2 879	2 231	1.73	0.48	7.11	4.78
其他国家	3 311	3 083	6 378	7 144	1.83	0.57	12.67	7.18

数据来源：UN Comtrade 数据库整理得出，为 stata 统计结果。

（二）模型估计及其诊断检验

在估计模型时，连续的对数差分形式常用一阶对数差分来替代（Theil，1980）。数量变量可近似为 $\mathrm{d}(\log x_t) \approx \log x_t - \log x_{t-1}$，价格变量可近似为 $\mathrm{d}(\log w_t) \approx \log w_t - \log w_{t-1}$。变量 f_{it} 以 $\overline{f}_{it} = 0.5(f_{it} + f_{it-1})$ 替代，$Divisia$ 数量指数 $\mathrm{d}(\log X_t)$ 以非连续的变量 DX_t 替代，即 $\mathrm{d}(\log X_t) \approx DX_t = \sum_{i=1}^{n} \overline{f}_{it}(\log x_{it} - \log x_{it-1})$。

考虑到本文需要估计的需求系统模型中，各个密切相关的内生变量的误差项可能存在异方差和同期相关性，本文采用了 Stata 软件中对这些问题有关处理方式的似不相关回归（Seemingly Unrelated Regression，SUR）估计方法[①]，得到了模型（5）式的回归结果如表 2 所示。

表 2　中国棉花进口需求系统模型的估计结果

		美国	印度	澳大利亚	乌兹别克斯坦	西非四国
边际支出份额（θ_i）		0.278 *** (0.025)	0.576 *** (0.045)	0.064 *** (0.019)	0.119 *** (0.033)	0.027 ** (0.013)
价格系数（π_{ij}）	美国	−0.427 *** (0.159)				
	印度	0.212 ** (0.122)	−0.459 ** (0.225)			
	澳大利亚	0.081 (0.098)	−0.085 (0.103)	0.126 (0.106)		

---

① 各方程扰动项之间的"无同期相关"检验结果的 p 值为 0.000，拒绝了扰动项相互独立的原假设，也表明选择 SUR 估计方法是必要的。模型系统中有美国、印度、澳大利亚、乌兹别克斯坦、西非四国和其他国家共 6 个方程，但在估计时为了避免多重共线性问题，故删除"其他国家"方程。

（续）

		美国	印度	澳大利亚	乌兹别克斯坦	西非四国
价格系数（π_{ij}）	乌兹别克斯坦	−0.002 (0.907)	0.209* (0.134)	−0.037 (0.075)	−0.206** (0.121)	
	西非四国	−0.085 (0.073)	0.015 (0.071)	0.062 (0.051)	0.050 (0.046)	−0.143** (0.071)
	其他国家	0.222** (0.106)	0.108 (0.133)	−0.148** (0.084)	−0.016 (0.089)	0.101** (0.064)
政策变量	配额剩余量（β_1）	−0.0003 (0.007)	−0.008 (0.013)	0.008* (0.006)	0.018** (0.010)	0.006* (0.004)
	滑准税率（β_2）	−0.097** (0.054)	0.175** (0.093)	−0.012 (0.039)	0.026 (0.069)	0.002 (0.027)
	临时收储（β_3）	0.051** (0.028)	0.010 (0.049)	0.038** (0.021)	0.040 (0.037)	0.004 (0.014)
季节变量	sin 函数（α_1）	0.071*** (0.014)	−0.078*** (0.025)	−0.003 (0.011)	0.013 (0.018)	0.009 (0.007)
	cos 函数（α_2）	−0.025 (0.017)	0.096*** (0.029)	−0.069*** (0.012)	0.023 (0.021)	−0.010** (0.008)
样本数 N		108	108	108	108	108
调整后的 R^2		0.65	0.70	0.35	0.49	0.53

注：常数项省略；括号内为标准误差；***、**、*分别表示1%、5%和10%的显著性水平。

在利用估计结果进行分析之前，有必要对模型估计进行必要的诊断检验。首先，由于经济活动通常具有一定的连续性，而本文采用的进口数据为时间序列数据，因此需要对估计结果进行自相关检验。系统方程模型中单个方程的序列自相关问题通常采用 Ljiung - Box Q 统计量进行检验，即分别提取系统方程中每个国家估计方程的回归残差，再对其残差进行检验。其次，本文估计的模型中，因变量为 $f_{it}\mathrm{d}(\log x_{it})$，故自变量中的 d（log X_t）项非独立于误差项，即 d（log X_t）在该模型中可能是内生的，因此需要对需求系统模型中自变量进行内生性检验。检验方法是假设 d（log X_t）是外生的，那么 COV（$\varepsilon_i\varepsilon_j$）则为价格系数项的倍数，即有 COV（$\varepsilon_i\varepsilon_j$）＝$\alpha\pi_{ij}$，故只需要检验是否存在这样的线性即可（Theil，1978）。再次，在线性预算约束条件下，马歇尔需求函数需要自动满足加总性、齐次性和对称性的 3 个约束，故需要对模型估计结果进行约束检验。加总性意味着支出与预算相符，只要判断需求系统中各项目的份额 f 加总是否等于 1 即可，如果等于 1 则满足了这一限制。而对于齐次性和对称性，可采用齐次性和对称性的共同约束似然比 LR 检验（Karen Jackson，2006；周井娟，2010），检验统计量为：$LR＝2\log L-2\log L_R$。其中，L 和 L_R 分别表示非约束模型和约束模型的对数似然值，该统计量服从卡方分布，自由度为约束条件的个数[①]。

---

① 本文中，齐次性约束检验自由度为5，对称性约束检验自由度为10，齐次性和对称性共同约束检验自由度为15。

各项诊断检验的结果如表3所示。在自相关检验中，所有单方程的残差在5％的显著性水平下均无法拒绝无自相关的原假设，故可认为回归结果不存在自相关[1]。在自变量内生性检验中，由自变量回归系数的 t 值可知 π_{ij} 的系数显著不为0，COV（$\varepsilon_i \varepsilon_j$）是价格系数项 π_{ij} 的倍数，因此自变量不存在内生性。在模型约束检验中，三种约束的 LR 值均小于对应自由度下1％显著性水平的临界值，因此均不能拒绝原假设，即模型满足齐次性约束、对称性约束和齐次性对称性共同约束的要求。可见模型估计结果总体上良好，可以用于分析。

表3 模型估计结果的诊断检验结果

1. 各方程残差的 Ljiung-Box Q 检验

方程所指进口来源地名称	美国	印度	澳大利亚	乌兹别克斯坦	西非四国
否定无自相关假设的 p 值	0.118 9	0.665 7	0.074 3	0.905 9	0.065 8

2. 残差协方差矩阵与价格系数矩阵的 OLS 线性回归结果（括号内为 t 值）

COV（$\varepsilon_i \varepsilon_j$）＝0.000 946 1－0.040 290 1 π_{ij}

（0.59） （－5.02）

3. 模型齐次性和对称性约束的检验结果

约束类型	齐次性约束	对称性约束	齐次性和对称性共同约束
LR 值	10.74	10.85	27.69
1％置信水平的临界值	15.08	23.21	30.59

四、实证结果及其讨论

（一）需求增长对中国从不同来源地国家棉花进口需求的影响

模型估计结果中的边际份额系数反映了中国棉花进口总支出（即总进口额，下同）对中国从不同来源地棉花进口需求的影响。如表2所示，所有来源地棉花进口需求的边际支出份额系数均为正，且除了西非四国在5％的水平下显著之外，其余来源地国家均在1％的水平下显著。为了更直观地反映中国从各来源地棉花进口需求影响中国棉花进口支出变动的敏感程度，根据模型估计得到边际支出份额系数和平均支出份额（$\overline{f_i}$），可以计算出各来源地的中国棉花进口支出弹性，结果如表4的第2列所示。由此可得到如下3个结论：

（1）中国棉花进口总支出增长将带动所有来源地的棉花进口需求增长，但是带动的程度并不一样。各来源地国家的边际份额系数都为正，说明中国从各来源地国家进口的棉花均为正常商品，即当中国的棉花进口总额增加时，从这5个主要来源地的进口需求都会有所增加。支出弹性反映了中国棉花进口总额增长时带动从各来源地棉花进口额增长的程度。支出弹性的计算结果表明，当中国棉花进口总额增长1％时，将使中国从印度、乌兹

---

① 本文采用的生产模式的 Rotterdam 模型中，变量均需进行一阶差分，这本身就在极大程度上避免了时间序列数据的自相关问题。

别克斯坦、美国、澳大利亚和西非四国的棉花进口需求分别增长 2.984%、1.337%、0.695%、0.542%和0.38%。可见，中国棉花进口总支出增长对不同来源地国家的棉花进口需要带动程度最大的是印度，其次为乌兹别克斯坦、美国、澳大利亚和西非四国[①]。

表 4 棉花进口各来源地的支出弹性和价格弹性

进口来源地	支出弹性	自价格弹性	交叉价格弹性 美国	印度	澳大利亚	乌兹别克斯坦	西非四国	其他国家
美国	0.695 ***	−1.067 ***	—	0.531 **	0.203	−0.005	−0.213	0.555 **
印度	2.984 ***	−2.378 **	1.100 **	—	−0.440	1.083 *	0.368	0.560
澳大利亚	0.542 ***	1.068	0.686	−0.720	—	−0.314	0.525	−1.254 **
乌兹别克斯坦	1.337 ***	−2.315 **	−0.022	2.348 *	−0.416	—	0.562	−0.180
西非四国	0.380 **	−2.014 **	−1.197	0.211	0.873	0.704	—	1.423 **

注：***、**、* 分别表示1%、5%和10%的显著性水平。

（2）不同来源地国家棉花进口需求所具有的不同支出弹性，是造成中国棉花进口不同来源结构变动的重要原因。由于印度和乌兹别克斯坦的支出弹性大于1，而美国、澳大利亚和西非四国的支出弹性小于1，也就是说印度和乌兹别克斯坦的棉花进口额增长要快于中国棉花进口总支出的增长，而美国、澳大利亚和西非四国的棉花进口额增长要慢于中国棉花进口总支出的增长，从而从中国棉花进口额的来源地结构来看，印度和乌兹别克斯坦的棉花进口份额上升，而美国、澳大利亚和西非四国的棉花进口份额下降（图1b）。

（3）印度是中国棉花进口中相对增长最快的进口来源地。特别值得关注的是从印度进口的支出弹性高达2.984，也就是说印度棉花的进口额增长接近于我国棉花进口总支出增长的3倍，使得我国棉花进口总额中印度的份额从2005年的5%飙升至2010年的32%。这是因为：第一，印度棉花种植业的快速发展，为我国从印度大量进口棉花创造了条件。从20世纪50年代开始棉花种植面积就已经位居世界第一的印度，从2003年开始推广BT转基因棉种，重视提高棉农的种植技术，改善棉花生产的基础设施，棉花单产有了较大的提升，使得2003年前不足300万吨的棉花总产量快速提高至2015/2016棉季的674万吨。第二，印度棉花在中国市场上还具有品质优势。印度棉花经过棉种改良，基本达到了物优价廉的程度，具有色泽乳白、纤维较长、品种较多的特点，并实施统一系统轧花、打包，加工后能够达到批量一致，其品质被我国厂商普遍接受。第三，由于印度与中国的空间距离较短，印度棉花装运到港的周期较短，通常情况下美国西部棉花运抵中国需要22天左右，其他地区需要25～35天时间，并且美国运送船只档期紧张，码头仓储成本高，运送十分紧张。而印度棉花运抵中国只需要20天左右，快则15天，虽然澳大利亚棉花到港时间也短，但价格却比印度棉花贵。但也需要指出的是，中国从印度进口大量的棉花也存在着风险。这是因为印度同中国一样，是棉花生产大国，同时也是消费大国。纺织工业在印度的国民经济中占据十分重要的地位，为了保障其自身的原料供应，印度政府逐渐加强了

[①] 这与 Andrew（2012）对2005年至2010年中国棉花进口需求研究结论完全一致。

对国内棉花资源的掌控。自 2010 年 4 月以来，印度政府曾 3 次宣布暂停棉花的出口登记[①]，又在间隔数月后解除出口禁令。印度棉花出口政策的频繁变动，加剧了国际棉价的波动。为了防止再度出现因为过度出口而从国际市场上购买高价的美棉和澳棉以满足国内纺织业的需要而导致的纺织品生产成本提高，印度从 2012 年起效仿中国的棉花临时收储政策，建立了国家棉花储备。因此，中国对印度的棉花进口必须关注印度国内棉花政策调整所带来的影响。

（二）进口价格对中国从不同来源地国家进口棉花需求的影响

模型估计结果表 2 中的价格系数反映了各来源国家棉花价格变动对中国从其进口棉花需求的影响。而为了比较这种影响的程度，可根据价格系数和平均支出份额（$\overline{f_i}$），计算出各来源地国家棉花进口需求的价格弹性，如表 4 所示。由此可知：

（1）主要进口来源地棉花进口需求均对其自身价格具有符合经济预期且富有弹性的灵敏反应，但从澳大利亚的棉花进口需求对其自身价格变动反应不敏感。除澳大利亚之外，其他主要进口来源的自身价格系数均为负，且在 5% 和 1% 的水平上显著。这说明，中国从这些来源地的棉花进口需求对其自身价格有符合经济预期的显著反应，即当这些国家进口棉花的价格上升时，中国从这些国家的棉花进口量会显著减少。从自价格弹性值来看，印度、乌兹别克斯坦和西非四国的自价格弹性都超过 2，而最低的美国也超过 1，这说明总体来看中国从这些来源地的棉花进口需求对其自身价格变动的反应是较为灵敏的[②]。

棉花进口的替代增加可能是中国各来源地进口需求对其自身价格反应敏感的重要原因。近几年来，我国国内的棉花人工成本上涨，政府为保护棉农利益而出台的临时收储政策托底国内棉价，导致国内棉价高于国外，企业自然会转向使用进口棉花，然而国内配额限制进口棉花，于是便出现了"纱线替代"的情况。据相关机构粗略估计，2014 年棉纱进口对棉花消费形成的替代接近 100 万吨[③]。根据中国棉花协会的中国棉花价格指数[④]（328 级棉花）和中国进口棉价格指数[⑤]（中等级棉），经过关税折算后，计算出棉花的内外价差。如图 2 所示，棉花的内外价差在 2005 年至 2010 年保持在 1 000～2 000 元/吨，此阶段内，中国棉纱进口量也维持在稳定水平 50 万～100 万吨，2011 年上半年，国际市场原棉价格大涨带动棉纱进口价格攀升，棉纱进口数量急速下降，而到了下半年，价格回落，棉纱进口恢复。然而 2011 年以后，收储政策托底棉价，国内外棉价差大幅上升至 4 000 元/吨左右，进口棉需求大幅增加，在进口受限的情况下，企业转而使用棉纱替代棉花，而国内原棉价格高导致国内棉纱价格同国外不具有竞争力，企业的棉纱需求则被迫由

---

① 3 次宣布的时间分别是 2010 年 4 月 19 日、2012 年 3 月 5 日和 2014 年 12 月 8 日。

② 美国在 2010 年以前一直是中国最大的进口来源，具有绝对的强势地位。因此，中国从美国的棉花进口需求对其自身价格变动"不太灵敏"，可能与美国较大的市场份额相关。

③ 数据来源：中国行业研究网文章，网址 http://www.chinairn.com/print/3 897 022.html。

④ 英文简称"CC Index"，由中华全国供销合作总社棉麻局建立，以各地大中型棉纺织企业的棉花实际到厂价为基础，反映国内 328 级棉花的综合平均价格水平。

⑤ 英文简称"FC Index"，选取具有代表性的棉花品种，按照各国份额计算权重，并参考外商在远东港口的报价和考特鲁克远东指数作为校正参数计算而成，反映进口棉花到我国主港的综合报价。

外国纱替代，且棉纱进口不受政策和配额限制，棉纱进口量在 2011 年以后迅速超过 200 万吨。2011 年以后棉纱进口量的升降趋势与棉花内外价差同步变动，可见进口棉纱已对进口棉花形成了一定程度的替代。除了棉纱之外，随着化学纤维适纺性能的提高，全球棉纺企业均出现了以化学纤维替代棉纤维的趋势。根据全球纤维及相关行业专业咨询公司 PCI Fibers 的数据显示[①]，自 2006 年起，全球，尤其是中国，人造纤维消费量增长远远超过了天然纤维。在最近召开的 2015CNCE 棉业发展年会中，中国化学纤维工业协会会长端小平便提出目前黏胶短纤维与棉花性能接近，对棉花的替代性很强，目前已有许多大型棉企被迫转型，生产化纤和棉混纺产品，减少对棉花原材料的依赖，纺织行业正面临着一轮结构化的调整。

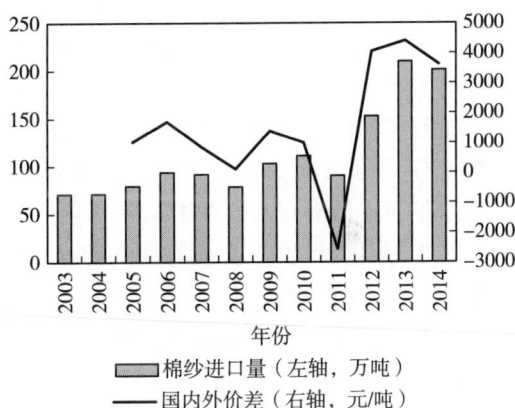

图 2　2013—2014 年棉纱进口量和棉花国内外价差

数据来源：UN Comtrade 数据库和中国棉花协会。

澳大利亚的自身价格系数和自价格弹性不显著，说明中国从澳大利亚的棉花进口需求对其自身价格变动的反应不敏感。而且从澳大利亚的棉花进口需求的自价格弹性为正，这与预期的符号相反，表明随着澳棉价格的上涨，棉花的进口量没有降低，反而会上升。可能的原因为：第一，澳棉的上市季节与其他主要来源地不同。由于澳大利亚位于南半球，其棉花的收获季节与北半球相反，因此北半球新棉集中在 10 月和 11 月上市，而在 4 月和 5 月则是澳棉大量上市的时间，故澳大利亚棉花的出口往往是在该年度的上半年，正好错过了下半年北半球新棉大规模集中上市。这种天然的反季节优势使得澳棉能够在一定时间段内处于有利的卖方市场，在供需偏紧的状态下获得利润。第二，我国国内自产棉花主要为中等级棉花，在配额有限的情况下，进口需求主要集中在高品级棉花，而澳棉大多品质较好，故需求旺盛，经常处于供不应求的状态，这使得澳棉经常处于强势的市场地位。

（2）只有美国与印度、美国与其他国家、印度与乌兹别克斯坦之间棉花进口存在着显著的相互替代关系，其他来源地之间的棉花进口都不存在相互替代关系。从模型估计结果中的交叉价格系数可知，美国与印度之间、美国与其余国家之间的系数为正，且 5% 的水平下显著，印度与乌兹别克斯坦之间的系数也为正，且在 10% 的水平下显著。这说明就

---

① PCI Fiber 红皮书《2012 年世界合成纤维供给/需求报告》。

中国的棉花进口而言，美国与印度、美国与其他国家、印度与乌兹别克斯坦之间的进口棉花存在着显著的替代关系。除此之外，各主要来源地之间的交叉价格系数不显著，澳大利亚与其他国家之间的交叉价格系数甚至为负，且在5%水平下显著。这说明大多数的主要来源地之间的进口棉花不存在显著的替代关系。理论上讲，如果从各来源地进口的棉花具有基本相同的品质，则各来源地之间的交叉价格系数应该为显著的正值，即相互之间应该存在着显著的替代关系。那么为什么中国棉花进口在各主要来源地之间大多不存在显著的替代关系呢？

一个可能的解释是因为主要来源国的棉花在品质上存在的差异较大（Wang and Reed，2013）。澳棉和高等级的美棉被公认为质量一致性较好，最大的优点是异纤维少。印度和乌兹别克斯坦棉花均为手工采摘，内在品质好，但存在"三丝"问题。西非棉花，内在质量好，但受到加工技术落后的影响，异纤维较多。棉花作为纺织工业的原材料，是一种中间产品，采购企业多是生产出口纺织品的纺织企业，企业接受外贸订单，然后根据订单生产，因此企业对棉花的需求不仅取决于棉花的价格，更重要的是根据客户订单的需要（甚至有些订单会具体规定使用哪国原棉）和纺织工艺选择不同品质的棉花。企业规模、纺纱形式和梳棉工艺对棉花的质量都有不同的要求，一般而言，企业规模越大，生产的纺织品质量档次越高，对棉花的内在品质要求就越高，而小企业由于产品档次低，对棉花的要求就会更加侧重外观和价格；纺纱工艺上，目前我国以环锭纺纱和气流纺纱两种工艺为主，气流纺纱对棉花的品级、长度、杂质和马克隆值要求较低，而环锭纺纱则需要高品级的棉花；梳棉工艺上，精梳工艺生产高质量棉纱，需要高品质棉花，棉短绒少和棉结少，普梳工艺对棉花质量要求较低，但会看重强力、长度和杂质。故棉企在选购棉花时，受到外在条件及现有因素的限制较多，价格的升降和高低有时无法改变其对棉花种类的偏好。同时，棉花作为纺织业的基本原材料，原棉的品质基本上决定了成纱纺布的质量。在棉纺织流程中，最开始的前期工作称为"配棉"，接下来才会有清棉—梳棉—并条—粗纱—细纱等纺织工序。一般来说，纺织厂并不会使用单一原棉纺织，通常需要将来自不同产地、不同特性的棉花组合搭配使用，根据纺纱质量和特点的要求，确定生产时各类原棉使用比例的最优方案，这就是配棉工序。之所以要进行配棉，是因为在纺纱中，若只使用单一唛头[①]纺纱，原棉很快就会被耗尽，若再调换另一批原棉继续生产，就很难保证成纱质量的稳定性，同时高等级的棉花并不是所有指标都好，搭配使用不仅不会降低纺纱质量，反而还能增强成纱能力，例如在短纤维配棉中，适当使用一定比例低等级长纤维棉花，就能达到事半功倍的效果。配棉工序的重要性使得企业不可能只使用单一产地、单一品质的棉花，必须要关注不同产地、不同品质和不同指标特性的棉花，也难以用价格高低来决定是否购买某种棉花。美国和印度棉花有互相替代的关系，过去企业多将美棉和澳棉作为配棉中的主体棉花，但印度从美国引进了转基因棉种，产量和质量都得到较大的提升，在经过几年的适应后，中国纺织企业也已经熟悉和掌握了印度棉花的纺织方法。美国的加州SJV棉花产量减少，价格大涨，在进口配额限制下，相对质优价廉的印棉便取代了美棉在配棉中的地位，此外，美国和其他国家还有替代关系，实际上其他国家中巴西棉花占主要

---

① 唛头：外贸专用名词，是为了便于识别货物所做的标记，通常由型号、图形、接货单位、目的港和批号等组成。

地位，巴西棉花品质优良，基本为机采棉，与美棉一样无"三丝"问题，故能够对美棉有一定的替代性。印度和乌兹别克斯坦有相同的品质特点，均为手工采摘，内在品质好，但存在"三丝"问题，同时乌兹别克斯坦棉花与我国南疆棉花最为接近，也可以替代印棉作为配棉的主体棉使用。澳大利亚作为高等级棉花和其他国家进口棉有显著地互补关系，这可能与前文所提到的配棉程序有关，高等级的棉花由于价格高不可能单一使用，而是和其他国家多品种形成搭配互补的关系。

（3）在存在着替代关系的来源地之间，进口需求受其他进口来源地价格变动的影响程度与其在中国棉花进口中所占据的份额密切相关。各来源地棉花进口需求的交叉价格弹性衡量了从某一国进口棉花需求随着另一个国家的价格变动而变化的程度。虽然存在替代关系的两国之间的交叉价格系数是相同的，但交叉价格弹性大小却不同。例如，美国和印度之间的棉花进口是替代关系，其中美国对印度棉花出口的交叉价格弹性为0.531，而印度对美国棉花出口的交叉价格弹性为1.1，说明美国棉花出口价格的变化对印度棉花出口数量的影响更大。同理，在同样存在替代关系的美国与其他国家、印度和乌兹别克斯坦之间，其交叉价格弹性值也同样存在着不对称的关系。这主要与各来源地国家在中国棉花进口中所占份额的大小有关。一般说来，在存在替代关系的两个来源地中，在中国棉花进口占据相对较大份额的来源地国家，受到其替代国进口棉花价格变动的影响程度要小一些，即具有相对较小的价差价格弹性。也就是说，在中国进口中占据份额较大的国家在替代国进口棉花价格变动时，其进口需求具有相对的稳定性。

（三）政策因素对中国从不同来源地国家进口棉花需求的影响

根据表2的模型估计结果，可以得到如下的结论：

（1）配额剩余量对中国进口中份额较小的来源地国家的进口棉花需求有显著影响，而对份额较大的来源地的棉花进口需求则没有显著影响。在中国从自澳大利亚、乌兹别克斯坦和西非四国的棉花进口需求方程中，配额剩余量的系数均为正，且分别在10%、5%和10%的水平下显著。而在中国从美国和印度的棉花进口方程中，配额剩余量的系数虽符号为负，但均不显著。这说明配额剩余越多，会显著增加从澳大利亚、乌兹别克斯坦和西非四国的棉花进口，而对从美国和印度的棉花进口没有显著影响。通过比较在中国进口中各主要来源地所占的份额可知，配额剩余量对我国进口份额较小的国家或地区的棉花进口需求有显著的正向影响，而对份额已经较大的来源地国家的棉花进口需求则没有显著影响。这是因为，对我国的用棉企业而言，美国棉花和印度棉花用量大，是配棉时主要选择的品种，即属于优先进口的"必需品"，而乌兹别克斯坦和西非则多作为搭配使用，进口优先顺序靠后，而澳棉的需求虽然旺盛，但价格最高，故没有印棉和美棉使用广泛。而进口配额剩余较多时，企业会产生进口限制偏松的预期心理，则会边际增加不常使用品种，即从澳大利亚、乌兹别克斯坦和西非棉花的进口。从结果来看，配额剩余量每增加一个单位，就分别对澳大利亚、乌兹别克斯坦和西非增加进口0.008个、0.018个和0.006个单位。

（2）滑准税税率可显著抑制从美国的棉花进口需求，但可促进从印度的棉花进口需求，对其他来源地的棉花进口需求没有显著影响。在中国从美国和印度的棉花进口需求方程中，滑准税率的系数均在5%的水平下显著，但符号相反，前者为负，后者为正。而在从其他主要来源地的棉花进口需求方程中，滑准税率的系数均不显著。这说明我国棉花进口的滑准税税率只对从美国和印度的棉花进口需求有显著的影响，且影响方向相反。滑准税率每提高 1 个单位，会使从美国的棉花进口需求减少 0.097 个单位，而使得从印度的棉花进口需求增加 0.017 5 个单位。而滑准税的税率变动对其他主要来源地的棉花进口需求没有显著的影响。根据棉花滑准税的特点，这种影响应该与不同来源地棉花所处的不同价位有关。范欣欣等（2013）估算了我国不同版本滑准税下棉花进口价格的分布，随着滑准税方案的调整，我国棉花进口价格进入滑准税区段越来越多，平均滑准税率也随之上升（表5）。在 2005 年的方案中，原来的高价棉花（例如，美棉）多高于基准完税价格，位于高价区，故实际受到滑准税的影响较小，而在方案调整后，高价棉花进入滑准税区段，进口成本增加，而印度棉花的价格本身较低，故在调整前后，征收滑准税的区段的改变并不大，相对而言，还是有一定的成本优势，故进口商则转向对其有一定替代性（如交叉价格弹性所示）的印度棉花。澳大利亚的棉花最高，滑准税的调整也对其有负向的影响，但是却在统计上不具有显著性，这可能与其本身进口份额较小有关。

表5   不同滑准税方案下的棉花进口价格分布

年份	进口价格分布百分比（％）			平均滑准税率（％）
	高价区	滑准税区	低价区	
2005 年	85.7	14.3	0	6.2
2007 年	48.4	51.6	0	9.1
2012 年	27.5	72.5	0	9.8

注：转引自范欣欣、田懿行，《中国棉花进口滑准税政策及其效果分析》，2013。

（3）临时收储政策显著促进了对美国和澳大利亚棉花的进口需求，但对其他主要来源地棉花的进口需求没有显著影响。在中国从美国和澳大利亚的棉花进口需求方程中，临时收储政策的系数均为正，且均在 5％的水平下显著，而在中国从其他来源地的棉花进口需求方程中，临时收储政策的系数虽符号为正，但均不显著。这说明我国棉花临时收储政策的实施总体上都会促进我国的棉花进口需求，特别是会显著促进对美国和澳大利亚棉花的进口需求。对于美国和澳大利亚而言，实施临时收储政策时的棉花进口需求会分别比不实施临时收储政策时增加 0.051 个单位和 0.038 个单位。众所周知，在 2010/2011 棉花年度，国际棉价经历了"过山车"式的大涨大落，国内的棉农、加工商和流通企业都遭受了不同程度的损失。为了保证国内棉价的稳定，国家于 2011 年开始实施收储政策，托底棉价，但这也造成了国内外棉价差的持续高涨。如图 2 所示，在 2011 年以前，内外价差在 1 000 元/吨左右，2011 年后，内外价差涨至 4 000 元/吨以上。这对棉纺织企业来说无疑带来了巨大的成本压力，棉企纷纷转向进口外棉，2012 年棉花进口量增加 52.7％。在 2010 年以前，我国的新疆棉花曾被公认是世界上品级质量最好的棉花之一，无论是内在品质、"三丝"控制还是轧花工艺可谓是世界一流。然而近几年新疆棉花（尤其是国储棉）的质量迅速下降，原因有：一方面，国际棉花的大量入侵使棉农受损，打击其种植积极性，轧工质量明显下降，再加上棉花种植目前一味追求单产高，新疆棉花种植密度愈来愈大，导致其内在品质、外观已经降至和印度棉花、乌兹别克斯坦棉一般，属于中低档棉花。另一方面，棉花收储政策实施后，棉农为了达到收储质量标准，将高级棉与低级棉花混合，以次充好已经成为潜规则，棉企拍得混合后的棉花后有时根本达不到纺纱标准。以致出现许多国内纺织企业因为质量原因而"害怕"从国储库拍得棉花[①]。

五、结论及其政策含义

本文利用 2005 年至 2013 年棉花进口月度数据，在加入政策变量的情况下，估计了我国棉花的进口需求系统模型，并结合支出弹性和价格弹性的分析，得到了如下的主要结论：

第一，中国棉花进口总需求增长显著促进了各来源地的棉花进口需求，且其影响程度的差异是导致我国棉花进口来源地结构变化的重要原因。当中国棉花需求（进口总支出）增长时，各主要来源地的棉花进口需求都将显著增长。但从各来源地棉花进口需求的支出弹性来看，中国棉花进口总需求增长对各来源地的棉花进口需求增长的影响最大的是美国和乌兹别克斯坦，然后是美国、澳大利亚和西非四国。其中前两国所受的影响程度大于中国棉花进口总需求的增长，导致其在中国棉花进口中所占的份额上升，而后三个来源地所受的影响程度小于中国棉花进口总需求的增长，导致其在中国棉花进口中所占的份额下降。对印度的棉花进口需求受中国棉花进口总需求增长的影响最大，也就是说随着中国棉花进口总需求的增长，印度的棉花进口需求将以相对最快的速度增长，从而使印度成为中国棉花进口越来越重要的进口来源地。

第二，多数来源地的棉花进口需求对自身价格变动具有符合将给预期的敏感反应特征，但对其他来源地棉花的价格变动反应不敏感。对除澳大利亚之外的来源地的棉花进口需求都会随着其自身价格的上升而显著下降，由于棉花进口配额的限制，作为棉花替代品的棉纱和化纤进口增加可能是其重要原因。但由于澳大利亚棉花具有天然的反季节优势，且澳棉为高等级棉花，需求旺盛等原因，对澳大利亚的棉花进口需求对自身价格的变动不敏感。与此相反，除了美国与印度、美国与其他国家、印度和乌兹别克斯坦之间，进口棉花存在显著的替代关系之外，多数进口来源地的棉花进口需求对其他来源地的棉花进口价格变动不敏感，相互之间不存在显著的替代关系。棉花作为纺织业的原材料，需要根据纺织企业的订单和技术参数选用棉花，对用棉品质十分看重，而各国之间的棉花品质具有较大的差异可能是其重要的原因。

第三，政策因素对各来源地的棉花进口需求存在着重要的影响，但是不同政策对不同来源地棉花进口需求的影响方向和程度各不相同。配额剩余量对在中国进口中所占份额较小的澳大利亚、乌兹别克斯坦和西非四国的进口棉花需求有正向的显著影响，而对所占份额较大的美国和印度的棉花进口需求则没有显著影响。滑准税税率提高对从美国的棉花进口需求有显著的负向影响，对从印度的棉花进口需求有显著的正向影响，但对其他来源地的棉花进口需求没有显著影响。临时收储政策实施可显著促进从美国和澳大利亚的高等级棉花的进口需求，但对其他主要来源的棉花进口需求的影响不显著。

---

① 信息来源：中国广播网评论文章《国储棉库存或将突破 1 300 万吨纺织企业曝其质量差不敢买》。

以上结论具有以下政策含义：

第一，应该注意防范棉花进口的潜在风险。因为印度棉花质优价廉、性价比高，受到中国纺织企业的欢迎，中国棉花进口总需求的增长带动的对印度的棉花进口需求最高，中国的棉花进口对印度棉花的依赖逐渐增强，印度已经超过美国成为了中国的棉花第一进口来源地。但印度本身也是棉花消费大国，随时有保护国内棉花资源，禁止出口的行为。这会对我国的棉花进口带来不小的冲击，因此政府需要时刻关注印度棉花的生产及政策调整对我国从印度进口棉花的影响。同时，需要引导企业扩大进口来源，加强与乌兹别克斯坦、西非和巴西等棉花内在品质高的非主导进口国的合作，防止因进口来源单一带来的贸易风险。

第二，做好棉花国内和国境各项政策的平衡。棉花临时政策是 2011 年以后促成棉花进口大涨的重要原因，旨在稳定棉价和保护棉农的政策也对"出口导向型"的棉纺企业带来了严重的负面影响。滑准税在一定程度上稳定了国内的棉花价格，但是不断提高的实际税率无疑增加了棉纺企业的进口成本，不利于我国纺织工业的发展，并且滑准税的实施会导致国内外棉价割裂。过高的棉花内价差，带来了纱线替代棉花进口的明显增加。棉花临时收储政策退出市场势在必行，但取消临时收储政策需要有一定的缓冲期。目前看来，滑准税仍是一种次优选择，政策部门应继续测度、不断调整滑准税的计算方式，真正实现其对价格的微调作用，使得纺织企业能够有效依据国际棉花价格做出进口决策。

第三，应致力于提升国内棉花的生产效率和质量。目前，新疆棉花种植在生产效率、轧工质量和管理经营方面都与国际先进水平差距甚大，导致国内的高等级棉花需要靠进口才能满足。棉花质量对棉纺企业至关重要，在世界棉花供大于求的局面下，不能单一追求国内棉花产量的增加，而应该从品种改良、规模化组织化经营和规范流通环节等方面着力提升国内棉花的竞争力，重塑企业对国内棉花的信心。

第四，应鼓励中国的棉花纺织企业"走出去"。中国的棉花进口需求在相当一段时间内继续保持快速增长的趋势。除了通过进口调剂外，国家应鼓励国内棉纺相关企业"走出去"，进行海外种植或投资，进一步拓展中国进口棉花的资源。从区位选择看，2003 年，青岛瑞昌棉业有限公司在赞比亚投资设立奇佰特棉花公司，成为赞比亚东部最大的棉花种植和加工企业。2008 年 4 月，瑞棉公司联合中非基金、中国彩棉集团、青岛汇富纺织有限公司成立中非棉业发展有限公司，现已成为中国在非洲最大的农业投资项目。除非洲外，中国棉纺企业"走出去"的区域还可考虑巴西、澳大利亚等地。

参考文献

杜珉，2006. 中国棉花进出口贸易分析 [J]．农业展望，2 (5)：6-10.
范欣欣，田懿行，2013. 中国棉花进口滑准税政策及其效果分析 [J]．世界农业 (5)：60-64.
胡冰川，程国强，2008. 论棉花滑准税的政策影响 [J]．中国农村经济 (6).
金琦，朱再清，2013. 中国棉花进口对主要进口来源国依存度的分析 [J]．世界农业 (12)：163-167.
徐玲，2009. 中国棉花进口贸易保护政策研究 [D]．南昌：江西财经大学.
张淑荣，李慧燕，2012. 调整滑准税率对我国棉农的影响——基于 COMPAS 模型的实证分析 [J]．农业技术经济 (12)：108-116.
赵丽佳，2009. 中国植物油产品的进口贸易研究 [D]．武汉：华中农业大学.

钟昌元，吴王平，2013. 我国棉花进口贸易政策效应分析 [J]. 农业经济 (4)：108 - 111.

周井娟，2010. 中国虾产品主要出口市场需求及空间整合研究 [D]. 杭州：浙江大学.

朱再清，刘敏志，2012. 我国棉花进口市场集中度与价格弹性的研究 [J]. 国际贸易问题 (2)：33 - 42.

Alston J M，Chalfant J A，1993. The Silence of the Lambdas：A Test of the Almost Ideal and Rotterdam Models [J]. American Journal of Agricultural Economics，75 (2)，304 - 313.

Armington P S，1969. "A Theory of Demand for Products Distinguished by Place of Production" International Monetary Fund Staff Papers，16 (1)：159 - 176.

Arnade C，Pick D，Gehlhar M，2005. Testing and Incorporating Seasonal Structures into Demand Models for Fruit [J]. Agricultural Economics，33 (3)：527 - 532.

Barten A，1969. "Maximum Likelihood Estimation of a Complete System of Demand Equations" European Economic Review，1 (1)：7 - 73.

Karen Jackson，2006. EU Quota Restrictions on Textiles and Clothing [J]. University of radford，5 (6)：23 - 43.

Laitinen K A，1980. Theory of the Multiproduct Firm [M]. Amsterdam：North - Holland Publishing Co.

Liu，Hui，Zhang - Yue Zhou，Bill Malcolm，2001. China's Wool Import Demand：Implications for Australia [J]. Australasian Agribusiness Review (19)：16 - 34.

Muhammad Andrew，McPhail L，Kiawu J，et al，2012. Do US cotton subsidies affect competing exporters? An analysis of Import Demand in China [J]. Journal of Agricultural and Applied Economics，44 (2)：235 - 49.

Muhammad Andrew，Hanson T R，2009. The importance of product cut and form when estimating fish demand：the case of US Catfish [J]. Agribusiness，25 (4)：480 - 499.

Nzaku，Kilungu，Houston J E，2010. Dynamic Estimation of US Demand for Fresh Vegetable Imports [C]. Annual Meeting，July 26 - 28.

Sanyal K K，Jones R W，1982. The theory of trade in middle products. American Economic Review (71)：16 - 31.

Shiells C R，1991. Errors in Import - Demand Estimates based upon Unit - Value Indexes [J]. The Review of Economics and Statistics：378 - 382.

Theil H，1980. The System - Wide Approach to Microeconomics [M]. Chicago，IL：The University of Chicago Press.

Theil H，Clements K W，1978. A Differential Approach to US Import Demand [J]. Economics Letters (1)：249 - 252.

Wang Xiaojin，Reed M，2013. Estimation of Import Demand for Fishery Products in the US Using the Source - Differentiated AIDS Model [C] //2013 Annual Meeting，August 4 - 6，Washington，DC：Agricultural and Applied Economics Association，(150，207).

中国肉类产品出口市场是
质量竞争还是价格竞争?
——基于相对单位价值指标的识别分析

曾寅初　林宇洁

（中国人民大学农业与农村发展学院）

摘　要: 根据我国肉类出口持续低迷、贸易由顺差转为逆差且逆差额不断扩大的新格局，本文基于 Karl Aiginger（1997）、Darian Woods（2012）的判断市场势力的方法，对中国肉类产品主要出口市场的价格竞争、质量竞争情况进行研究。结果发现，深加工家禽肉、猪肉制品在日本、韩国、东南亚等主要出口市场上进行低端价格竞争，而冻猪肉、冻鸡肉、鲜冷冻羊肉等初加工产品则在这些市场上进行质量竞争；我国对西方国家、吉尔吉斯斯坦、中东国家出口的肉产品基本上进行价格竞争；我国大部分出口肉类产品进行价格竞争意味着国内外成本冲击将导致我国靠低价竞争的出口策略难以为继。因此本文建议，我国应当通过优化肉类产品的出口市场结构、产品结构，及提高出口肉类产品质量安全，为企业产品创新、技术创新提供政策支持，促进我国肉类出口的长期良好发展。

关键词: 农产品国际贸易　肉类产品出口　市场竞争类型　市场势力

一、引　　言

作为我国具有传统比较优势的劳动密集型产品，肉类产品在我国农产品出口中一直占有极为重要的地位。2000—2005 年，我国肉类产品出口贸易发展迅猛，出口额从 12.42 亿美元增至 19.22 亿美元，平均占我国农产品出口总额的 7.64%，占我国畜禽类产品出口总额的 52.20%。特别地，鸡肉、猪肉制品是我国重要的出口产品，出口国家多、出口额大。2000—2005 年，我国罐装鸡肉、猪肉制品出口量分别平均占世界总出口量的 17.75%、18.58%[①]，是世界第二大出口国，占韩国、日本等国肉制品进口量的 40% 以上，对其市场具有重要影响。然而近年来我国肉类出口量增长缓慢，进口量快速增长，导致我国贸易由顺差转为逆差，且近年来逆差额不断扩大。2012 年我国肉类产品贸易逆差额达到 10.03 亿美元，较 2011 年增长 108.53%[②]。与我国其他劳动密集型农产品出口依

---

① 基金项目:本研究受到中国人民大学科学研究基金（中央高校基本科研业务费专项资金）资助项目（批准号:10XNI013）的资助。数据来源于 FAOSTAT 数据库。

② 数据来源于 UN Comtrade 数据库，其中肉类产品为 02、1601、1602 三大类，畜禽产品为 01、02、04、05、1501—1506，1601，1602 几个大类。

然保持持续增长的良好趋势相比，为什么只有肉类产品呈现出口增长缓慢、比重大幅下降、逆差不断扩大的低迷状态？而从促进出口的角度看，我国肉类产品又应该采取怎样的市场竞争策略呢？

成本冲击可能是导致近年来我国肉类产品出口低迷的重要原因。一方面，我国肉类产品面临着来自国际市场的外部成本冲击，主要表现为为应对国际贸易壁垒而引发的成本增加。近年来，国际贸易壁垒愈发多样化和隐蔽化，特别是技术壁垒、绿色壁垒、动物福利贸易壁垒等已经逐渐成为阻碍我国肉类贸易发展的重要因素。欧盟、日本、韩国、美国等国家相继实施了一系列进出口农产品质量安全法律法规，大幅提高了对进口肉类产品的检测标准，增加了我国肉类出口商的生产成本[①]。另一方面，我国肉类产品还面临来自国内的内部成本冲击。我国劳动力市场供求格局变化引发的劳动工资快速上涨、谷物价格持续上升带来的饲料成本提高等，都可能引发我国肉类产品出口成本的增加。

我国出口肉类产品的生产商能否有效应对来自国内、外的双重成本冲击，主要取决于我国肉类产品在不同出口市场上的竞争类型。如果我国肉类产品在某出口市场上是以质量竞争的，那么我国肉类产品生产者就能够通过"看市定价"或调整对该市场的出口规模来弥补成本增加带来的损失，从而维持稳定的经营利润、减小成本冲击带来的不利影响（马述忠、王军，2012）；若我国肉类产品在某出口市场上是以价格竞争的，则我国作为国际市场价格的被动接受者，将无法通过"看市定价"来削弱成本冲击对我国肉类出口的影响，我国的肉类出口将受到较大影响。因此对不同出口市场竞争类型的划分，将有利于具体研究我国在不同出口市场上的市场势力情况，从而选择合适的市场竞争策略以应对国内外成本冲击对我国出口的影响。

然而已有研究文献多集中于对我国肉类产品整体国际市场竞争力的研究，很少涉及我国肉类产品在某一主要出口市场上的竞争类型。我国肉类产品出口地区分布较广，肉类产品在不同的出口市场上的市场势力、竞争类型差别较大。因此，忽视以上差异的整体市场竞争力研究，不能为制定合理的我国肉类产品出口竞争策略提供有效的科学依据。虽然也有一些文献开始关注我国农产品在具体市场上的市场势力问题，但是尚未发现针对我国肉类产品出口的研究。而且针对市场势力的现有文献往往忽视了"质量因素"对不同国家间同种产品价格的影响，且普遍存在用"单位价值"替代"价格"所产生的"加总问题"，导致市场势力的估计结果存在偏误。

因此，本文将采用新的分析方法，在具体考虑不同市场差异以及同种产品内部质量差异条件下，通过相对单位价值指标的计算，识别我国肉类产品主要出口市场的竞争类型，判断这些出口市场到底是价格竞争市场还是质量竞争市场，从而为制定合理的出口市场竞争策略提供科学依据。

---

①　2006年以来，欧盟、日本先后实施了《食品及饲料安全管理法规》《食品中残留农业化学品肯定列表制度》，大幅提高了对进口肉类产品的检测标准，限制了我国肉类产品的出口，2004年韩国专门针对我国向韩国出口的鲜、冷、冻禽肉类产品制定了15项与肉类产品疫病防治、药物残留等相关的卫生标准，导致我国部分肉类出口产品被退回。此外，加入WTO后，SPS措施等也对中国畜产品的出口产生了显著影响（段辉娜、王巾英，2007）。

二、文献综述

现有研究文献主要关注肉类产品整体国际竞争力，而很少涉及我国肉类产品在不同市场上的竞争类型。关注肉类产品整体国际竞争力的文献一般使用市场占有率、贸易竞争指数、显示性比较优势指数、市场集中度、出口相似度指数等指标，结合 CMS 模型、多元回归等实证方法，分析我国肉类的国际竞争力现状以及其变化趋势，认为我国肉类产品国际竞争力整体较弱且呈现下降趋势；猪肉和禽肉的国际竞争力稍强，但自 20 世纪 90 年代中期开始下降；牛羊肉一直不具有国际竞争力（余鲁，2009；李作稳，2004；潘志强、曹玉书，2008；余洁等，2013）。很多学者从成本、价格、质量安全、出口产品结构、贸易壁垒、生产规模化与组织化程度等多个方面尝试解释我国肉类产品竞争力较弱的原因（张振、乔娟，2011；杨小川、陈娴，2007；孙明、陈婷，2007；李建平、罗其友，2002；闫逢柱、张文兵，2008；王红斌、朱再清，2007；刘学忠，2008；靖飞，2008）。此外，部分学者对一些非主流肉类出口产品的国际竞争力（刘雪芬等，2013）以及我国某一地区出口肉类产品的国际竞争力（颜玄洲等，2011）进行了研究。我国肉类出口市场在经济、消费、国际贸易政策、饮食偏好等方面存在较大不同，因而其竞争类型、市场势力存在较大差异，但以上研究忽视了上述差异，这种整体衡量我国肉类竞争力的研究没有揭示我国肉类产品在不同出口市场上的竞争类型，不能对实践中我国出口竞争策略的选择提供有效的科学依据。

一些文献具体研究了我国农产品的国际市场势力，但尚未发现以肉类产品为研究对象的文献。已有研究涉及的产品种类主要有水产品、茶叶、蔬菜、水果、罗非鱼、棉花、玉米、小麦、大豆、花生、板栗等（王万山，2007；王双祺，2012；徐明、李先德，2013）。这些文献采用的研究方法主要有：①通过市场集中度（CR）、赫芬达尔指数（HHI）、熵指数（E 系数）、利润率、贝恩指数、勒纳指数等对市场势力进行描述。②价格—边际成本模型（PCM）（阚大学，2013）。这一方法是 Hall（1986）提出的，Ian Domowitz 进一步拓展了该方法，主要是通过衡量企业的出口价格高于边际成本的程度来衡量企业对价格的加成能力，从而分析企业的市场势力。③剩余需求弹性模型（RDE）。Baker and Bresnahan（1988）提出了该方法，Goldberg and Knetter（1999）、Landes and Posner（1981）又进一步对 Baker 等模型进行了拓展。其基本原理在于企业的剩余需求弹性与企业的市场势力之间存在着反比关系，剩余需求弹性越大，则企业的市场势力越弱。由于该方法数据易得且假设更少，因此得到了广泛的运用（李晓钟、李清光，2008；李晓钟、王斌，2008；张复宏，2012；陈昕，2013）。④基于买卖双方视角修正的 Song - Marchant - Reed 模型。一些学者，如 Poosiripinyo，Rangsit and Michael Reed（2005）、Baohui Song，Mary A. Marchant and Michael Reed et al.（2007）在剩余需求弹性模型的基础上加入买方需求，从而从买卖双方视角研究了市场势力。国内，李鹏飞（2012）运用该方法研究了中国棉花进口贸易的国际市场势力。

上述研究我国出口农产品市场势力的文献在方法上存在一些不足，主要表现为：①已有文献忽视了"质量因素"对不同地区同种产品价格的影响。判断出口商是否具有市场势力的最直接的思路，就是研究出口商是否能对其出口的同一种产品在不同的市场上获取不同的价格。然而当一国对不同国家出口的同种产品存在质量差异时，则导致一种产品在不同出口市场上价格不同的原因可能有两种：一是出口商确实具有市场势力，能够对同一种同质产品在不同市场上获取不同价格；另一种原因可能是出口商没有市场势力，但是由于其对不同市场出口的同一种产品的质量不同，因此不同市场上的价格也就表现为不同。实际上，已有文献往往只考虑了上述第一种原因，而忽视了同种产品内部质量异质所导致的价格差异，这样得到的分析结果是不准确的。②用"单位价值"代替"价格"的方法在同种产品内部存在明显质量差异时会导致"加总问题"。目前较流行的"价格—边际成本模型""剩余需求弹性方法"均需要使用"价格"变量，且均建立在"同一种产品内部同质、不存在较大质量差异"的基础上。然而实际研究中，由于细分产品价格数据的缺乏，已有文献常常使用"单位价值"作为该种产品的价格放入模型中进行实证检验。由于"单位价值"作为一个加总指标，当一种产品内部存在较大质量差异时，其无法代表实际的产品价格，因此违背了上述两种方法的前提假设。这就使得基于上述方法对农产品这种横向质量差异较大的贸易品的市场势力的分析存在一定问题。

针对上述问题，Karl Aiginger（1997）提出了一种基于相对单位价值指数判断价格竞争市场与质量竞争市场，进而分析市场势力的方法。Karl Aiginger（1997）认为当同种产品内部存在明显质量差异时，单位价值实际上是不同质量的同种产品的价格的加成平均值，因此单位价值的高低能够反映该种产品内部质量的变化。因此可以通过比较不同出口国的同种产品的单位价值并结合该种产品的进出口情况，从两个维度来判断该出口国出口产品的质量水平，进而区分同一种产品出口的不同市场究竟是以价格竞争为主还是以质量竞争为主。Darian Woods（2012）基于 Karl Aiginger（1997）的方法，构建了进口国溢价指数以及出口国溢价指数两个指标，以衡量新西兰出口农产品的质量水平，并区分了新西兰农产品在不同市场上的竞争形式。

因此，本文将主要从以下两个方面进行新的尝试：一是通过对我国肉类出口市场的应用，验证 Karl Aiginger（1997）和 Darian Woods（2012）所提出的新方法在判定出口市场是否存在市场势力方面的有效性；二是利用我国肉类产品出口的贸易数据，通过相对单位价值指标的分析，判断我国肉类产品在不同出口市场上的竞争类型。

三、理论分析

（一）价格竞争市场与质量竞争市场的判断

市场竞争类型主要可以分为价格竞争与质量竞争两种。价格竞争是指一国能够以更低的生产成本生产某种商品，从而在该市场上以较低的价格获得市场势力，一般针对于比较成熟的完全竞争市场，市场上的产品具有高度同质性；而质量竞争则指出口国能够通过质量、产品创新、改进产品以适应某种特殊需求等方式差异化自身的产品，从而获得价格加成能力，获得市场势力。

Karl Aiginger（1997）认为，以上两种竞争类型将导致产品单位价值与进、出口量之间的不同关系。第一种情况是某国出口的某种产品属于价格竞争。由于该国出口的该种产品与其他国家出口的同种产品不存在质量差异，所以该国只能作为该种产品国际市场价格 P_W 的被动接受者，面临一条完全弹性的需求曲线（图 1a）。国内对该产品的市场需求为 D_{dom}，则在国际市场价格 P_W 下，该国进口产品需求量为 Q_{dom}^d，而由于该国生产成本较高，所以在 P_W 的价格下，该国供给量为 Q_{dom}^s。由于 $Q_{dom}^d > Q_{dom}^s$，因此在价格竞争情况下，生产成本较高的国家只能净进口该种产品（图 1b）。第二种情况是某国出口的某种产品属于质量竞争。假设某种产品有高、低两种质量，而该国出口的该种产品的质量高于其他出口国，因此该国出口的该种产品属于质量竞争，能够通过差异化获得一定的市场势力，面对的不再是完全弹性的需求曲线，而是一条向下倾斜的需求曲线，其价格 PH 高于生产边际成本 MC^H（图 1c）。而在该国的国内市场上，消费者对高质量的该种产品的需求更大且高质量的该种产品的生产成本更高，因此 D_{dom}^H 位于 D_{dom}^L 曲线上方，S_{dom}^H 位于 S_{dom}^L 曲线的上方，在国际市场价格 P^H、P^L 下，该国将出口高质量产品而进口低质量产品，由于出口量大于进口量，所以最终该国将表现出净出口该种产品（图 1d）。因此，只有在有效的质量竞争情况下，该国在出口单位价值高于其他国家时仍能净出口该种产品。

因此，由图 1 可得，在有效的价格竞争情况下，一国某种产品的相对出口单位价值（该国该种产品的出口单位价值与其他国家该种产品的出口单位价值的比）始终与该国该种产品的净出口量呈负相关关系，即该国出口的该种产品的单位价值高于其他国家时，其只能净进口这种产品。只有在有效的质量竞争情况下，一国某种产品的相对出口单位价值才能与净出口量呈正相关关系，即该国在出口单位价值高于其他竞争对手的同时仍能净出口该种产品。UV_w 代表世界上其他国家出口的该种产品的平均单位价值，UV_x 表示该国出口的该种产品的单位价值，NX 代表该国该种产品的净出口量，则有如下关系：

$$\begin{cases} \text{有效的价格竞争情况下，} \dfrac{UV_x}{UV_w} > 1 \rightarrow NX < 0 \\ \text{有效的质量竞争情况下，} \dfrac{UV_x}{UV_w} > 1 \rightarrow NX > 0 \end{cases} \quad (1)$$

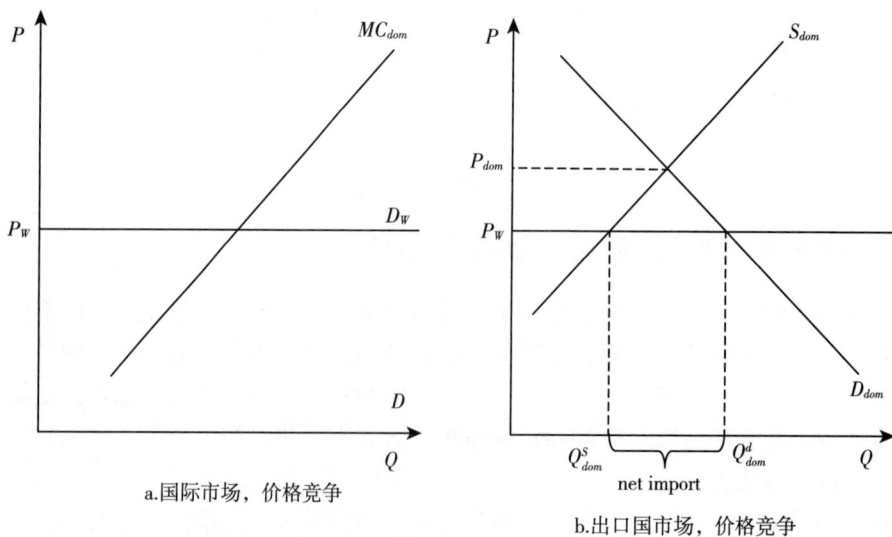

a.国际市场，价格竞争

b.出口国市场，价格竞争

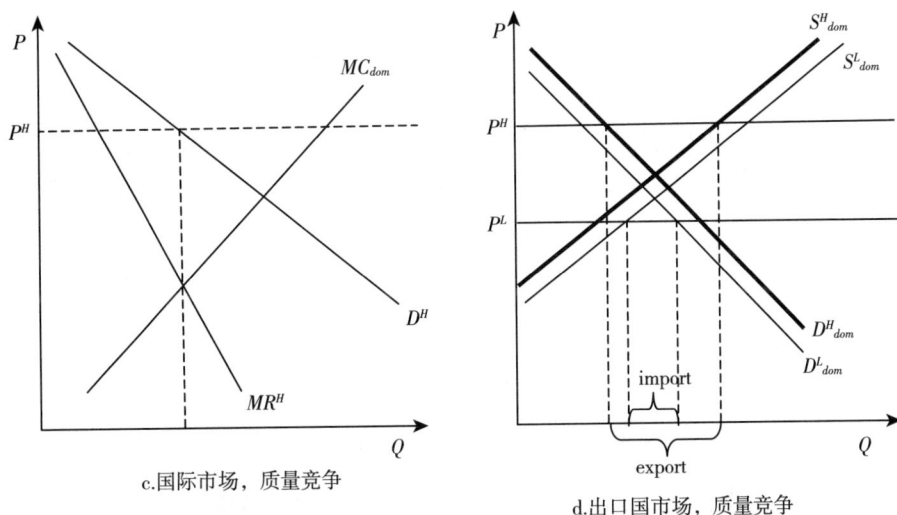

c.国际市场，质量竞争

d.出口国市场，质量竞争

图 1　不同出口竞争类型市场下价格与进出口量之间的关系

注：根据 Karl Aiginger（1997）判断市场势力的方法绘制。

综合考虑出口单位价值变动与净出口量之间的关系，一国出口产品的市场竞争可划分为以下四种类型（Karl Aiginger，1997）：①该国产品具有能区别于竞争对手的质量特性，因此该国进行质量竞争时，如果这种质量竞争是有效的，则该国将在高价格的同时净出口该产品，因此有效的质量竞争市场表现为出口产品"高单位价值"与"净出口"并存的状态；②该国在该出口市场上具有市场势力，采取质量竞争策略，但该国的质量竞争策略无效，则由于该国的产品价格高于其他国家，其产品质量差异又不被识别，因此该国产品的出口量将减少，最终导致该国成为该种产品的净进口国，因此无效的质量竞争市场表现为"高单位价值"且"净进口"；③该国出口产品与其他国家同质，所以作为价格接受者的该国只能采取价格竞争的策略，有效的价格竞争策略将使得该国的出口价格低于其他竞争对手，从而成为该产品的净出口国，因此有效的价格竞争市场表现为"低单位价值"与"净出口"并存；④该国在该出口市场上不具有市场势力，采取价格竞争的策略，但该价格竞争策略无效，该国仍净进口产品，因此无效的价格竞争市场表现为"低单位价值"与"净进口"并存（图 2）。

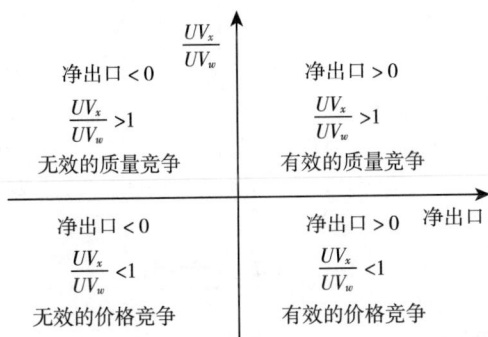

图 2　相对单位价值与市场竞争类型

注：根据 Karl Aiginger（1997）判断市场势力的方法绘制。

因此，在只考虑有效竞争的情况（即某国净出口某种产品）下，则可以直接根据相对出口单位价值反过来推断该种产品的竞争类型。如果一国某种产品的单位出口价值与其净出口量呈正相关关系，则表明该国生产的该种产品必定具有质量差异，该国的产品出口属于质量竞争类型（图2的象限1）；反之，如果一国某种产品的单位出口价值与其净出口量呈负相关关系，则该国的产品出口属于价格竞争类型（图2的象限4）。也就是说，对于有效竞争市场，判断其竞争类型的方法为：

$$\begin{cases}\dfrac{UV_x}{UV_w}>1\rightarrow 质量竞争\\[2mm]\dfrac{UV_x}{UV_w}<1\rightarrow 价格竞争\end{cases}\tag{2}$$

（二）不同市场竞争类型下成本冲击对出口贸易的影响

不同的市场竞争类型下，成本冲击对某种产品的出口贸易的影响也不同。①若我国没有市场势力，则成本冲击导致我国在A市场上的供给曲线左移（从S_0移到S_1），但由于需求曲线不动，所以我国在A市场上仍获取原价格P_A，由于生产成本上涨而价格不变，我国在A市场上的利润下降（图3a）。因此，质量竞争情况下国内外成本冲击对我国肉类产品的出口贸易的影响将小于价格竞争情况。②若我国肉类出口进行质量竞争，具有一定的市场势力，则国内外成本冲击会提高我国出口产品生产商的边际成本（从MC_0移到MC_1），由于我国有市场势力，因此我国可以通过在不同市场上提价（如，在A国由P_{A0}提价至P_{A1}）的方法来弥补增加的生产成本，或者也可以通过减少向价格较低的市场的出口来维持利润（图3b）。

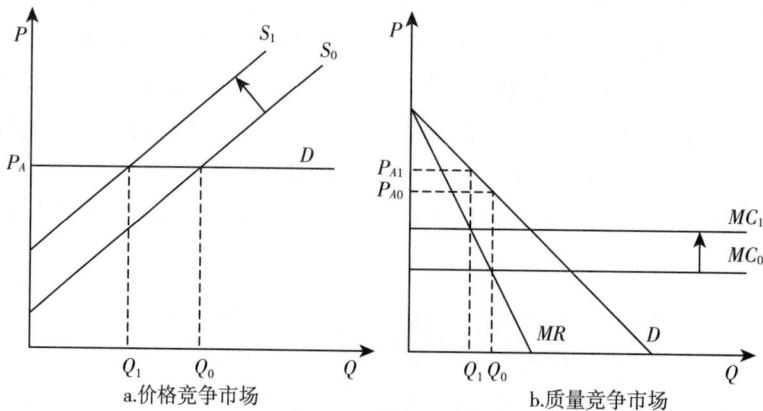

图3　成本冲击对价格竞争和质量竞争市场的影响

注：根据Darian Woods（2012）对成本冲击对价格竞争和质量竞争市场的影响的分析绘制。

四、研究方法

（一）计算溢价指数

根据理论分析可知，在有效竞争市场条件下，要区分出口市场到底是质量竞争市场还是价格竞争市场，只需要判断某国出口的某种产品的单位价值的相对高低即可（Karl Aiginger，1997）。衡量某种产品出口单位价值的高低程度，最常用的方法就是"相对单位价值指标"（Deaton，1998；Hallak，2005；Khandelwal，2008；Darian Woods，2012）。本文选择使用 Darian Woods（2012）提出的进口国溢价指数和出口国溢价指数这两个简单的相对单位价值指标。之所以选择这两个指标，是因为这两个指标既能够去除普遍性通货膨胀、货币计价单位差异和短期价格波动的影响，且指标计算所需要的数据简单易得。

进口国溢价指数（MPR），可以衡量中国对某国出口的某种产品的价格相对于中国对其他国家出口的该种产品的价格的高低。如果 i 国 MPR 较高，则代表中国对 i 国的溢价高于中国对其他国家，所以 MPR 被称为进口国溢价指数。具体计算公式如下：

$$MPR_{i,t} = \frac{UV_{i,t}}{P^*_{i,t}} = \frac{(p_{i,t} \cdot q_{i,t})/q_{i,t}}{\sum_i (p_{i,t} \cdot q_{i,t})/\sum_i q_{i,t}} \tag{3}$$

其中，i 代表进口国家，t 代表年份，$p_{i,t} \cdot q_{i,t}$ 是国家 i 在年份 t 时从中国进口的该种产品的进口金额，$q_{i,t}$ 是国家 i 在年份 t 时从中国进口的该种产品的进口数量，$P^*_{i,t}$ 表示 t 年份时从中国进口该种产品的所有国家的加权单位价值。

出口国（中国）溢价指数（CNPR），衡量中国对某国 i 出口的某种产品的价格相较于其他对 i 国出口该种产品的国家的出口价格的高低。如果 i 国 CNPR 较高，代表相比于其他对 i 出口的国家，中国的溢价较高，所以 CNPR 被称为中国溢价指数。CNPR 的计算公式如下：

$$CNPR_{i,t} = \frac{UV^{CN}_{i,t}}{P^{*x}_{i,t}} = \frac{(p^{CN}_{i,t} \cdot q^{CN}_{i,t})/q^{CN}_{i,t}}{\sum_x (p^x_{i,t} \cdot q^x_{i,t})/\sum_x q^x_{i,t}} \tag{4}$$

其中，i 代表进口国家，t 代表年份，$p^{CN}_{i,t} \cdot q^{CN}_{i,t}$ 是国家 i 在年份 t 时从中国进口的该种产品的进口金额，$q^{CN}_{i,t}$ 是国家 i 在年份 t 时从中国进口的该种产品的进口数量，$P^{*x}_{i,t}$ 表示 t 年份时 i 国从世界各国进口的该种产品的加权单位价值。

（二）识别市场竞争类型

判断我国净出口市场的竞争类型，只需比较中国出口单位价值的相对高低即可。由于 CNPR 就是用中国对某国出口的某类产品的出口单位价值（$UV^{CN}_{i,t}$），与其他对该国出口同种产品的国家的平均出口单位价值（$P^{*x}_{i,t}$）相比，因此 CNPR 的大小就反映了中国出口单位价值的相对高低。若 CNPR 大于 1，则表示中国出口的该种肉类产品的单位价值高于世界平均出口单位价值；反之，则表示中国出口的该种肉类产品的单位价值低于世界平均出口单位价值。因此，使用 CNPR，本文能够判断肉类产品在不同出口市场上的竞争类型。具体的，本文首先分别计算 2000—2012 年中国出口的每类产品对应的不同进口国的 $CNPR_i,t$；其次对每类产品的每个出口国分别计数其中 $CNPR_i,t>1$ 的年数，如果该国 $CNPR_i,t>1$ 的年数占总年数的比例大于 $CNPR_i,t<1$ 的年数的占比，则认为该类产品中，中国在该进口国 i 的市场上为质量竞争，反之则为价格竞争。

五、背景与数据

（一）我国肉类产品出口规模及其增长

2000—2005 年，我国肉类产品出口贸易发展迅猛，出口额从 12.42 亿美元增至 19.22 亿美元，其中 2004 年、2005 年我国肉类产品出口规模快速扩大，出口额年增长率分别达到 14.28%、20.38%。2008 年以来我国肉类产品进口增长迅猛，年均增长 15.32%，2012 年进口总量达到 208.56 万吨，进口额达到 41.16 亿美元。然而与此同时我国肉类产品出口却不断下降，2008 年达到最低的 60.49 万吨，之后小幅回升，近年保持相对稳定，2012 年我国肉类产品出口为 75.44 万吨，出口额 31.13 亿美元。由于 2006 年以来我国肉类进口量快速大幅增加的同时出口量却增长缓慢甚至减少，2007 年我国肉类产品出口首次出现贸易逆差，并至今一直保持贸易逆差状态。2010 年以来逆差额不断扩大，年均增长 30% 以上，2012 年我国肉类贸易逆差额达到 10.03 亿美元，较 2011 年增长了 108.53%（图 4）。

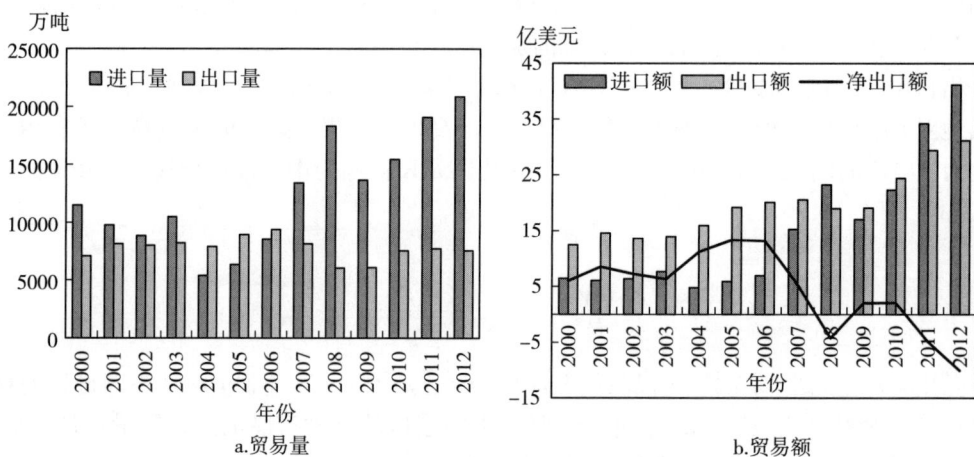

图 4　2000—2012 年中国肉类产品贸易情况

注：数据来源于 UN Comtrade 数据库。中国出口的肉类产品主要是 HS（1996）编码中的 02 类产品（肉类及可食用肉类杂碎）以及 1601（香肠、类似肉类产品、肉类杂碎及血）、1602（加工或储藏的肉类、肉类杂碎及血）类产品。图中的贸易量和贸易额由 02、1601、1602 肉类产品的贸易量和贸易额加总计算而得。

（二）我国肉类出口的产品与市场结构

从产品结构来看，我国最重要的出口产品是深加工肉制品，2012 年出口额 19.37 亿美元，占我国肉类出口总额的 54%。其中，深加工家禽肉制品及深加工猪肉制品分别占我国肉类出口总额的 32.8%、13.7%，是我国出口额最高的两类肉类产品。在初加工肉类产品中，禽肉、猪肉是我国的主要出口产品，2012 年出口额为 5.02 亿美元和 2.95 亿美元，分别占我国肉类出口总额的 18.8% 和 15.2%。我国牛、羊、马、骡、驴肉的出口比重较小，2012 年我国冻牛肉出口额为 0.66 亿美元，鲜、冷牛肉出口额为 0.15 亿美元，羊肉出口额为 0.43 亿美元，占我国肉类出口总额的比重均只有 2% 左右（图 5）。

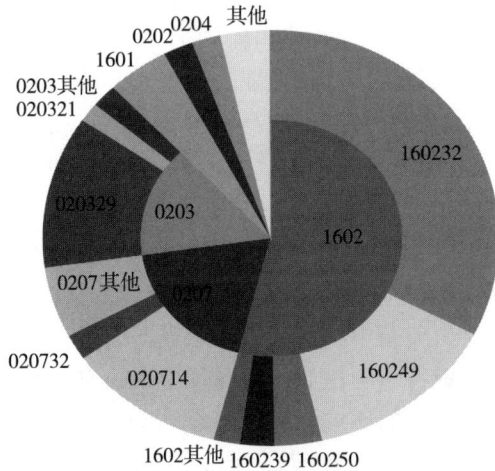

图 5　中国出口肉类产品的产品结构

注：数据来源于 UN Comtrade 数据库。0202：冻牛肉；0203：鲜、冷、冻猪肉；0204：鲜、冷、冻绵羊肉或山羊肉；0207：家禽肉及杂碎；1601：香肠等类似肉制品、肉类杂碎及血制品；1602：加工或保藏的肉、杂碎及血制品；160232：家禽肉及杂碎制品；160249：加工或保存的猪肉及杂碎制品，非肝脏；160250：加工或保藏的牛肉及杂碎制品，非肝脏；160239：加工或保藏的鸭、鹅肉制品及杂碎，非肝脏；020714：冻鸡肉；020732：非块状鲜、冷鸭、鹅肉；020329：块状冻猪肉；020321：其他冻猪肉。

从市场结构来看，日本是我国肉类产品最主要的出口市场，我国对其出口的肉类产品占我国肉类产品出口总额的 45%，特别是对日本出口的深加工肉制品占我国总出口额的 38.6%。中国香港是内地第二大出口市场，占我国肉类出口额的 24%，占我国初加工肉制品出口总额的 18.03%。新加坡、马来西亚、印度尼西亚等东南亚国家也是我国肉类产品重要的出口市场，占我国肉类产品出口总额的 4% 左右。我国对中东国家、俄罗斯、吉尔吉斯斯坦主要出口初加工肉制品，占我国肉类产品出口额的比重均在 3% 左右。我国对荷兰、比利时、英国、美国等西方国家出口的比重不高，大约占肉类出口总额的 2%（图 6）。

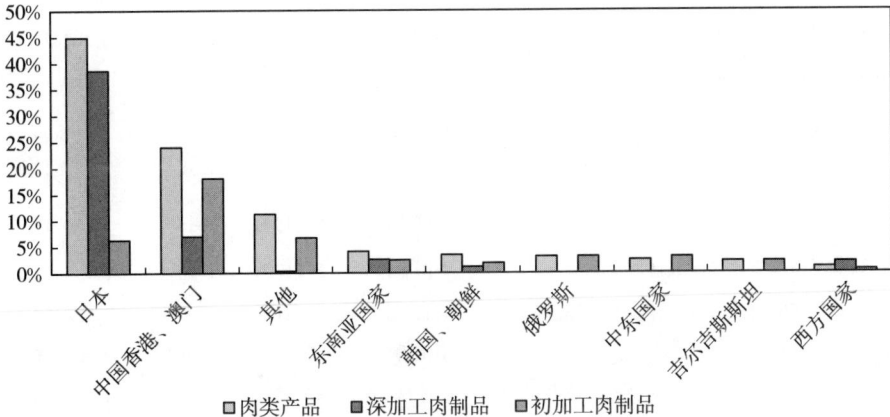

图 6　中国出口肉类产品的市场结构

注：根据 UN Comtrade 数据整理计算得到。东南亚国家包括：印度尼西亚、新加坡、马来西亚、菲律宾；中东国家包括约旦、科威特、利比亚、阿曼；西方国家包括：美国、德国、英国、荷兰、比利时。

综合市场结构与产品结构来看，我国向日本出口的深加工家禽肉、猪肉制品占我国肉类总出口额的 36.61%，超过 1/3，年均出口额约 7.14 亿美元，对我国肉类贸易具有极其重要的影响。除日本外，中国香港、马来西亚、菲律宾等邻近东南亚国家或地区，以及德国、比利时等欧洲国家也是我国深加工肉制品的主要出口市场，前者占我国肉类总出口额的 8.64% 左右，后者约占 1.91%。我国第二大出口肉类产品块状冻鸡肉的主要出口国家和地区是中国香港、日本，二者出口额合计占我国肉类总出口额的 9.14%，占块状冻鸡肉总出口额的 50.6%。作为我国第三大出口肉类产品，块状冻猪肉主要流向中国香港、俄罗斯，分别占肉类总出口额的 5.87%、2.36%，合计占猪肉出口额的 55.39%。此外，我国出口较少的冻牛肉主要出口至中国香港、吉尔吉斯斯坦、以色列等地区，鲜、冷、冻羊肉则主要出口至约旦、科威特、利比亚、阿曼等中东国家以及中国香港，但我国对各地区的牛羊肉出口占肉类总出口额的比重均不足 1%，出口规模很小（表 1）。

表 1　中国主要出口肉类产品的市场结构及产品结构

产品类别	出口市场	PEV	TPEV	EV	编码
160232（家禽肉及杂碎制品）	日本	87.14%	29.52%	57 567.34	1
160249（加工或保藏的猪肉及杂碎制品，非肝脏）	日本	51.11%	7.09%	13 821.22	2
020714（块状冻鸡肉及杂碎）	日本	34.98%	6.32%	12 321.48	3
020329（块状冻猪肉）	中国香港	39.49%	5.87%	11 444.05	4
160249（加工或保藏的猪肉及杂碎制品，非肝脏）	中国香港	25.00%	3.47%	6 759.86	5
160100（香肠等类似肉类、杂碎或血制品）	日本	72.22%	3.23%	6 308.14	6
020714（块状冻鸡肉及杂碎）	中国香港	15.62%	2.82%	5 502.27	7
020329（块状冻猪肉）	俄罗斯	15.90%	2.36%	4 608.03	8
160250（加工或保藏的牛肉及杂碎制品，非肝脏）	日本	55.21%	2.01%	3 911.72	9
020732（鲜、冷非块状鸭，鹅肉）	中国香港	94.23%	1.93%	3 757.91	10
160232（家禽肉及杂碎制品）	中国香港	4.82%	1.63%	3 181.79	11
020714（块状冻鸡肉及杂碎）	沙特阿拉伯	8.72%	1.57%	3 070.32	12
020714（块状冻鸡肉及杂碎）	马来西亚	8.63%	1.56%	3 040.95	13
020329（块状冻猪肉）	吉尔吉斯斯坦	8.20%	1.22%	2 376.43	14
020321（冻猪肉）	中国香港	65.46%	1.15%	2 242.13	15
160100（香肠等类似肉类、杂碎或血制品）	中国香港	25.17%	1.13%	2 198.04	16
160239（加工及保藏的家禽肉及杂碎制品，非肝脏）	日本	24.61%	1.07%	2 082.92	17
020230（块状无骨冻牛肉）	中国香港	35.92%	1.04%	2 022.27	18
160239（加工及保藏的家禽肉及杂碎制品，非肝脏）	德国	22.67%	0.98%	1 918.98	19
160239（加工及保藏的家禽肉及杂碎制品，非肝脏）	比利时	21.45%	0.93%	1 815.89	20
160249（加工或保藏的猪肉及杂碎制品，非肝脏）	马来西亚	5.95%	0.82%	1 608.91	21
160249（加工或保藏的猪肉及杂碎制品，非肝脏）	菲律宾	5.82%	0.81%	1 574.07	22

（续）

产品类别	出口市场	PEV	TPEV	EV	编码
160250（加工或保藏的牛肉及杂碎制品，非肝脏）	中国香港	21.45%	0.78%	1 519.98	23
小计			79.30%	154 654.69	
020810（兔肉及杂碎）	欧洲	56.37%	1.13%	2 197.53	a1 - 1
020810（兔肉及杂碎）	俄罗斯	12.80%	0.26%	499.02	a1 - 2
020890（其他可食用肉类及杂碎）	中国香港	49.28%	0.31%	602.18	a2 - 1
020890（其他可食用肉类及杂碎）	美国	30.79%	0.19%	376.17	a2 - 2
020 443、020 442、020450（初加工羊肉）	中国香港	48.46%	0.75%	1 460.88	a3 - 1
020 443、020 442、020450（初加工羊肉）	约旦	32.00%	0.49%	964.73	a3 - 2
020 443、020 442、020450（初加工羊肉）	其他中东国家	19.54%	0.30%	589.04	a3 - 3
小计			3.43%	6 689.53	
总计			82.73%	161 344.22	

注：根据 UN Comtrade 数据整理计算得到。PEV：2000—2012 年占该小类产品（6 位 HS 编码）出口额的平均比重；TPEV：2000—2012 年占肉类产品总出口额的平均比重；EV：2000—2012 年的平均出口额（万美元）。编码 1 - 23 对应着占中国肉类出口额比重前 23 位的市场，编码 a1 - 1、a1 - 2、a2 - 1、a2 - 2、a3 - 1、a3 - 2、a3 - 3 对应着补充研究的 7 个市场。

（三）数据来源及其说明

本文使用 UN Comtrade 数据库中的 2000—2012 年的 HS（1996）六位产品代码，由于肉类产品的 HS6 分类基本能够保证同类产品中不存在较大的结构差异（由于一类产品内部产品种类发生变化而导致的该类产品的单位价值的变动），因此符合本文研究要求。

根据本节中对中国肉类产品出口市场结构及产品结构的分析，本文选择了 HS（1996）02、16 两个大类下的占肉类出口额比重较大的 17 个 6 位编码产品品种，共 62 个出口市场。在这 62 个出口市场中，本文着重研究占中国肉类总出口额 80% 的排名前 23 位的出口市场的竞争类型。

此外，考虑到产品以及出口市场的多样性问题，本文增加了兔肉（020810）、其他可食用肉类（020890）及初加工羊肉（020450、020443、020442）这三类产品，由于比利时、德国、荷兰具有较强的相似性，因此本文将这些市场合并为"欧洲"市场，进行研究；由于利比亚、科威特、阿拉伯联合酋长国、阿曼也具有较强的相似性，所以本文将这些市场合并为"其他中东国家"进行研究。因此，在着重研究的前 23 位市场外，本文还增加了 a1 - 1（020810，兔肉及杂碎，欧洲）、a1 - 2（020810，兔肉及杂碎，俄罗斯）、a2 - 1（020890，其他可食用肉类及杂碎，中国香港）、a2 - 2（020890，其他可食用肉类及杂碎，美国）、a3 - 1（020443、020442、020450，初加工羊肉，中国香港）、a3 - 2（020443、020442、020450，初加工羊肉，约旦）、a3 - 3（020443、020442、020450，初加工羊肉，其他中东国家）这 7 个市场。

六、结果及其讨论

（一）分析结果

1. 溢价指数的计算结果

中国肉类产品前 23 位最主要的出口市场和 7 个补充出口市场的溢价指数（MPR 和 CNPR）的计算结果如表 2 所示。

表 2　中国肉类主要出口市场的 MPR、CNPR

产品及出口市场	MPR	CNPR	编码
160232（家禽肉及杂碎制品），日本	1.03	0.97	1
160249（加工或保藏的猪肉及杂碎制品，非肝脏），日本	1.28	1.01	2
020714（块状冻鸡肉及杂碎），日本	1.24	1.38	3
020329（块状冻猪肉），中国香港	1.03	1.19	4
160249（加工或保藏的猪肉及杂碎制品，非肝脏），中国香港	0.95	1.31	5
160100（香肠等类似肉类、杂碎或血制品），日本	1.21	0.93	6
020714（块状冻鸡肉及杂碎），中国香港	0.96	1.48	7
020329（块状冻猪肉），俄罗斯	0.89	0.47	8
160250（加工或保藏的牛肉及杂碎制品，非肝脏），日本	1.70	1.17	9
020732（鲜、冷非块状鸭、鹅肉），中国香港	1.00	1.00	10
160232（家禽肉及杂碎制品），中国香港	0.70	1.33	11
020714（块状冻鸡肉及杂碎），沙特阿拉伯	0.90	1.02	12
020714（块状冻鸡肉及杂碎），马来西亚	1.06	1.16	13
020329（块状冻猪肉），吉尔吉斯斯坦	0.97	0.87	14
020321（冻猪肉），中国香港	0.97	0.95	15
160100（香肠等类似肉类、杂碎或血制品），中国香港	0.81	1.23	16
160239（加工及保藏的家禽肉及杂碎制品，非肝脏），日本	1.13	0.97	17
020230（块状无骨冻牛肉），中国香港	0.95	0.82	18
160239（加工及保藏的家禽肉及杂碎制品，非肝脏），德国	1.26	0.93	19
160239（加工及保藏的家禽肉及杂碎制品，非肝脏），比利时	1.25	1.03	20
160249（加工或保藏的猪肉及杂碎制品，非肝脏），马来西亚	0.69	0.99	21
160249（加工或保藏的猪肉及杂碎制品，非肝脏），菲律宾	0.67	0.81	22
160250（加工或保藏的牛肉及杂碎制品，非肝脏），中国香港	0.71	1.09	23
020810（兔肉及杂碎），欧洲	1.20	0.77	a1-1
020810（兔肉及杂碎），俄罗斯	0.76	1.37	a1-2
020890（其他可食用肉类及杂碎），中国香港	0.76	0.84	a2-1
020890（其他可食用肉类及杂碎），美国	1.48	1.11	a2-2

（续）

产品及出口市场	MPR	CNPR	编码
020443、020442、020450（初加工羊肉），中国香港	1.18	1.10	a3-1
020443、020442、020450（初加工羊肉），约旦	0.91	1.06	a3-2
020443、020442、020450（初加工羊肉），其他中东国家	0.87	1.04	a3-3

注：根据 UN Comtrade 数据整理计算得到。MPR、CNPR 为 2000—2012 年中国对该市场出口的该种产品的 MPR、CNPR 的平均值。欧洲国家包括：比利时、德国、荷兰；其他中东国家包括：科威特、阿拉伯联合酋长国、利比亚、阿曼。表中的编码对应表 2-1 中的市场编码。

在 23 个主要出口市场中，大部分市场的 MPR 在 0.9~1.2 的范围内，MPR 在 1.0~1.2 之间的市场的出口额占总出口额的 38.01%，主要是对日本出口的深加工家禽肉、对马来西亚出口的冻鸡肉以及对中国香港出口的冻猪肉；MPR 较低的是对中国香港、东南亚出口的深加工肉制品，占中国肉类出口总额的 4.04%；MPR 较高的是对日本出口的深加工牛肉、猪肉和冻鸡肉，以及对德国、比利时出口的深加工家禽肉，约占 17.33%。而中国出口的肉类产品的 CNPR 没有 MPR 高，稍偏低于 1，前 23 位市场中大部分市场的 CNPR 在 0.9~1.0，主要是对日本、德国出口的深加工猪肉、家禽肉以及对中国香港出口的冻猪肉、初加工鸭鹅肉；CNPR 较高的主要是对中国香港出口的冻鸡肉以及深加工制品，约占 15.36%；CNPR 较低的是对吉尔吉斯斯坦出口的冻猪肉、对中国香港出口的冻牛肉以及对菲律宾出口的深加工猪肉制品，其中对俄罗斯出口的冻猪肉的 CNPR 最低，只有 0.47。

从不同市场来看，中国对日本出口的产品的 MPR、CNPR 均比较高，其中出口额最大的深加工家禽肉制品的 CNPR 稍低于平均水平，为 0.97。中国肉类产品的第二大出口市场中国香港的 MPR 不高，基本在平均水平左右，其中对中国香港出口的深加工家禽肉制品的 MPR 比较低，只有 0.70，除冻猪肉外对中国香港出口的肉类产品的 CNPR 基本大于 1。中国对吉尔吉斯斯坦、俄罗斯主要出口冻猪肉，但 MPR、CNPR 均比较低。对马来西亚出口的冻鸡肉的 MPR、CNPR 较高。对沙特阿拉伯出口的冻鸡肉的 CNPR 基本保持在平均水平，MPR 略低。欧洲国家主要进口中国的兔肉及杂碎，其 MPR 较高，但是 CNPR 较低。约旦及其他中东国家主要从中国进口初加工羊肉产品，其 MPR 较低，但 CNPR 较高。中国对美国主要出口其他可食用肉类杂碎，MPR、CNPR 均很高。

2. 市场竞争类型识别的结果

整体上，前 23 位中国肉类产品出口市场中，13 个市场为价格竞争、10 个市场为质量竞争，中国对价格竞争及质量竞争市场的出口额分别占中国肉类总出口额的 52.50%、26.79%。属于价格竞争的主要是我国对日本出口的肉类产品，对东南亚地区出口的深加工肉制品，对俄罗斯、中国香港出口的块状冻猪肉以及对欧美国家出口的肉类产品。属于质量竞争的主要是对中国香港出口的肉类产品、对东南亚出口的块状冻鸡肉以及对日本出口的深加工牛肉制品（表 3）。

从产品类别来看，我国肉类产品出口市场的竞争类型表现出以下几个特点（表 4）：

（1）我国最主要出口肉类产品——深加工家禽肉及猪肉制品，基本属于价格竞争。除中国香港外，在日本、马来西亚、菲律宾这几个主要出口市场上，我国出口的深加工家禽肉、猪肉制品均属于价格竞争，市场势力较弱。

（2）块状冻鸡肉（020714）基本属于质量竞争，在日本、中国香港、马来西亚几个主要市场上均能进行质量竞争，具有一定的市场势力。我国对沙特阿拉伯出口的冻鸡肉属于价格竞争，但只占冻鸡肉总出口额的13.79%，影响不大。

（3）占我国出口额12%的块状冻猪肉（020329）也基本属于质量竞争，这主要是因为占其出口额50.6%的中国香港、吉尔吉斯斯坦均属于质量竞争，而出口占比较小的俄罗斯的市场势力较弱，属于价格竞争。

（4）我国向中国香港、日本出口的深加工牛肉制品却具有一定的市场势力，属于质量竞争。

（5）其他一些我国出口较少的肉类产品的竞争类型差异较大。我国出口的初加工羊肉产品在中国香港、约旦两个主要市场上具有较强的市场势力，属于质量竞争，但在科威特、利比亚、阿曼、阿拉伯联合酋长国等中东国家的市场上却进行价格竞争。我国主要对欧洲国家及美国出口初加工兔肉等一些非主流的肉类产品及其杂碎，由于我国出口量占这些国家进口量的份额较小，且这些国家对进口肉制品的质量安全要求严苛导致这些国家进口肉制品的质量普遍较高，因此我国肉类产品的相对质量优势不明显，可获得的市场势力极其有限，主要属于价格竞争。

表3　中国主要肉类出口市场的竞争类型（前23位）

产　　品	出口市场	质量竞争年数	价格竞争年数	竞争类型	编码
160232（家禽肉及杂碎制品）	日本	1	12	价格竞争	1
160249（加工或保藏的猪肉及杂碎制品，非肝脏）	日本	6	7	价格竞争	2
020714（块状冻鸡肉及杂碎）	日本	10	3	质量竞争	3
020329（块状冻猪肉）	中国香港	12	1	质量竞争	4
160249（加工或保藏的猪肉及杂碎制品，非肝脏）	中国香港	11	2	质量竞争	5
160100（香肠等类似肉类、杂碎或血制品）	日本	1	12	价格竞争	6
020714（块状冻鸡肉及杂碎）	中国香港	13	0	质量竞争	7
020329（块状冻猪肉）	俄罗斯	3	3	价格竞争	8
160250（加工或保藏的牛肉及杂碎制品，非肝脏）	日本	11	2	质量竞争	9
020732（鲜、冷非块状鸭、鹅肉）	中国香港	0	13	价格竞争	10
160232（家禽肉及杂碎制品）	中国香港	10	3	质量竞争	11
020714（块状冻鸡肉及杂碎）	沙特阿拉伯	2	3	价格竞争	12
020714（块状冻鸡肉及杂碎）	马来西亚	10	1	质量竞争	13
020329（块状冻猪肉）	吉尔吉斯斯坦	5	2	质量竞争	14
020321（冻猪肉）	中国香港	4	9	价格竞争	15
160100（香肠等类似肉类、杂碎或血制品）	中国香港	13	0	质量竞争	16
160239（加工及保藏的家禽肉及杂碎制品，非肝脏）	日本	0	13	价格竞争	17

（续）

产　品	出口市场	质量竞争年数	价格竞争年数	竞争类型	编码
020230（块状无骨冻牛肉）	中国香港	3	10	价格竞争	18
160239（加工及保藏的家禽肉及杂碎制品，非肝脏）	德国	4	7	价格竞争	19
160239（加工及保藏的家禽肉及杂碎制品，非肝脏）	比利时	2	2	价格竞争	20
160249（加工或保藏的猪肉及杂碎制品，非肝脏）	马来西亚	5	8	价格竞争	21
160249（加工或保藏的猪肉及杂碎制品，非肝脏）	菲律宾	0	13	价格竞争	22
160250（加工或保藏的牛肉及杂碎制品，非肝脏）	中国香港	8	5	质量竞争	23

注：根据 UN Comtrade 数据整理计算得到。编码对应表 2-1 中的市场编码。

表4　分产品类别的中国肉类出口市场的竞争类型

产　品	价格竞争	编码	质量竞争	编码
深加工家禽肉及杂碎制品（160232）	日本	1	中国香港	11
深加工猪肉及杂碎制品（160249）	日本	2	中国香港	5
	马来西亚	21		
	菲律宾	22		
深加工牛肉及杂碎制品（160250）			日本	9
			中国香港	23
香肠等类似肉类、杂碎或血制品（160100）	日本	6	中国香港	16
块状冻鸡肉（020714）	沙特阿拉伯	12	日本	3
			中国香港	7
			马来西亚	13
块状冻猪肉（020329）	俄罗斯	8	中国香港	4
			吉尔吉斯斯坦	14
初加工羊肉（020443、020442、020450）	其他中东国家	a3-3	中国香港	a3-1
			约旦	a3-2
兔肉及杂碎（020810）	欧洲	a1-1		
	俄罗斯	a1-2		
其他可食用肉类及杂碎（020890）	中国香港	a2-1		
	美国	a2-2		

注：根据 UN Comtrade 数据整理计算得到。编号对应表 2-1 中的市场编码。

　　从主要出口市场来看，我国肉类产品的竞争类型有以下几个特点（表5）：

　　（1）在日本市场上，我国肉类产品可获得的市场势力非常有限，出口比重较大的深加工家禽肉、猪肉制品均属于价格竞争，只有块状冻鸡肉及深加工牛肉制品具有一定市场势力，属于质量竞争。我国一直是日本重要的肉类产品进口来源国，2000年以来对日本出口的深加工家禽肉、猪肉制品一直占日本总进口量的50％左右，但我国对日本出口的产品的质量较低，可能纯粹是依靠着相对低廉的价格获得市场优势，并没有较强的市场势力，只能进行低端价格竞争。我国对日本出口的冻鸡肉虽然属于质量竞争，然而受禽流感等事件以及日本 2006 年出台的一系列进口肉类产品质量安全法规的影响，2006 年以后我国对日本出口的冻鸡肉占其总进口量的比例从原来的 30％左右骤减至不足 1％，这导致我国冻鸡肉产品也丧失了竞争优势。

（2）在我国香港市场上，内地大部分出口肉类产品属于质量竞争，但是近年来对其出口的市场份额大幅下降，这将影响内地出口肉类产品在香港的市场势力。内地对香港出口的深加工猪肉、家禽肉制品、冻猪肉均能够进行质量竞争，只有初加工鸭鹅肉以及其他肉类及杂碎产品属于价格竞争。但是近年来内地对香港出口的深加工猪肉、家禽肉制品以及冻猪肉占香港总进口量的比重由 2008 年以前的 50％以上下降至不足 20％，市场份额的大幅下降可能影响内地肉类产品市场势力。内地对香港出口的冻鸡肉约占香港进口份额的 5％左右，属于质量竞争但影响力较小。香港进口的初加工鸭鹅肉几乎全部来自内地，但是由于鸭鹅肉并非内地主体出口肉类产品、出口量少、质量一般，因此难以形成质量优势，只能进行价格竞争。对香港出口的牛羊肉产品占香港的市场份额不足 20％，属于价格竞争但影响力不大。

（3）吉尔吉斯斯坦、俄罗斯是我国块状冻猪肉的主要出口市场，我国对其出口额占我国块状冻猪肉出口额的 24.1％。然而我国在这两个市场上所属的竞争类型却完全相反，我国对俄罗斯出口的块状冻猪肉属于价格竞争，对吉尔吉斯斯坦出口的块状冻猪肉属于质量竞争。由于吉尔吉斯斯坦块状冻猪肉进口几乎 95％以上来自中国，因此我国在这一市场上具有较强市场势力的。

（4）马来西亚、菲律宾等东南亚市场上，我国整体的市场势力并不强，属于低端价格竞争。我国对东南亚国家主要出口冻鸡肉、深加工猪肉制品，其中我国对东南亚出口的冻鸡肉产品占我国冻鸡肉产品出口总额的 10.41％，属于进行质量竞争。而我国对其出口的深加工猪肉制品占我国该类总出口额的 17.23％，属于价格竞争，由于我国占东南亚国家深加工猪肉制品的市场份额一般在 80％以上，因此对东南亚市场，我国很可能是依靠低质量的价格竞争获得优势，而非依靠产品的较高质量获得市场优势。

（5）对比利时、德国、荷兰等欧洲国家，我国主要出口兔肉以及一些其他初加工肉制品，但我国对这些国家的出口量很小，所占市场份额较低，出口产品质量相对于其他国家也没有明显优势，属于价格竞争，缺乏市场势力。

表5　分市场的中国肉类产品出口市场的竞争类型

出口市场	价格竞争	编号	质量竞争	编号
日本	160232（家禽肉及杂碎制品）	1	020714（块状冻鸡肉及杂碎）	3
	160249（加工或保藏的猪肉及杂碎制品，非肝脏）	2	160250（加工或保藏的牛肉及杂碎制品，非肝脏）	9
	160100（香肠等类似肉类、杂碎或血制品）	6		

（续）

出口市场	价格竞争	编号	质量竞争	编号
日本	160239（加工及保藏的家禽肉及杂碎制品，非肝脏）	17		
中国香港	020732（鲜、冷非块状鸭、鹅肉）	10	020329（块状冻猪肉）	4
	020890（其他可食用肉类及杂碎）	a2-1	160249（加工或保藏的猪肉及杂碎制品，非肝脏）	5
			020714（块状冻鸡肉及杂碎）	7
			160232（家禽肉及杂碎制品）	11
			160100（香肠等类似肉类、杂碎或血制品）	16
			160250（加工或保藏的牛肉及杂碎制品，非肝脏）	23
			020443、020442、020450（初加工羊肉）	a3-1
吉尔吉斯斯坦			020329（块状冻猪肉）	14
俄罗斯	020329（块状冻猪肉）	8		
	020810（兔肉及杂碎）	a1-2		
东南亚国家	160249（加工或保藏的猪肉及杂碎制品，非肝脏），马来西亚	21	020714（块状冻鸡肉及杂碎），马来西亚	13
	160249（加工或保藏的猪肉及杂碎制品，非肝脏），菲律宾	22		
欧美国家	160239（加工及保藏的家禽肉及杂碎制品，非肝脏），比利时	20		
	160239（加工及保藏的家禽肉及杂碎制品，非肝脏），德国	19		
	020890（其他可食用肉类及杂碎），美国	a2-2		
	020810（兔肉及杂碎），欧洲	a1-1		
中东国家	020443、020442、020450（初加工羊肉），其他中东国家	a3-3	020443、020442、020450（初加工羊肉），约旦	a3-2
	020714（块状冻鸡肉及杂碎），沙特阿拉伯	12		

注：根据 UN Comtrade 数据整理计算得到。编号对应表 2-1 中的市场编码。东南亚国家主要包括：马来西亚、菲律宾；欧洲国家主要包括：比利时、德国、荷兰；其他中东国家主要包括：科威特、阿拉伯联合酋长国、利比亚、阿曼。

（6）除传统出口量较大的鸡肉、猪肉产品外，我国近年来也逐渐扩大牛羊肉的出口，主要出口市场为我国香港以及约旦、阿拉伯联合酋长国、科威特、利比亚、阿曼等中东国家。在我国香港、约旦两个出口占比较大的市场，我国出口的初加工羊肉产品属于质量竞争，但在出口占比较小的其他中东国家市场上，由于我国的初加工牛羊肉产品质量相对于其他国家一般，因此基本没有市场势力，属于价格竞争。

（二）结果讨论

1. 市场竞争类型的形成原因

根据上述分析可知，中国大部分肉类出口市场均属于价格竞争，其中占中国肉类总出口额 46.44％的深加工家禽肉、猪肉制品均属于价格竞争、市场势力较弱，而占 23.22％的冻鸡肉、冻猪肉则属于质量竞争。这种结果的可能原因有：①中国自身出口的深加工肉类产品质量不高，主要还是依靠低廉的价格优势来获得市场优势。由于深加工肉制品存在着纵向、横向两个维度的质量差异，而我国由于肉制品生产加工技术相对落后，导致其纵向质量无法与美国、新西兰等肉类出口大国相比；而在横向质量差异方面，我国企业产品创新能力有限、科技含量不足，在产品本身质量、品牌、包装等方面不能差异化，从而导致横向差异不明显，因此只能进行低端价格竞争。而另一方面，由于初加工肉类产品的横向质量差异不明显，且加工技术简单、易掌握，因此我国产品能够形成自身的质量优势，属于质量竞争。②中国肉类产品的最主要的出口市场是日本，然而日本对进口肉类产品的要求比较严苛，其进口的肉制品的质量普遍较高，因此虽然我国对日本出口的产品已经属于我国出口产品中质量较高的产品，但相对于其他对日本出口的国家的产品而言，我国肉类产品的相对质量优势并不明显，因此仍然只能进行低端的价格竞争，无法获得市场势力。

2. 中国肉类产品出口市场竞争类型随时间的变化

由于本文使用 CNPR 的大小判断市场竞争类型，因此为研究出口市场的竞争类型是否发生了改变可以直接研究 CNPR 是否发生了变化。因此，本文将 2006—2012 年的 CNPR 均值对 2000—2005 年的 CNPR 均值回归，得到图 7a 中线性趋势线的斜率为 1.06

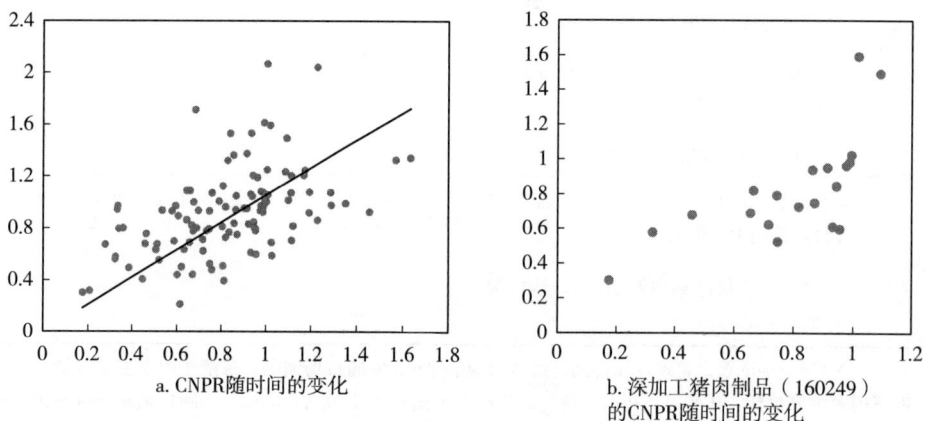

a. CNPR随时间的变化 ／ b. 深加工猪肉制品（160249）的CNPR随时间的变化

图 7　CNPR 随时间的变化
注：根据作者的计算结果绘制。

（0.032 9），t 值为 32.1，调整后 R^2 为 0.89。由于回归系数均接近于 1，因此我国出口的肉类产品的 CNPR 在 2000—2012 年并没有发生太大变化。同样，我们可以使用类似方法对不同产品的 CNPR 的变化趋势进行研究。如图 7b 所示，以我国出口量较大、出口国家较多的 160249（猪肉及杂碎制品，非肝脏）为例，其 CNPR 斜率为 1.03（0.061 1），调整后的 R^2 为 0.88。可见，对深加工猪肉制品而言，CNPR 随时间变化也并不大。

综上，可以看出我国出口肉类产品 CNPR 随时间变化不大，这说明我国能使肉类出口产品单位价值的相对水平在一定时间内保持稳定，我国肉类出口市场的竞争类型也相对稳定。这意味着我国肉类产品自 2000 年以来可能一直采取相同的出口策略，一方面原本质量较高、能够差异化的产品继续保持市场优势、维持质量竞争，另一方面原本靠低成本扩大市场份额、获得市场优势的肉类产品也没有明显的产品转型升级，仍旧依靠压低成本与其他出口对手竞争。

3. 不同市场竞争类型下的贸易影响

我国肉类出口整体属于价格竞争、市场势力较弱意味着面对来自国内外的成本冲击，我国大部分肉类产品可能无法通过提高出口价格"看市定价"或调整对不同市场的出口规模来弥补成本上升带来的利润损失。目前，对深加工肉制品等附加值较高的出口产品，中国在日韩、东南亚等主要的出口市场上仍然采用低端落后的通过压低产品价格来获取市场优势的营销策略，利润微薄且风险抵抗性较差。这一方面使得日韩、东南亚等国能够轻易地借助越来越多样、隐蔽、复杂的技术壁垒打压我国肉类产品的出口，造成巨大损失；另一方面随着我国劳动力成本的不断增加，我国靠低成本制胜的出口策略难以为继，而我国企业产品创新能力落后使得我国肉类产品短时间内难以转型升级，这可能就是导致我国近年来肉类产品出口持续低迷的一个重要原因。

但成本冲击对我国肉类出口贸易的影响可能也并不像已有文献所估计得那样严重。这是因为：首先，占我国肉类出口总额 23% 左右的冻鸡肉、冻猪肉、鲜冷冻羊肉产品能够进行质量竞争，这意味着面对国内外成本冲击，我国初加工肉类产品生产企业可以通过调整出口价格、出口规模等方式来弥补部分损失，从而削弱成本冲击带来的影响。其次，国内成本冲击主要表现为劳动力、饲料成本增加，而这些生产成本主要影响初加工肉类产品，对深加工肉制品的影响可能相对较小，而初加工肉类产品能够进行质量竞争，这就使得国内成本冲击对我国肉类出口的整体影响被削弱。此外，我国香港作为我国第二大肉类出口地区，占我国肉类总出口额近 20%，内地的大部分产品在香港是可以进行质量竞争的，因此受香港这一重要的出口市场的影响，内地肉类产品出口受到成本冲击的影响也会被削弱一些。

七、结论与政策建议

（一）主要结论

本文基于相对单位价值指标，对中国肉类产品出口市场竞争类型进行了识别分析，得到了如下的主要结论：

（1）我国肉类出口高度集中于日本、中国香港这两个市场，分别占我国肉类出口总额的 45％、38.6％，深加工家禽肉、猪肉制品及块状冻家禽肉、冻猪肉是我国主要的肉类出口产品。我国也向俄罗斯、吉尔吉斯斯坦出口初加工肉制品，向约旦、科威特、阿拉伯联合酋长国、利比亚、阿曼等中东国家出口少量初加工羊肉产品。我国对荷兰、比利时、德国、美国等欧美国家出口的比重不高，主要出口兔肉及其他肉类杂碎产品。

（2）我国肉类产品出口市场中属于价格竞争的有：对日本、东南亚国家出口的深加工家禽肉及猪肉制品，对中国香港、吉尔吉斯斯坦以及中东国家出口的初加工牛肉产品，对欧美国家出口的初加工兔肉等一些非主流的肉类产品。

（3）我国肉类产品出口市场中属于质量竞争的有：对日本、中国香港、东南亚国家、俄罗斯出口的块状冻鸡肉产品，对中国香港、吉尔吉斯斯坦出口的块状冻猪肉，对中国香港、日本出口的深加工牛肉制品，对约旦、中国香港出口的初加工羊肉产品。

（4）由于日本市场占我国深加工肉类产品出口额的比重过高，却基本属于价格竞争，导致我国深加工肉制品整体市场势力较弱。相反，我国大部分出口肉类产品在我国香港市场上属于质量竞争，而香港市场占我国初加工肉类产品出口额的比重较高，因此导致我国初加工肉类产品整体具有一定的市场势力。

（5）2000 年以来我国主要肉类出口市场的竞争类型并没有发生较大改变。那些进行低端价格竞争的市场并没有通过产品升级和差异化等策略转型，仍然沿用价格竞争的出口策略。

（6）加工技术落后所导致的产品质量较差以及企业产品创新能力不足、产品科技含量较低、缺乏品牌建设所导致的产品无法横向差异化，可能是中国大部分肉类产品，特别是深加工肉制品，属于价格竞争的重要原因。此外，部分中国肉类产品的主要出口市场，如日本、欧美国家等，进口的肉制品的质量普遍较高，导致我国对其出口的产品即使质量较高但相对质量优势不明显，也可能是导致我国肉制品价格竞争的原因。

以上结论意味着，面对来自国内外的成本冲击，我国大部分深加工肉制品可能无法通过提高出口价格"看市定价"来弥补成本上升带来的利润损失。因此，在国内劳动力成本、饲料价格等在未来仍将普遍上涨的不利环境下，我国目前对日本、东南亚普遍采取的价格竞争出口策略在未来也将难以为继。但作为第二大出口市场的中国香港，我国对其出口的初加工产品属于质量竞争，可以通过提高出口价格来减少成本冲击带来的损失，所以成本冲击对我国肉类出口贸易的影响可能会在一定程度上有所削弱。

（二）政策建议

根据上述结论，本文提出如下建议：

（1）对属于价格竞争的肉类品种，如深加工家禽肉、猪肉制品等，我国应以降低生产成本为主要目标：一方面，我国应当加大对肉类产品生产企业的资金和技术扶持，从而使企业能够在面对内部成本冲击时仍能维持较低的生产成本，获得价格优势。我国可以在不违背 WTO 要求的条件下，加强对部分肉类产品的补贴，如饲料补贴、生产资料补贴等，从而降低企业的生产成本，促进肉类产品出口。另一方面，我国应当加快引导肉类企业向规模化、专业化生产转型，加大对肉类产业的投资，从而引导我国肉类产业从劳动密集型产业向资本密集型产业转变。这将有利于削弱由劳动力成本上升带来的内部成本冲击对我国价格竞争肉类产品的出口的影响。我国还应当建立肉类产品技术性贸易壁垒的预警和快速反应机制，及时为国内肉类生产企业提供贸易信息，尽可能降低贸易壁垒带来的损失。

（2）对属于质量竞争的肉类品种，我国应当引导生产企业进一步差异化其出口产品，提高产品质量，鼓励企业产品创新，加强企业品牌建设，增强市场势力。特别的，我国应当注重引导肉类出口企业进行产品认证，通过国际产品认证向国际市场传递我国肉类产品的质量信息，形成自己的出口肉类品牌，促进产品的差异化。

（3）对我国香港出口的无骨块状冻绵羊肉的市场竞争类型为待定，这说明内地在这一市场上的竞争类型并不稳定。这意味着我国可以通过努力提高上述产品的质量、促进企业的产品创新能力、积极培育具有竞争力的出口品牌，来引导这一市场向质量竞争市场转变，增强我国的市场势力。

（4）我国应注意优化肉类产品的出口结构。例如，我国应当逐渐减少日本、东南亚市场在深加工肉制品出口中的比重，扩大向我国香港的出口，同时应注意扩大质量竞争的肉类品种的出口规模，提高质量竞争的肉类产品的比重，从而有利于减少成本冲击对我国肉类产品出口的影响。

（5）我国应当逐步引导出口肉类企业产品的升级与转型。我国大部分肉类产品属于价格竞争的根本原因还是产品质量较差、差异化程度低，因此为了长期的良好发展，我国必须提高产品质量、加快产品创新、推进出口转型。特别是针对出口量较大的深加工家禽肉、猪肉制品，我国长期以来的低价竞争策略已经难以为继，需要尽快推进产品升级转型。

参考文献

陈昕，2013. 中国花生制品国际市场势力分析［J］. 贵州农业科学（8）：224-227.

靖飞，2008. 中国肉类产品显示比较优势变动实证分析［J］. 中国食物与营养（11）：28-32.

阚大学，2013. 中国蔬菜产业国际市场势力实证研究［J］. 江苏农业科学（1）：391-394.

李建平，罗其友，2002. 我国畜产品比较优势和国际竞争力的实证分析［J］. 管理世界（1）：83-92.

李鹏飞，2012. 中国棉花进口贸易的国际市场势力研究［D］. 杭州：浙江工业大学.

李晓钟，李清光，2011. 中国绿茶国际市场势力实证分析［J］. 国际贸易问题（8）：24-31.

李晓钟，王斌，2010. 我国罗非鱼产业国际市场势力实证分析——以美国市场为例［J］. 农业经济问题（8）：70-75.

李作稳，2004. 中国肉类产品国际竞争力的实证研究［D］. 武汉：华中农业大学.

刘学忠，2008. 中国、巴西畜产品国际竞争力比较及启示［J］. 世界农业（8）：10-12.

刘雪芬，杨志海，王雅鹏，2013. 我国水禽产业竞争力的特点和影响因素与提升路径［J］. 农业现代化研究（3）：308-312.

马述忠，王军，2012. 我国粮食出口市场势力的实证分析——以玉米为例［J］. 浙江社会科学（7）：26-33+155.

马述忠，王军，2012. 我国粮食进口贸易是否存在"大国效应"——基于大豆进口市场势力的分析［J］. 农业经济问题（9）：24-32+110.

潘志强，曹玉书，2008. 我国牛肉贸易国际竞争力实证研究［J］. 华商（2）：1-2.

孙明，陈婷，2007. 中国禽肉国际贸易比较［J］. 中国禽业导刊（20）：18-21.

王双祺，2012. 中国农产品在东亚、东南亚区域内的竞争力分析——基于中国、日本、韩国、泰国农产品的比较分析［J］. 宁夏师范学院报（2）：152-155.

王万山，2007. 中国大豆贸易地位与国际定价权为何不对应 [J]. 国际贸易（6）：9-13.

徐明，李先德，2013. 中国大麦国际贸易定价权分析 [J]. 世界农业（4）：83-85+160.

闫逢柱，张文兵，2008. 中国劳动密集型农产品的出口增长效应——基于"入世"前后的比较分析 [J]. 统计教育（5）：22-24.

颜玄洲，康小兰，刘滨，2011. 江西省畜产品国际竞争力的实证研究 [J]. 中国商贸（27）：208-210.

杨小川，陈娴，2008. 试论我国猪肉产业国际竞争力问题 [J]. 农村经济（5）：57-60.

叶宏伟，2011. 国际市场势力与出口商品结构升级 [D]. 杭州：浙江大学.

叶毅力，2009. 基于苗卖双方的市场势力研究——以国际铁矿石市场为例 [D]. 杭州：浙江大学经济学院.

余洁，赵海燕，韩啸，等，2013. 基于产业安全的我国畜产品国际竞争力研究 [J]. 中国畜牧杂志（16）：27-30+34.

余鲁，2009. 中国畜产品在欧盟市场的竞争力分析 [J]. 农业技术经济（1）：48-58.

占明珍，2013. 基于价格——成本差比率的我国汽车制造业市场势力测度 [J]. 企业研究（2）：10+14.

张复宏，赵瑞莹，张吉国，等，2012. 中国苹果出口的贸易流向及其国际市场势力分析 [J]. 农业经济问题（10）：77-83.

张振，乔娟，2011. 影响我国猪肉产品国际竞争力的实证分析 [J]. 国际贸易问题（7）：39-48.

赵占峰，孙剑，2005. 我国猪肉产品国际竞争力影响因素分析及对策 [J]. 农村经济（10）：43-44.

朱再清，王红斌，2008. 中国肉类出口格局及在世界肉类贸易中的地位 [J]. 农业经济问题（2）：54-60+111.

Aiginger，Karl，1997. The Use of Unit Values to Discriminate Between Price and Quality Competition [J]. Cambridge Journal of Economics，5（21）：571-92.

Baker J B，T E Bresnahan，1988. Estimating the Residual Demand Curve Facing a Single Firm [J]. International Journal of Industrial Organization，6：283-336.

Dean，Jean M，1992. Trade and the Environment：A survey of the Literature，in International Trade and the Environment [M]. N. W.，Washington，DC：World Bank Discussion Papers，159.

Dournbush R，1987. Exchange Rates and Prices [J]. The American Economic Receive，77：93-106.

Ian Domowitz，R Glenn Hubbard，Bruee C Petersen，1998. Market Structure and Cyclic al fiuctuations in US manufacturing [J]. the Review of Economics and Statistics，13：45-77.

Khandelwal，Amit，2008. The Long and Short of Quality Ladders [EB/OL]. [2010-01-20]. Http：//www-personal. umich. edu/~hallak/quality _ direction.

Landes W M，Posner R A，1981. Market Power in Anti-trust Cases [J]. Harvard Law Review，94：937-939.

Schott，Peter K，2004. Across-Product Versus Within-Product Specialization in International Trade [J]. Quarterly Journal of Economics，119（2）：647-677.

农业产业安全问题的理解与再思考

唐　忠　高庆鹏　王晓睿

（中国人民大学农业与农村发展学院）

摘　要： 随着我国越来越对外开放，农业产业安全已成为一个备受关注的热点问题，然而由于其复杂性，对这一问题的理解却存在诸多歧义。本文从现象观察角度的梳理出发，结合对现有文献的回顾和总结，对农业产业安全研究中的理论基础、政策权衡、测度和判断等重要问题进行了辨析思考，并提出了加强我国农业产业安全的政策建议。

关键词： 农业　产业安全　产业竞争力　国家利益

一、引言：观察的角度

对外开放带来的产品、资本、技术在国际间的流入或流出，特别是外国产品或资本进入本国市场，对本国已有产业形成竞争，从而引发产业安全问题。作为一种经济现象，如何判别一个国家的产业是处于安全状态或不安全状态，观察角度的不同可能得出不同的结论。

第一个观察角度：生产者的角度

产业安全首先从贸易领域提出，与来自外国的竞争相联系。一个经济体担心某一产业的不安全，似乎就是担心本国人部分或完全失去对本国这一产业的控制，这一产业落入外国人（资本或者说企业）的控制之下。如果这一理解是不错的，那么是否可以说，相对外来竞争意义上的产业安全问题，只在开放经济条件下才存在，在封闭经济条件下，就没有某一产业"落入"外国人控制的问题。

这里的产业安全是从一国既有生产是否受到外来竞争威胁来讨论的，关注的是生产者利益。这里似乎可明确几点：开放经济条件下，本国业已存在的产业，在本国市场上，面临外来竞争对该产业生存与发展带来威胁，外来竞争可能是外国进口产品带来的竞争，也可能是外国资本在本国投资生产带来的竞争。这里的生产泛指产业链的各环节，包括生产和流通等环节。

首先，产业安全与不安全是一个区间概念（某一范围内）还是一个临界概念（达到某一点以后就不安全）？什么状态下产业就是已经"落入"了外国人的控制之下？或者说外来竞争达到什么程度就是本国产业不能忍受的不安全界限？有没有一个可以用数量来衡量的这个"度"或"弹性系数"？产业链条上哪些环节更敏感？举例来说，如果某一产业的产品全部或大部分依赖进口，但进口来源是分散的或者说进口国对进口来源是可控制的，那么该产业的安全是否存在问题？或者是，某一产业其产品全部或大部分依赖外国资本在本国生产，但生产企业是众多的，生产是分散的，国家对生产是可控制的，与由众多本国企业来生产这些产品，对国家究竟有什么不同？该产业的安全是否存在问题？以大豆产业为例：无论是产品大量进口还是加工环节的外国资本大量存在，国人似乎都有担心的理由，大豆产业的安全令人担忧。但国家对大豆产业的控制性下降到危险线以下了吗？

其次，重要性不同的产业其可承受的不安全程度是否不同？或者说，国家应区分产业的重要性，更多关注战略性产业或重要产业的本国控制程度？如何区分产业的重要性？

第二个观察角度：消费者的角度

当我们说粮食安全或能源安全时，是从消费者的角度进行观察的。大家熟知的粮食安全，是指一国的消费者在合理的经济代价下能得到足够的粮食（或食物），这里涉及粮食的总供给量（本国生产＋进口－出口）、粮食在各地的均匀供给、粮食价格（或居民购买力）等各方面。

仍然以我国的大豆或植物油产业为例，原料进口和外资在加工业的存在可能大大改善了国内供给，改善了消费者的植物油安全和畜牧业的饲料安全，对生产的不安全与对消费者的安全，该如何判断？如何取舍？与 10 年前比，大豆产业是更安全了还是更不安全了？我们讨论粮食安全、植物油安全、能源安全等"产品安全"的时候，实际是从保障消费者消费的角度在讨论问题，它一般不与生产者利益相冲突，但当与生产者的利益冲突时，如何权衡和取舍？

对于满足人类最基本需要的那些农产品而言，保障消费者的产品安全，似乎不容讨论。但是，对于一个粮食不能自给的国家，或者不生产粮食的国家而言，国际贸易是其改善其粮食安全的重要途径之一。

第三个观察角度：市场的角度

对于一个本国自给有余，其相当一部分产品或很大一部分产品主要依赖出口市场的产业部门，甚至极端地假设，本国不消费，就是生产出口产品的产业部门，如果没有外资进入，在本国市场上似乎不存在外来控制威胁，似乎没有"落入"外国人控制的产业安全问题。但如果它对某一市场高度依赖，而这一市场又是被高度控制的，有没有安全问题呢？恐怕就有安全问题，就有对消费市场失去控制的担心问题。我们可以来看一个极端的假设，如果生产被一国控制，而消费市场被另一国控制，那么在这种博弈中，到底是生产者更觉得不安全？还是消费者更觉得不安全呢？会发生鱼死网破的"双亏"局面吗？

二、农业产业安全研究的理论基础

（一）产业安全理论的发展

经济全球化时代，世界经贸相互融合、相互渗透，国际分工的这种扩大与深化，在产业这一中观层面体现得越发明显。一方面，经济全球化通过贸易的全球化加剧了全球产业的竞争，使各种传统的民族产业面临国际市场的冲击，另一方面，外国资本通过国际间投资和贸易渠道，对东道国产业发展中的产业结构、产业链、产业环境等产生多方面的深刻影响。2014 年在中央国家安全委员会第一次会议上，习近平强调，国家安全是头等大事，要构建集政治安全、国土安全、军事安全、经济安全、文化安全、社会安全、科技安全、信息安全、生态安全、资源安全、核安全等于一体的国家安全体系。作为经济安全基础的产业安全，是国家制定产业政策、实行经济干预最基本的出发点（李孟刚 2006）。产业安全因此成为各国在对外经济交往过程中必须着重考虑的重大问题。

产业安全理论首先从国际贸易领域提出，李斯特的保护幼稚产业思想、凯恩斯的超保护理论、布兰德、斯潘塞、克鲁格曼等人提出的战略性贸易政策理论、发展经济学家所提倡的维护经济独立发展、建立本国自主工业体系以摆脱中心国家经济剥削的思想与国家安全理论均为产业安全研究奠定了深厚的理论基础。

国外学者对产业安全问题的研究是围绕两条主线展开的：其一是考察产业国际竞争力；其二是考察跨国公司直接投资对产业安全的影响（何维达，2007）。前者以波特（M·E. Porter，1990）为代表，该派观点认为，如果产业面临国外更高生产率的竞争对手，其产业发展与安全将受到威胁；后者包括布雷（Burnell，1986）、阿明（1990）以及联合国跨国公司中心（1982，1992），该派观点认为，在发达国家试图将落后的和发展中的国家变为自己附庸的同时，跨国公司也正忙于将这些国家中的经济或产业变成自己的产业附庸。

国内产业安全的研究开始于外资大量进入的 20 世纪 90 年代以后，对产业安全的含义尚未形成一致的认识，但基本相对集中于 4 种观点：一是产业竞争力说，二是产业控制力说，三是产业发展力说，四是产业权益说（何维达，李冬梅，2006）。杨国亮（2010）更是提出，控制力是产业安全的最终归宿。在产业安全观的发展变化中，逐步呈现出由强调竞争力和控制力两大基本内容向更加注重本国产业整体的生存和发展能力转变的趋势（刘莉雪等，2015；史欣向等，2015）。

强调产业控制力的产业安全。杨公朴（2000）认为这种控制权体现在本国资本对战略性产业的控制力、对战略性产业内重要产品的控制力以及政府对战略性产业内部主要企业重大投资和发展方向的控制力三个方面。而杨国亮（2010）则指出产业控制力由以核心技术为主的生产类因素和以品牌、渠道、市场规模等为主的市场因素组成。

强调产业竞争力的产业安全。这种理论认为产业安全从本质上讲是产业竞争力问题，如果产业的竞争力强，一般就不会存在安全问题（金碚，2006）。宏观层面上一国制度安排能够导致较合理的市场结构及市场行为，经济保持活力，在开放竞争中本国重要产业具有竞争力；中观层次上本国国民所控制的企业达到生存规模，具有持续发展的能力及较大的产业影响力，在开放竞争中具有一定优势；微观层面，本国企业能在开放竞争中达到生存规模，对产业发展有较大的影响力（景玉琴，2005）。

强调产业发展力的产业安全。此理论认为，产业安全是指一国产业具有基本的生存和发展的能力，可以抵御来自国内外的不利因素的影响并能够可持续发展（许铭，2006），达到产业生存和发展不受威胁的状态（李孟刚，2010）。而发展的根本在于技术创新，国内的科技知识产业能够支持国民经济的发展，对于该国产业在国际竞争中保持健康稳定的发展态势和领先的地位有着非常重要的作用（Liu Bingyu，2011）。

强调产业权益的产业安全。该理论认为产业安全是指在国际竞争中应达成国民产业权益总量和其在国内份额的最佳组合，即国民产业在国际产业竞争中达到这样一个状态，该国国民在得到既有的或潜在的由对外开放带来的产业权益总量所让渡的产业权益份额最小或在让渡一定国民产业权益份额的条件下其由对外开放引致的国民产业权益总量最大（赵世洪，1998）。

由上述分析可知，产业安全是一个系统过程，有其内在的结构与层次，是一个逐层推进、渐进发展的过程，产业安全应该是讲以产业竞争力为基础实现产业控制力，最终实现产业的持续发展，而产业自主权与产业控制力相应，产业权益与产业发展力相应，整体来讲，对产业安全的内涵界定多是从某一角度提出，缺乏全面、系统的阐述。也有学者侧重于对产业安全影响因素的分析，还有的构建了评价产业安全的指标体系，对我国的产业安全度进行定量的评估和研究，这些研究指标体系中尚未体现产业健康发展的动态均衡及综合性条件，由于对产业安全内涵的不一致，进而在指标选取标准上也就无法统一。

（二）产业安全理论在农业领域的应用

随着我国农业进一步纳入世界体系，与国际市场、国际资本以及国外先进技术的合作不断加强，农业产业安全问题也越来越突出，一些学者将产业安全的研究框架延伸到农业产业安全的研究，研究仅仅处于起步阶段。已有研究从农业产业安全的内容、影响因素、评估体系和预警机制方面展开，特别是从农业产业竞争力角度的研究较多。

朱晓峰（2002）认为我国的农业安全是指采取有效的国家行动，避免内部和外在因素的变化危及我国农业在国民经济中的基础产业地位，确保农业可持续发展。徐洁香、邢孝兵（2005）认为农业产业安全具体表现为农业生产不受外来资本控制和农产品具有国际竞争力，农业产业安全的核心是粮食安全，重点是农民收入安全。朱丽萌（2007）认为农业产业安全是指农业的生存与发展不受外来势力根本威胁的状态。以上研究者主要是从农业的产业功能与地位、农业的可持续发展等某一角度提出，更多关注的还是农业的生产环节，对农业产业安全本质的揭示还不够充分。近年来，研究者逐渐开始将农业产业安全的概念扩大，不仅仅只关注农业生产本身。蔡键（2014）指出农业产业安全是指农业产业体系意义上的安全，不仅包括生产者安全，还包括消费者安全以及市场稳定。崔卫杰（2015）认为农业产业问题远非仅仅只是粮食安全问题，还包括种子安全、转基因、外来物种入侵、农业恐怖主义等非传统安全问题，需要树立"大农业安全观"。

许多学者从不同的角度提出了影响农业产业安全的因素。第一，在中国加入 WTO 以后，关税的减让、新的进口关税配额管理制度、出口补贴的递减化及有限化等带来的国际贸易条件的改变给我国今后农业产业安全带来威胁（倪洪兴，2011）。第二，外商直接投资、外资企业并购等也成为影响东道国农业产业安全的重要因素（倪洪兴，2011；丁玉，孔祥智，2014），发达国家农业跨国企业在拉丁美洲的高度垄断，中国大豆产业受到境外资本的挤压，都证明了外来资本对东道国农业产业安全的影响。第三，农业生态环境的恶化、粮食生产要素的供给不足、农产品质量安全水平低下等也威胁到了农业产业的安全发展（朱晓峰，2002）。这些研究过分强调了外在因素对农业产业安全的影响，而较为忽视了内在因素的影响，其他的一些学者的分析则过于强调了内因，对于农业产业安全危机的风险主要来自于国家外部的冲击的认识不够清晰，即使阐述了内外部因素共同作用的分析又因为对农业产业安全内涵的界定较窄而有所局限，未能系统全面地把握住问题的实质。

农业产业安全的评价体系的设计均是从自身的产业安全内涵出发进行的，不同学者所理解的农业产业安全生产的内涵不同，关注的问题不同，所采取的指标也有所差别。主要可以归为三类研究方向：一是统计科学研究所（2002）提出的评价体系，从农产品生产量、消费量、生产投入、科技水平、生产结构、政府保护和生态环境等几方面选择硬指标进行评价，将反映农业安全程度的综合指标定义为农业安全指数；二是根据何维达教授建立的产业安全评价指标体系框架和农业产业具体情况做出的评价指标体系理论，目前对农业产业安全评价体系的建立主要是围绕此进行；三是由许芳、刘殿国（2008）构建的农业产业安全的生态评估指标体系。该指标体系延续了把生态学原理应用到产业安全研究领域，借鉴生态系统健康理论构建了农业产业安全的生态评估指标体系。上文提到，目前的农业产业安全界定缺乏全面、系统的阐述，相对新形势，农业产业安全的内涵与外延都有所局限性，因此三类产业安全指标体系都不能很好地去贴合评估农业产业安全现状。未来的研究应建立更加符合国情、符合农业产业特点的真正的农业产业安全内涵与评价指标体系。

目前的农业产业安全研究更多关注的是生产环节，农业产业的特殊性决定了加工、流通和贸易等产业链条的各个环节都可能最终影响农业产业安全，并触发农业产业安全危机，上述关于农业产业安全水平评价指标体系的设计，普遍没有从产业关联的角度考虑农产品加工业对农业初级产品生产的重要关系。对于农业产业安全来讲，作为战略性产业，我们还应该多从国家经济安全的角度考虑，产业安全性研究应从产业间技术经济联系的角度着眼，对产业安全的判断还应包括对战略产业的前后关联产业的竞争力和发展状况的判断。以大豆产业为例，判断大豆产业的安全性还应包括对种子、化肥、豆油生产等相关产业安全性的分析。大豆产业的安全性只有在其相关产业充分发展和竞争力提高的基础上才能实现。未来的研究应从整个产业链的角度去定义农业产业安全并设计相应的指标体系。整体来讲，目前针对农业产业安全的研究偏少，且以定性研究为多，实证研究的就更少。此外，目前针对农业产业整体上论述的较多，除了粮食行业研究较多，以及近年来针对大豆产业的研究逐步开始之外，对于农业产业安全理论来讲还需要更多分行业的产业安全研究。

由此可见，在现有研究中对农业产业安全的内涵并无统一界定。产业损害理论、产业控制理论、产业国际竞争力理论、产业保护理论、战略性贸易政策理论、国家经济安全理论等共同构成农业产业安全研究的理论基础。同时，民族产业、粮食安全、农民增收和农业发展战略等问题交织在一起，价值观问题与经验科学问题交织在一起。

（三）农业产业安全的新概念框架

理论的庞杂与问题的这种交织需要我们将所有这些一一纳入农业产业安全的理论框架之中，对农业产业安全的理论进行一些探讨。从上面的问题讨论和文献分析可以发现，给产业安全下一个定义既容易又困难。抽象地说，安全与不安全是人的感受，当一个人感到某些方面处于不可控状态时，就会有不安全感。当一个国家对某一产业感到处于不可控或控制力不强时，就有所谓产业不安全感，在政策意义上就存在产业安全问题。

我们认为，从抽象概念的角度，可以将产业安全描述为，在开放经济条件下，一个国家对其产业（或者战略产业与重要产业）的生存与发展具有控制力，对满足人民消费的产品（或者战略与重要产品）具有控制力，对人民的收入情况具有控制力。

开放经济就意味着产品和资本在国际间流动，就意味着一国要参与国际分工与国际竞争，一个国家因资源禀赋不同，比较优势不同，会根据国家利益最大化的原则，选择发展自己更有优势的产业，放弃一些不具有优势的产业，根据竞争动态来进行产业选择，就是其发展政策之一。

三、农业产业安全研究中的政策权衡

（一）农业产业安全研究的政策关注点

我们认为，从贸易政策的角度看，当前我国的农业产业安全研究主要有以下几个重要的政策关注点：

第一个关注点是从贸易的角度分析和衡量产品进口增加对本国生产可能产生的影响。需要关注最近几年进口增长很快的那些产品的国内生产情况、价格变动情况、生产者的收入变动情况等。需要分析未来哪些产品的进口可能增加得比较快，应采取什么应对措施等。

第二个关注点是从外国资本进入的角度，分析与衡量外国资本在我国农业产业的存在情况，分析这种存在是否产生了产业不安全问题。例如，在我国种子行业，在植物油压榨行业，外国资本已经占了可观的份额，是否已经产生产业安全问题？

第三个关注点是对国际市场依赖比较大的一些出口农产品，是否会因外国市场的失控而带来我国生产者的产业安全问题，即产品失去市场的生产者收入问题。

第四个关注点是进口来源的可控性。从保障农产品平稳供应的角度而言，需要关注农产品的供应安全，如粮食安全、植物油安全等。从本国政府对产品供给控制方便的程度来看，农产品的完全自给是最方便的。当然，由于我国人均资源有限，所有农产品完全自给是不可能的，必须考虑按比较优势参与国际分工，进口某些产品既是不可避免的，也是符合国家利益最大化的原则。在进口不可避免的情况下，从产品安全的角度，需要关注进口来源市场的可控程度，这就是从贸易角度的第四个关注点，对消费者而言重要的是进口农产品的来源市场依赖情况及其稳定程度。

第一点和第二点主要与产业竞争力相关，当本国产品和本国资本在本国市场上比较有竞争力时，似乎不必担心这类的产业安全问题。对于这类问题的政策选择是，如果本国生产者竞争力不太强，外国产品和资本表现出比较强的竞争力时，政府就有必要采取一定措施来增强本国产品或资本的竞争力；如果短期内本国竞争力难以提升，外国产品或资本存在不可避免，那么需要将外国产品或资本的存在控制在政府能掌控市场秩序的程度内。

第三点和第四点主要与国外市场有关，一般认为，只要市场是分散的，就不用太担心。但是，在某一产品市场相对比较集中的情况下，市场是否稳定，取决于双方的综合贸易量、贸易结果和双边贸易对本国的重要性。我们认为，如果双方综合贸易量大，贸易产品种类多（贸易结构复杂），你中有我，我中有你，对双方而言都无法轻言放弃，市场虽然有风险，但还是比较稳定的。就如中国与日本、中国与美国的贸易，虽然有很多可能的摩擦点，但总体情况还是比较稳定的。

第五点是主要从国家经济安全或者更宽泛的说从国家安全的角度来看一个国家的产业

体系与产业竞争力，从"落后就要挨打"，自己没有完善的产业体系就会受制于人的角度来关注国家产业安全。产业体系是否合理（是否拥有关键或重要产业），关键或重要产业在世界上是否有竞争力，对一个大国的生存与发展而言都是必须关注的。这就要求一个国家有科学的产业发展战略与产业政策，有先进的科学技术与创新能力。从这个意义上说，这里的产业安全也就是国家的经济安全，是对前述第一至第四关注点的综合权衡，它最终关注的是相互联系但不完全相同的两个方面：一是满足本国人民产品需要的能力，具体可以缩小为本国生产能力及政府对市场秩序的控制能力，这种生产能力可能由本国企业和外国企业共同形成；二是保障本国人民在全球的经济权益的能力。

（二）农业产业安全研究中的利益权衡

正如我们在引言中所提到的，从贸易的角度讨论产业安全时，到底是从生产者的角度出发还是从消费者的角度出发，得到的结论可能一致，但也可能发生冲突。那么，当两者相互冲突时，我们应该如何进行权衡和取舍呢？

从长期来看，生产者和消费者的利益应该是一致的。一个国家维护本国产业的安全，提升产业的竞争力，必然有利于提升该产业的生产能力和产品供给能力，也有利于增加人民的就业和收入，增强购买力，从而有利于改善消费者的产品安全。因此，从生产者的角度出发强调提升本国产业的竞争力，保障本国产业的安全，也是改善消费者产品安全的根本途径。但在某一个时点或某一个时期，当本国生产不足以满足本国需要时，就应在不损害生产者利益的情况下，尽量通过贸易来保障产品供应，从而改善消费者的产品安全。

对农业而言，本国生产不足以满足本国需要，经常是因为在现有技术条件下，可用于农业生产的自然资源有限，无法生产出本国消费者所需的全部农产品。这时就需根据比较优势原则，有所为，有所不为，首先保证相对更具有重要性的产品的生产，进口一些重要性相对小的产品或比较优势相对小的产品，以满足国内需要。产品的重要性是每个国家根据自己的国情来决定的，对我国农业而言，按照人的需求层次，保证人的基本生存需要的粮食无疑是最重要的，然后才是其他产品的生产。因此，保障农业产业安全，需要区分农业内各个产业部门的重要性，优先保障相对重要的产业部门的安全。或者说，这些产业应有更高的安全要求。这种对不同产业部门重要性的权衡，并据此制定相应的产业发展政策和贸易政策，是一国追求总体产业安全的理性选择。

由此可得的一个重要结论是重要性不同的产业其可承受的不安全程度不同，相对更重要的产业，其安全敏感性也相对较高。因此，政府应在区分产业重要性的基础上，更多关注战略性产业或重要产业的本国控制程度。

四、农业产业安全研究中的衡量与判断

（一）农业产业安全的衡量方法

安全与不安全是个人或社会的一种感受，准确描述这种不安全感并进行衡量，或者说准确描述安全感并进行衡量，从哲学的意义来说是不可能的。从哲学上说，安全感或不安全感可以感知，但很难度量，就如人的思想可以感知但无法进行数量意义的衡量，加上每

个个体的感知可能不同，对之进行数量估计并进行加总就显得不十分科学。这就是说，从学理上可以定义安全，但很难精确衡量。

但在经济学研究或者政策研究中，有时又需要对哲学上认为"不可为"的事情进行衡量和分析。因为当社会有不安全感时，政府有责任采取措施减轻或消除这种不安全感。政策研究者必须寻找可能的方法对产业安全问题进行衡量。我们以为，在农业产业安全研究中，既需要模糊衡量的方法，也需要精确衡量的方法。

模糊衡量的方法可以采取对外来竞争相对比较大的农业产业或农业部门，对相关从业人员、研究专家和普通公众进行问卷调查，直接询问大家对某一产业是否安全的感受。通过调查给出的数据可以看出有多大比例的公众、哪些人群感觉哪些产业安全或不安全。

最精确的衡量应是动态计算国家的总体经济权益和不同人群的经济权益。从操作层面来说，这是非常困难的，很难用一组或多组方程或一个与多个模型来对国家利益进行准确描述，也很难有足够的数据来支持这种估计。

处于模糊衡量与最精确衡量之间的是近似准确衡量。它是通过计算一些相对具体的指标，来反映产业所面对的外国竞争的某些方面，来近似描述与分析产业安全。如对产品国际竞争力的分析与描述方法，对生产集中度的分析与描述方法，对粮食安全的分析与描述方法，对居民收入的分析与描述方法等，都可以用来近似描述产业安全，并展开动态监测。

必须指出的是，当我们用近似准确的方法进行动态监测的时候，虽然得出的数据（系数或弹性）是具体准确的，但由于方法本身从逻辑上是逼近真实而不是真实本身，事情发生后也很难用事实对之进行精确验证。因此，一定要牢记这些具体的数据是需要分析和判断的。

（二）农业产业安全的复杂性及其分析判断

我国产业对外开放风险的产生具有内因和外因。从内因上讲，主要源于我国处于后进国家的经济发展阶段、我国产业国际竞争力较低以及我国产业开放政策的选择。从外因上讲，主要源于外资独立的经济动机与目标。这两个方面相互作用，使得我国产业对外开放面临着收益与风险并存的基本态势，因而产业安全问题比较复杂。

第一，产业安全的区间概念特性和临界概念特性。如前所述，产业安全与不安全是一个区间概念（某一范围内），还是一个临界概念（达到某一点以后就不安全）？我们认为，产业安全是一个比较复杂的问题，既是一个区间概念，也有临界点。从安全到不安全有一个量变的过程，因而有一个区间，但到某些点以后，社会的安全感急剧恶化，这些点就有临界点的性质，就是量变引起了质变。

第二，农业产业安全涉及产业链的特性。需要从产业链的角度来观察产业安全。农业产业的起始点是农业资源，终点是各种加工而成的最终消费品，它包括众多的环节和部门，从农业科研部门、农业生产和种植部门，以及农产品的加工、储存、运输、销售部门等，各个部门通过产品、资金、技术、信息和契约相互紧密地联系在一起，从而形成了产品链、资金链、技术链、信息链和契约链。多种网状链条决定了关键点相互作用机制的复杂性，因此，发现、分析、关注产业链上的关键环节，对研究产业安全非常重要。

　　第三，农业产业安全需要理性看待。近年来农业产业安全问题引起社会的广泛关注和重视，但存在着对农业产业安全的认识有泛化的趋势。我们不能把农业产业本身的所有问题都和安全联系在一起，要对产业安全有影响的问题进行分析判断，分清哪些是真正可能造成农业产业安全的问题，哪些只是农业产业本身的一些问题。不能轻视但也不能夸大农业产业不安全的形势。过分夸大产业安全问题，以至于不敢引进外资和技术，不敢利用国际市场来缓解资源约束，也是不符合国家利益的。在讨论农业产业安全时，很自然地会与利用国外资源的多少，或者是资源的对外依存度联系在一起，似乎资源对外依存度越高就越不安全。从理论上讲，如果不考虑其他因素，单就比较资源靠国内供给和靠国外供给这一点来看，无疑是国内资源供应的安全度较高，因为依靠国内资源，主动权掌握在自己手中。但在国内资源无法满足需要时，追求自给自足，削弱了资源供应的基础，显然并不是真正的产业安全。

　　第四，需要处理好保护与开放的关系。在开放经济下，如何保护民族产业是适当的？适当保护和不适当保护的界限是什么呢？从本质上说，使民族产业完全回避国际竞争的政策是不适当的保护；而为民族企业创造能同强大的外国公司进行公平（平等）竞争的环境政策是适当的保护。也就是说，保护民族产业绝不是不实行对外开放，绝不是回避国际竞争，而是要使民族产业在非常弱小的时候能够在一种比较公平的环境中参与国际竞争，而不至于因为在发展初期因竞争能力不强而丧失生存的机会。比如现在的粮食加工市场中，由于我国没有像四大粮商这样大规模的全产业链大粮食企业，因此，国家在引入四大粮商竞争的同时，也需要创造使民族经济得以发展、壮大的市场条件，实现保护民族粮食加工业。因此，保护政策在本质上是创造有效竞争，而不是消除竞争。同样，对外开放也是要形成一种有效竞争的局面（这一点也许比"利用"外资和"引进"技术更具有长远的重要意义）。当然，如果外国商品或外国资本的进入有可能造成对我国市场的垄断，破坏产业发展的有效竞争局面，是不能允许的。可见，保护和开放，从表面上看是对立的，但在实质上却是一致的，其根本的目的都是促进民族产业的发展和经济的进步，都是要创造使民族经济得以发展、壮大的有效竞争的市场条件。

　　第五，处理好静态产业安全和动态产业安全的关系。根据产业安全的发展态势，可以将其分为静态的产业安全和动态的产业安全。静态的产业安全是指特定时点或时期内一国产业安全的总体态势，它主要反映了一定时期内影响一国产业安全的诸因素系统作用的结果，同时它也是动态的产业安全研究的起点。所谓动态的产业安全则是指在经济运行变化中的产业安全变化态势，它不仅从当前的国家民族利益观点来看产业安全，还要从综合观点、前瞻观点来看产业安全问题。比如随着中国产业开放的扩大，必然有一些行业受到国外的冲击和影响，但只要开放全局利益高于局部利益，开放就是有益的。这就正是基于综合、前瞻性的观点来制定政策。中国加入世贸组织也是基于全球观的角度而做出的重大战略抉择。同时，由于各种经济政策对产业的影响具有长短不一的滞后期，而且市场经济下市场机制的作用也表现出非常明显的滞后性。因此，受这些主、客观因素以及产业要素供给、产业需求容量的变化等其他一些因素的影响，一国产业的安全度总是处于运动变化之中，具体表现为伴随一国技术进步、制度创新、政策调整以及产业结构和产业组织特征等的变化发生的产业的国际竞争力和成长状态的变化。对于任何国家而言，在于把握产业发展的客观规律，通过相机抉择努力实现动态的产业安全。

五、加强我国农业产业安全的政策建议

1. 合理使用贸易政策手段，保障粮食安全

粮食安全处于农业产业安全的核心，现有的国内支持政策和进口配额政策比较有效，因此，应继续合理利用 WTO 农业规则，在保住现有进口配额政策的基础上，充分运用反倾销、反补贴、保障措施等贸易救济措施，有效保护国内农业产业安全。

2. 加强对大宗产品的调控和管理

一是农产品进口建立统一对外、集体采购制度，扩大和加强贸易伙伴关系，分散进口风险。二是全面评估国际市场结构，对于跨国公司市场经营行为加以跟踪与监管，尤其是对在国内有经营行为的跨国公司。三是要建立农产品进口监测与产业损害预警系统和快速反应机制，充分运用反倾销、反补贴、保障措施等贸易救济措施，建立产业健康发展应对机制。四是针对部分大型涉贸国有企业进出口行为加以监管，利用国际市场实现国内市场供需平衡。

3. 提升产业竞争力

对于我国目前竞争力不太强，外国产品或资本表现出较强竞争力的行业，政府应首先采取一定措施来增强本国产品或资本的竞争力：①加大科技研究强度，为提高单产和加工业发展提供核心技术；②培育有市场竞争力的涉农企业集团。在培育有市场竞争力的涉农企业集团方面，一要为涉农企业创造良好的发展环境，包括税收、贷款支持、贸易促进等；二是鼓励内资企业与农户建立良好的生产销售契约，稳定农产品供给，扩大国内市场的份额，促进企业返利予民，既有利于农业结构调整和农民增收，也有利于企业锁定货源、降低企业采购成本；三是在市场逐渐开放中，引导企业重组，培育大规模跨国企业。

4. 更好地管理市场

对于短期内本国竞争力难以提升，外国产品或资本存在不可避免的行业，如中国已经放开的农产品（大豆）及其加工业，政府需要密切监管企业的垄断行为，加强市场秩序的控制，加快相关法律、法规的研究和制定，尽快出台适合农产品特点的反垄断法具体条则，并做好反垄断的调查工作。同时，要合理利用外资，进一步细化外资进入的涉农行业，有针对性引导外资投向，管理部门研究制定外资外商并购投资项目导向政策和核准管理办法，建立多部门联合审查机制。要全面评估外资垄断对就业、市场和产业安全的影响，管理部门对外资投向、跨国企业并购、价格异常行为等做出跟踪与审查。最后，要规范与监督政府招商引资行为，防止地方政府为片面追求经济增长，忽视产业安全。

5. 加强全产业链建设

维护农业产业安全应该从产业链的视角切入，即从农产品原料到终端消费品，包含种植、采购、贸易和物流、食品原料和饲料生产、养殖与肉类加工、食品加工、食品营销等产业链的多个环节，寻找出基于农业产业安全视角的市场风险，对关键控制点进行控制。

参考文献

蔡键，2011. 消费模式改变对农业产业安全的影响机制［J］. 现代管理科学（8）：57 - 59.

程恩富，1998. 外商直接投资与民族产业安全［J］. 财经研究（8）：42 - 44.

崔卫杰，2015. 开放形势下的中国农业产业安全［J］. 国际经济合作（1）：47 - 50.

丁玉，孔祥智，2014. 外资进入对我国农业发展和产业安全的影响［J］. 现代管理科学（3）：12 - 14.

高庆鹏，陈彬，李沁洋，2013. 我国农业产业安全评估指标体系研究［J］. 安徽农业科学，41（7）：3183 - 3187.

何维达，2007. 中国若干重要产业安全的评价与估算［M］. 北京：知识产权出版社.

何维达，李冬梅，2006. 我国产业安全理论研究综述［J］. 经济纵横（8）：74 - 76.

金碚，2006. 产业竞争力与产业安全的关系［J］. 财经界（8）：28 - 30.

景玉琴，2005. 中国产业安全问题研究——基于全球化背景的政治经济学分析［D］. 长春：吉林大学.

李孟刚，2006. 产业安全理论研究［J］. 管理现代化（3）：49 - 52.

李孟刚，2010. 产业安全理论研究［M］. 北京：经济科学出版社.

刘莉雪，郑凯，刘灵凤，2015. 对产业安全若干基本概念的探讨［J］. 北京交通大学学报：社会科学版，14（4）：33 - 39

倪洪兴，2011. 统筹两个市场两种资源确保农业产业安全［J］. 中国农村经济（5）：57 - 60, 81.

史欣向，李善民，王满四，等，2015. "新常态"下的产业安全评价体系重构与实证——以中国高技术产业为例［J］. 中国软科学（7）：111 - 126.

统计科学研究所，2002. 农业及粮食安全问题［J］. 统计研究（10）：17 - 20.0

徐洁香，邢孝兵，2005. 当前我国农业产业安全问题探析［J］. 商业研究（17）：201 - 203.

许芳，刘殿国，2008. 中国农业安全度的生态学评估——基于熵权修正层次分析法的研究［J］. 郑州航空工业管理学院学报（4）：53 - 56.

许铭，2006. 中国产业安全问题分析［M］. 太原：山西经济出版社.

杨公仆，王玉，朱舟，等，2000. 中国汽车产业安全性研究［J］. 财经研究（1）：22 - 27.

杨国亮，2010. 新时期产业安全评价指标体系构建研究［J］. 马克思主义研究（6）：63 - 71.

赵世洪，1998. 国民产业安全概念初探［J］. 经济发展与改革（3）：15 - 18.

朱丽萌，2007. 中国农产品进出口与农业产业安全预警分析［J］. 财经科学（7）：111 - 116.

朱晓峰，2002. 论我国的农业安全［J］. 经济学家（1）：25 - 30.

Liu Bingyu, 2011. A Brief Discussion on Legal Guarantee of Industry Security in Foreign Capital Merger and Acquisition ［J］. Asian Social Science，7（2）：172 - 176.

第二部分
期货功能与农村信贷

菜籽油期货市场价格发现与套期保值功能

——来自湖北省的 ARDL－ECM 的模型检验

李　杏　王博雅　李　富

（武昌首义学院　武汉大学　长江期货）

摘　要： 本文以 2013 年 1 月 4 日至 2015 年 9 月 1 日为样本区间，采用 ARDL－ECM 模型分析了郑州商品交易所的菜籽油期货价格和中国油菜籽第一大省湖北省的菜籽油现货价格之间的长期均衡和短期动态关系。研究表明：菜籽油期货对于湖北省菜籽油现货而言，具有显著的价格发现功能，但尚不具备完美且有效的套期保值功能。

关键词： 期货市场　价格发现　套期保值　油菜籽价格 ARDL－ECM 模型

一、引　言

　　菜籽油作为菜籽油期货的标的物，同时也是我国第二大食用油。菜籽油的主要原料是油菜籽，其主要产地在长江流域及西南、西北地区。湖北省位于长江中下游地区，天然的地理优势加上气候条件，具有种植油菜籽的良好基础。2014 年湖北省油菜籽总产量为258.2 万吨居全国首位，中国油菜籽第一大省湖北省已成为菜油加工行业的中坚力量。然而，油菜籽作为一种季节性农产品，其种植、生长对气候环境的依赖度很高，自然气候会通过对产收、供求关系的影响进而波及菜油价格。2014 年 5 月南方地区持续强降水引发自然灾害，造成与菜籽关系紧密的农民巨大的经济损失，油菜籽加工企业的经济效益也无法保证，整个湖北省菜籽行业都暴露在菜籽油价格的剧烈波动之下。2015 年受气候因素的影响，我国油菜籽普遍减产近两成，例如荆门作为长江流域最核心的油菜种植区域，其种植面积占湖北省油菜种植面积的近 1/4，然而荆门油菜籽 2015 年生产总的特点是播面增、单产减、总产减，全市"双低"油菜优质率达 95％以上，含油量为 34％左右，较2014 年降低了 1~2 个百分点。除了受自然气候方面的影响，国家政策也是菜籽油行业的重大影响因素。纵观今年的行情走势，2015 年是菜籽油行情动荡的一年，政策的突变超过了市场预期。2015 年国家规定菜籽不再托市收储之后，使得国内菜籽自上市以来，价格一直较去年偏低，很多农户对市场价格普遍不认可，引发了持续的市场销售僵局；另外收储政策的取消，菜籽销售需要直接面向市场，承担市场价格波动风险，这样一来进口菜籽冲击国内市场的局面在短期内极难改变。

　　在菜籽油市场价格变化波诡云谲的背景下，市场各方都需要充分利用相关的金融工具来规避风险，而期货就是一个不错的选择。众所周知，期货市场具有最重要的两大功能——价格发现与套期保值。一方面，期货价格反映供求双方对未来价格走势的预期，从而期货价格领先于现货价格，称之为期货的价格发现功能；另一方面，通过在期货市场上买进或卖出与现货市场上数量相等、交易方向相反的商品，借以规避现货市场的风险，称之为期货的套期保值功能。而菜籽油期货早在 2007 年 6 月 8 日于郑州商品交易所开盘交易，旨在给投资者提供规避菜籽油现货价格风险的渠道。那么，经过这些年的发展，菜籽油期货到底有没有对提供价格信号、保护相关农民利益、为油脂现货企业进行套期保值、促进油脂行业的健康发展起到作用呢？为什么在国内 220 家菜籽油加工企业亏损的有 208 家，盈利或保本的仅有 12 家[①]的惨烈情况下，菜籽油期货的成交量和持仓量却持续低迷不振呢？本文基于这一研究背景，分析菜籽油期货市场对现货市场价格发现功能和套期保值功能，对市场各方规避菜籽油价格波动风险、实现收益最大化具有重要意义。

二、研究方法

基于已有的文献参考发现，对菜籽油期货价格和现货价格之间关系的实证研究方法大致可以分为以下几类：

第一种是基于同阶协整的单方程回归。例如，李敬、夏力、赵玉（2012）使用变结构协整对传统的套期保值模型进行了误差修正，并对中国油脂期货市场豆油、棕榈油、菜籽油的动态最优套期保值率进行了计算，结果表明中国油脂期货市场套期保值的效率较低。

第二种是利用 VAR、SVAR、VECM 模型，采用脉冲响应函数和方差分解等方法。例如，何蒲明、周志梁（2009）利用相关性分析、格兰杰因果检验以及脉冲响应函数和方差分解对菜籽油期货市场的发现价格功能进行了实证研究，他们发现菜籽油期货价格和现货价格存在长期稳定的均衡关系，且菜籽油期货市场价格对现货市场价格的引导作用明显。刘琰、肖艳丽（2009）采用格兰杰因果检验和方差分解方法分析我国菜籽油期现货价格和加拿大油菜籽期现货价格的关联性，发现中加市场上期现货价格存在长期均衡关系，且期货价格单向引导现货价格。

第三种是使用 GARCH、ECM - GARCH、BEKK - GARCH 模型。例如，刘晓雪、郭晨凯（2012）利用传统套保、OLS 静态套保、ECM - GARCH 动态套保模型对菜籽油期货进行实证检验以全面的体现各模型对菜籽油期货风险管理的效果。还有，吴少恋（2013）选取双变量 BEKK - GARCH 模型、格兰杰因果关系来检验加拿大和中国菜籽油期货市场之间的信息传导关系、波动溢出关系、价格引导关系。

纵观上述三种方法，且鉴于金融时间序列常常具有非平稳性、不能满足古典假设的特性，如果直接采用一般的线性回归模型进行回归，可能会产生所谓的"伪回归"问题，因此，时间序列回归之前需要进行协整检验；另外，VAR 回归结果对变量的排序要求较高，可能会影响到结果的可靠性；而 GARCH 类模型的波动率预测能力是否优劣在学术界一直还存在争议。本文使用的是 ARDL（Auto Regressive Distributed Lag）边限检验方法，来估计菜籽油期货市场与湖北省菜籽油现货市场之间的长期均衡关系和短期动态关系，它与传统的 E - G 两步法和 Johansen 法相比，其优点在于：不同于传统协整检验对变量均

---

① 数据来源：中国油菜籽网。

为同阶单整的要求，该模型在处理变量最高阶数不超过 1 阶的不同阶变量时有很好的应用；同时，该模型对小样本数据进行很好的分析验证；还可以在实证过程中考虑变量滞后项的影响；另外，ARDL 模型经过简单变换就可以得到误差修正模型（ECM）。

一个典型的 $ARDL$（p，q_1，q_2，$\cdots$，q_k）模型的结构如下：

$$\Phi(L,P)y_t = \sum_{i=1}^{k}\beta_i(L,q_i)x_{it} + \delta w_t + u_t \qquad (1)$$

$$\Phi(L,P) = 1 - \Phi_1 L - \Phi_2 L^2 - \cdots - \Phi_p L^p \qquad (2)$$

$$\beta_i(L,q_i) = 1 - \beta_{i1}L - \beta_{i2}L^2 - \cdots - \beta_{iq_i}L^{q_i} \qquad (3)$$

其中，p 表示 y_t 滞后的阶数，q_i 表示第 i 个自变量 x_{it} 滞后的阶数，$i=1$，2，$\cdots$，k。L 是滞后算子（Lag Operator），它可用下式定义：$Ly_t=y_{t-1}$，w_t 是 S 行、1 列的确定向量。

Pesaran 边限协整检验基于 ARDL 模型进行，在变量间存在长期协整关系的情况下，估计变量间的相关系数。其主要特点是对变量间协整关系的判断运用的是边限检验法（Bounds Test）。

使用 ARDL 模型和 Pesaran 边限协整检验建模的步骤如下：

第一步，建立与该 ARDL 模型相对应的误差修正模型（ARDL‑ECM）。首先，充分滞后 ARDL‑ECM 模型中的各差分变量。在此基础上，确定最佳滞后期时根据序列相关 LM 统计量和 AIC、SBC 准则进行判断。

第二步，进行 Pesaran 边限协整检验，确定 ARDL 模型的形式。根据上步所选出的滞后期，对变量进行 Pesaran 协整检验。根据所得值与边界临界值的对比结果，判断变量间是否存在长期协整关系。如果存在，引入 ARDL 模型。

第三步，估计变量间的短期动态关系和长期均衡关系。

三、数据和模型估计结果

（一）数据及其平稳性检验

本文选取 2013 年 1 月 4 日至 2015 年 9 月 1 日为样本区间，其中，湖北省菜籽油现货价格取自天下粮仓网的湖北省四级菜籽油现货价格，定义为 XH。由于菜籽油期货具有到期日，到期后该合约就不存在，为了方便问题的分析，本文选择郑州商品交易所的菜籽油期货主力合约的日结算价来构建连续的菜籽油期货价格序列，定义为 QH，数据来源于 Wind 金融资讯。

首先对菜籽油期货价格和湖北省菜籽油现货价格分别取对数，以消除异方差性，分别定义为 LQH 和 LXH。然后在模型估计前，为选择适当计量方法，避免计量分析中出现"伪回归"问题，先对相关变量进行平稳性检验。若数据在 5% 显著性水平下拒绝原假设，则认为该序列是平稳的。

本文采用 Dicky 和 Fuller 的 ADF 检验（Augment Dicky‑Fuller test），结果如表 1 所示。

表 3‑1 结果表明，在 5% 的显著性水平下，LQH、LXH 均为非平稳的时间序列，但它们的一阶差分序列 D（LQH）和 D（LXH）为平稳的时间序列，所以 LQH、LXH 均

表 1 ADF 单位根检验结果

变量	t统计值	5%临界值	5%显著性水平下是否拒绝原假设	是否平稳
LQH	−1.417 859	−2.865 796	不拒绝	不平稳
D (LQH)	−23.208 53	−2.865 803	拒绝	平稳
LXH	−1.298 509	−2.865 796	不拒绝	不平稳
D (LXH)	−25.247 44	−2.865 803	拒绝	平稳

是一阶单整序列。在这种情况下，传统的 Engel（1987）、Johansen（1992）协整检验方法不再适用于对变量间长期协整关系的检验。本文将采用 Pesaran et al.（2001）提出的边限协整检验（Bounds Test）方法进行分析。

（二）价格发现功能的验证

本文通过建立以 LXH 为因变量、LQH 为自变量的自回归分布滞后—误差修正模型（ARDL−ECM），考察菜籽油期货价格对湖北省菜籽油现货价格的影响，以判断菜籽油期货价格是否具有先导作用，即价格发现功能。

$$\Delta LXH_t = \sum_{i=1}^{p} \beta_{1i} \Delta LXH_{t-1} + \sum_{i=0}^{p} \beta_{2i} \Delta LQH_{t-i} + \gamma_0 LXH_{t-1} +$$
$$\gamma_1 LQH_{t-1} + c + \beta_0 t + u_t \qquad (4)$$

在 ARDL 模型滞后阶数的确定中，LM 统计量和 AIC、SBC 准则以及 Pesaran 边限检验是有效的方法，以下检验过程均采用 Microfit 4.1 软件完成。

首先，为了检验二者之间的长期关系，按公式（4）对各差分变量进行滞后，并利用 LM 统计量和 AIC、SBC 信息准则选择最优滞后期。考虑滞后期越长越容易产生序列相关性，且本文所用数据为小样本数据，因此，选择差分变量的最大滞后阶数 n 不超过 4。在 Microfit4.1 软件里分别对含趋势项和不含趋势项的两种情况进行检测，结果见表 2。

通过表 2 可以看到无论是否含有趋势项，当 $n=1$ 时，LM（1）最显著，模型不存在序列相关性，结合 AIC 和 SBC 信息准则确定最佳滞后期为 1。

为了更进一步地确认最佳滞后期为 1，且确定模型是否应该含有趋势项，接下来，对（4）式中水平滞后一期的变量间的协整关系进行 Pesaran 边限协整检验。

表 2 AIC、SBC 信息准则与序列相关 LM 统计量

滞后期	无趋势项				有趋势项			
	AIC	SBC	$x^2(1)$	$x^2(4)$	AIC	SBC	$x^2(1)$	$x^2(4)$
1	2 366.3	2 357.4	0.036 004 [0.850]	5.952 1 [0.203]	2 365.4	2 354.2	0.034 165 [0.853]	6.004 9 [0.199]
2	2 361.9	2 348.5	0.207 64 [0.649]	6.789 6 [0.147]	2 360.9	2 345.2	0.206 55 [0.649]	6.831 1 [0.145]
3	2 358.3	2 340.4	0.610 54 [0.435]	3.687 7 [0.450]	2 357.3	2 337.2	0.655 53 [0.418]	3.682 0 [0.451]

（续）

滞后期	无趋势项				有趋势项			
	AIC	SBC	x^2 （1）	x^2 （4）	AIC	SBC	x^2 （1）	x^2 （4）
4	2 353.0	2 330.7	4.639 7 [0.031]	7.172 1 [0.127]	2 352.1	2 327.5	4.542 5 [0.033]	7.041 0 [0.134]

对 ARDL - ECM 模型提出假设：

$$H_0 : \gamma_0 = \gamma_1 = 0; H_1 : \gamma_0, \gamma_1 \text{ 不全为零} \tag{5}$$

此时，F 检验存在两个临界值，当所有变量为 I （0）序列时，存在最低值；所有变量为 I （1）序列时，存在最高值。当 F 统计量大于最高值时，拒绝原假设，通过检验；当 F 统计量小于最低值时，不能拒绝原假设；当 F 统计量处于两者之间时，则无法判断。

边限协整检验的具体结果见表 3 - 3。当不含趋势项时，F 统计量的值为 7.48，大于 10％置信水平的 F 检验的上界 4.78，也大于 5％置信水平的 F 检验的上界 5.73；含趋势项时，F 统计量的值为 7.15，大于 10％置信水平的 F 检验的上界 6.26。综上情况，无论是否含有趋势项，在 10％的显著性水平下，拒绝变量 LXH 和 LQH 之间不存在长期关系的零假设，即变量间存在长期的稳定关系。

表 3　边限协整检验

	检验结果	10％临界值范围	5％临界值范围	1％临界值范围
无趋势项	7.481 0 [0.001]	（4.04，4.78）	（4.94，5.73）	（6.84，7.84）
有趋势项	7.150 0 [0.001]	（5.59，6.26）	（6.56，7.3）	（8.74，9.63）

对含趋势项和不含趋势项两种情况进行 ARDL 估计，根据 AIC 和 SBC 准则，包含趋势项和不包含趋势项的模型形式均为 ARDL （1，1），其相应的估计系数见表 4。含趋势项时，ARDL （1，1）模型的趋势项并不显著，尤其是 C 和 T 的 P 值过大；而不包含趋势项时模型系数的显著性则表现得更好。所以，本文将以不含趋势项的 ARDL （1，1）模型为基础，建立长期协整关系和 ARDL - ECM 模型来研究菜籽油期货价格对湖北省菜籽油现货价格的长短期影响。

表 4　ARDL （1，1）模型的估计结果

含趋势项的 ARDL （1，1）				不含趋势项的 ARDL （1，1）			
变量	系数	T 统计量	P 值	变量	系数	T 统计量	P 值
LXH （−1）	0.979 61	145.811 2	0.000	LXH （−1）	0.979 86	187.661 2	0.000
LQH	0.295 59	10.441 6	0.000	LQH	0.295 7	10.473 3	0.000
LQH （−1）	−0.273 25	−9.476 9	0.000	LQH （−1）	−0.273 36	−9.505 6	0.000
C	−0.016 084	−0.389 22	0.679	C	−0.018 413	−1.390 9	0.165
T	−2.78E−07	−0.059 499	0.953				
R - Squared	0.999 02			R - Squared	0.999 02		

（续）

含趋势项的 ARDL（1，1）				不含趋势项的 ARDL（1，1）			
变量	系数	T 统计量	P 值	变量	系数	T 统计量	P 值
DW－statistic	2.013 3			DW－statistic	2.013 7		

ARDL－ECM 模型协整方程和向量误差修正模型估计结果见表 5。

表 5　长期关系及误差修正模型估计结果

长期协整关系估计结果 ARDL（1，1）				ARDL－ECM 系数估计结果 ARDL（1，1）			
变量	系数	T 统计值	P 值	变量	系数	T 统计值	P 值
QH	1.109 2	15.879 8	0.000	dLQH	0.295 7	10.473 3	0.000
	−0.914 14	−1.476 8	0.140	dC	−0.018 413	−1.390 9	0.165
				ecm（−1）	−0.020 142	−3.857 7	0.000

由表 5 可以得出变量间的长期关系方程：

$$LXH = -0.914\,14 + 1.109\,2LQH \tag{6}$$
$$(-1.476\,8)\quad(15.879\,8)$$

从长期来看，菜籽油期货价格对湖北省菜籽油现货价格具有长期均衡的影响，且由长期均衡方程（6）可知，湖北省菜籽油现货价格关于其期货价格的长期弹性为 1.109 2，说明 1% 的菜籽油期货价格变化会对湖北省菜籽油现货价格产生 1.109 2% 的影响。另外，由于现货价格和期货价格分别反映了即期市场和远期市场的供求关系，且由于远期市场或期货市场反映未来的即期价格，所以，如果期货价格对现货价格存在显著影响，则表明二者构成了一种领先-滞后的关系。因此，本文的实证结果表明：我国的菜籽油期货市场具有了先导意义上的价格发现功能。

进一步得出变量的误差修正模型：

$$dLXH = 0.295\,7dLQH - 0.018\,413dC - 0.020\,142ecm(-1) \tag{7}$$
$$(10.473\,3)\quad(-1.390\,9)\quad(-3.857\,7)$$

方程（7）显示了湖北省菜籽油现货价格和菜籽油期货价格之间的短期动态关系，误差修正项 ecm（−1）的系数为 −0.020 142 ＜0，此为一个正确的符号。这意味着，湖北省菜籽油现货市场和菜籽油期货市场之间即使出现了暂时的非均衡，在误差项的作用下，模型将以 −0.020 142 的调整力度把非均衡状态拉回到均衡状态。

另外，从短期动态关系来看，湖北省菜籽油现货价格关于菜籽油期货价格的短期弹性约为 0.295 7，这说明：从短期动态关系来看，菜籽油期货的收益率变化 1%，将导致湖北省菜籽油现货的收益率变化 0.295 7%。

对上述模型，本文又做了一个应用递归残差累计和（CUSUM）检验模型估计其系数的稳定性。如图 1 所示，其中直线代表 5% 显著性水平下的边限区间。图 1 显示，在整个考察的时间区间内，残差和未大幅度偏离 5% 显著性水平的边界范围，回归方程的参数具有良好的稳定性。本文可以断定，以上对于湖北省菜籽油现货价格和菜籽油期货价格之间的系数估计是稳定和可靠的。

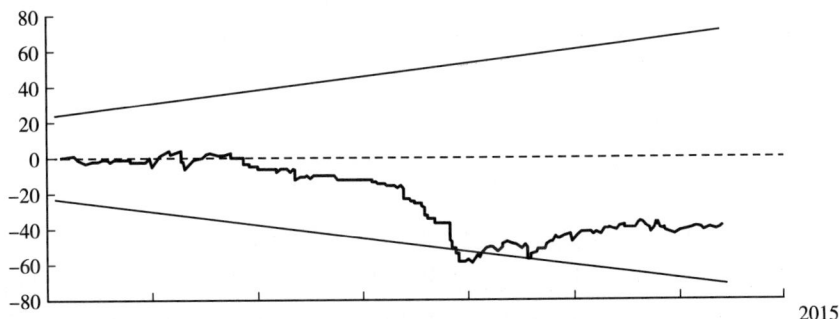

图1　递归残差累计和（CUSUM）检验结果

注：上下两条直线代表5％显著性水平下的边界区间。

（三）套期保值功能的验证

同理，为考察菜籽油期货的套期保值功能，本文构建了以下模型：

$$\Delta LQH_t = \sum_{i=1}^{p} \beta_{1i} \Delta LQH_{t-i} + \sum_{i=0}^{p} \beta_{2i} \Delta LXH_{t-i} + \gamma_0 LQH_{t-1} +$$
$$\gamma_1 LXH_{t-1} + c + \beta_0 t + u_t \qquad (8)$$

通过表6可以看到无论是否含有趋势项，当$n=2$时，LM（1）最显著，模型不存在序列相关性，结合 AIC 和 SBC 信息准则确定最佳滞后期为2。

表6　AIC、SBC 信息准则与序列相关 LM 统计量

滞后期	无趋势项				有趋势项			
	AIC	SBC	x^2（1）	x^2（4）	AIC	SBC	x^2（1）	x^2（4）
1	2 199.2	2 190.3	4.776 0 [0.029]	12.719 0 [0.013]	2 199.3	2 188.1	4.500 7 [0.034]	12.594 8 [0.013]
2	2 197.1	2 183.7	1.150 5 [0.283]	9.481 6 [0.050]	2 196.8	2 181.1	1.005 6 [0.316]	9.805 5 [0.044]
3	2 193.7	2 175.8	3.112 2 [0.078]	7.479 2 [0.113]	2 193.4	2 173.2	3.260 8 [0.071]	7.886 0 [0.096]
4	2 189.5	2 167.2	6.148 3 [0.013]	7.060 6 [0.133]	2 189.2	2 164.6	6.229 2 [0.013]	7.259 6 [0.123]

为了更进一步确认最佳滞后期为2，且确定模型是否该含有趋势项，接下来对式（8）中水平滞后二期的变量间的协整关系进行 Pesaran 边限协整检验，结果如表7所示。由表7可知，无论有无趋势项，所计算出来的 F 值均小于 Pesaran 等人给出的 F 统计量临界值的下限，故接受原假设，这意味着湖北省菜籽油现货价格对菜籽油期货价格不存在长期均衡的影响，那么，我们也无法估计出菜籽油期货价格关于湖北省菜籽油现货价格的长期价

格弹性。

表7　边限协整检验

	检验结果	10%临界值范围	5%临界值范围	1%临界值范围
无趋势项	2.2869 [0.102]	(4.04，4.78)	(4.94，5.73)	(6.84，7.84)
有趋势项	2.8158 [0.061]	(5.59，6.26)	(6.56，7.3)	(8.74，9.63)

套期之所以能保值，其理论基础是期货价格与现货价格尽管变动幅度不会完全一致、但变动的趋势是基本一致的，即当特定商品的现货价格趋于上涨时，其期货价格也趋于上涨，反之亦然；这样一来，套期保值者就可以通过在期货市场上做与现货市场相反的交易来达到保值的功能，使价格稳定在一个目标水平上。因此，"套期保值功能"必须建立在现货价格对期货价格具有长期均衡影响的原理之上，只有当期货价格关于现货价格具备显著的长期价格弹性时，才能从实证角度断定期货与现货具有相同的价格走势，套期保值功能才能得以发挥。但是，由表7看来，菜籽油期货是否具有完美的套期保值功能是存在质疑的。

由于湖北省菜籽油现货价格对菜籽油期货价格不存在长期均衡关系，故不必用ARDL模型做进一步的分析，但仍然可以分析二者可能存在的短期动态关系。我们采用变量的一阶差分，以 dLQH 为因变量，dLXH 及其滞后项为自变量建立线性回归方程，来考察二者之间的动态关系，并采用逐步回归法（Stepwise）选择最优的回归模型，其结果如表8和式（9）所示。

表8　极大似然回归结果

Variable	Coefficient	Std. Error	t—Statistic	Prob. *
dLXH	0.483 614	0.046 84	10.324 7	0
dLXH (−1)	−0.108 777	0.050 372	−2.159 469	0.031 2
dLQH (−1)	0.082 012	0.039 748	2.063 312	0.039 5
R—squared	0.149 903	Mean dependent var	−0.000 854	
Adjusted R—squared	0.147 246	S. D. dependent var	0.008 687	
S. E. of regression	0.008 022	Akaike info criterion	−6.808 498	
Sum squared resid	0.041 19	Schwarz criterion	−6.787 661	
Log likelihood	2 191.932	Hannan—Quinn criter.	−6.800 412	
Durbin—Watson stat	2.002 786			

$$dLQH = 0.082\,012dLQH(-1) + 0.483\,614dLXH -$$
$$0.108\,d777dLXH(-1) \qquad\qquad (9)$$
$$(2.063\,312)\qquad\quad (10.324\,70)\qquad\quad (-2.159\,469)$$

回归方程（9）显示，湖北省菜籽油现货价格对菜籽油期货价格的短期动态弹性虽然在 5％的显著性水平上显著，但系数值只有 0.483 614，且从方程的显著性来看，可决系数 R - Squared 仅有 0.149 903 。由此可以表明：湖北省菜籽油现货价格对菜籽油期货价格不具有长期均衡的影响，且短期动态的影响也是非常微弱的，这意味着菜籽油期货市场对于湖北省菜籽油现货市场而言，尚不具备完美且有效的套期保值功能。

四、结论与政策建议

（一）结论

1. 菜籽油期货价格对于湖北省菜籽油现货价格而言，具有显著的价格发现功能。 由本文的实证结果可知，菜籽油期货价格对湖北省菜籽油现货的价格存在长期均衡的关系，其长期弹性为 1.109 2，这说明期货价格对现货价格已经构成领先—滞后关系；且二者之间还存在短期动态关系，其误差修正项系数为－0.020 142，这说明即使二者之间处于非均衡状态，也能通过误差修正项的动态调整，恢复到均衡状态，这反映了菜籽油期货价格发现功能的有效性；另外，考虑到误差修正项系数的绝对值并不大，这意味着从非均衡调整到均衡的速度并不会很快，这也符合现实行情中"菜籽油期货价格波动不够灵活"的特点。现实正是如此，菜籽油期货价值较大，价格波动不够灵活也影响了期货市场上的流动性和企业的参与程度，这反过来又拖累了菜籽油期货价格的灵活变动。

2. 菜籽油期货市场对于湖北省菜籽油现货市场而言，尚不具备完美且有效的套期保值功能

由实证结果可知，湖北省菜籽油现货价格对菜籽油期货价格不具有长期均衡的影响，且短期动态的影响也是非常微弱的，这意味着菜籽油期货市场对于湖北省菜籽油现货市场而言尚不具备完美且有效的套期保值功能。那么，为什么现货价格不能有效地引导期货市场、期货的套期保值功能不能得以完美发挥呢？我们从现实行情中得到启示，毕竟不同于豆油、棕榈油这些国内外供应渠道众多、供需容易得到平衡的品种，菜籽油原料主要由国内供应，季产年销，其生产供应具有刚性，短期内难以得到调整，价格波动也不够灵活；另外，在菜籽油现货市场上，统一的市场体系尚未建立，市场上存在着大量小规模、分散经营的现象，这种非规模经济形式使得相关油脂企业对抗风险的能力低下，这一方面会阻碍现货市场的发展，另一方面期货价格和现货价格之间相互引导的链条也难以畅通；最后，值得一提的是之前的收储政策，国家收储菜籽油本来是为了应对国际油价的冲击，而近几年国家临储油基本没有出库、国内罐容又严重不足，在收储政策的背景下，进口菜籽的冲击使得国内油脂价格上涨有限，国产油菜籽与进口油菜籽价格倒挂现象愈演愈烈，市场价格机制被扭曲。那么，我们也可以推测，如果尽快实现临时收储政策向目标价格政策转变的话，通过理顺菜籽油现货市场价格形成机制，将更利于实现菜籽油现货价格的"市场化"，也更利于菜籽油期货套期保值功能的发挥。

（二）政策建议

1. 增强市场主体利用期货市场进行价格预判的能力

既然菜籽油期货具有价格发现功能，政府方面应充分利用期货市场上的公开买卖来间接引导公众预期，以避免对于市场秩序的过分干扰。只有在市场定价机制有效发挥的情况下，菜籽油期货价格的运行才能更灵活、更有效，期货市场才可能健康发展。

对于菜籽油交易商而言，应正确使用期货金融工具来制定产销决策，以改善以往信息不对称的劣势，充分利用菜籽油期货的价格发现功能，提前锁定订单价格，提高交易技能来规避风险。

对于信息较为闭塞的油菜籽种植农户来说，应充分利用菜籽油期货价格来预判油菜籽未来收获期的销售价格，这样可以增强农民在价格上的谈判能力，也改变了以前农民在价格博弈上的被动局面。

因此，政府应做好市场主体期货知识培训工作，并对期货市场建立严格信息披露制度，形成公平竞争下期货市场价格回归，以利于对现货价格的有益引导。

2. 提升菜籽油行业的集约化程度和品牌效应

我国油菜种植业较为分散，生产规模小，菜籽油行业的企业之间也是各自为政，较少进行信息交流和共享，也缺乏权威有效的信息交流平台，导致国内油脂企业集约化程度不高，对于菜籽油期货价格敏感度不够，建议可增加企业带动型油菜种植专业合作社的数量，推广完善"企业＋合作社＋农户"的生产经营模式，并引导企业发展"订单＋期货"的经营模式，利用期货市场转移订单农业的风险，提高订单农业的履约率，增强专业合作社可持续发展的动力。

目前，国内很少有叫得响的菜籽油品牌，没有品牌，菜籽油的价值得不到宣传，也无法促进消费，所以收购价格抬不起来，附加值也低，造成了菜籽油行业的恶性循环。应鼓励像奥星公司这样的当地龙头企业大力发展，让国产菜籽油品牌逐步走进消费者视野，被越来越多的消费者认可。

3. 完善期货合约，吸引投资者参与市场，增强市场流动性

在郑州交易所方面，要通过完善菜籽油期货合约、进一步调整交割仓库、合理设置升贴水等措施增加菜籽油期货的吸引力。对于套期保值或者同类品种的套利，郑交所可以通过降低保证金等方式鼓励企业参与期货市场进行套期保值，以增强市场流动性。加大对农产品期货市场、期货价格、期货知识的宣传力度，以吸引更多的市场参与者。

各大型菜籽油现货企业，一方面要壮大自身实力，提高对参与期货市场的重视，另一方面要积极培养具有专业投资知识的人才，设专人和部门管理企业的期货投资。

参考文献

何蒲明，周志梁，2009. 菜籽油期货发现价格功能的实证研究 [J]. 武汉金融（10）.

何玉梅，李濛，吴鸿波，2015. 我国菜籽油期货与现货价格关系实证研究 [J]. 价格理论与实践，4：80-82.

李敬，夏力，赵玉，2012. 油脂期货市场套保效率的实证研究 [J]. 统计与决策，7：162-163.

刘晓雪，郭晨凯，2012. 菜籽油期货市场风险管理效果的实证分析——基于传统套保、OLS 和 ECM-GARCH 方法的比较研究 [J]. 价格理论与实践，7：65-66.

刘琰，肖艳丽，2009. 期现货市场对现货价格引导关系研究——以中、加菜籽油期货为例 [J]. 华中农业大学学报：社会科学版（5）.

王骏，2008a. 世界豆油期货市场关联性研究：基于中美两国的实证分析 [J]. 国际商务—对外经济贸易大学学报，3：37 - 41.

王骏，刘亚清，2007. 我国豆油期货与现货价格动态关系研究：基于日数据的实证分析［J］. 中国农业
　　大学学报，12（6）：6 - 13.

王磊，2010. 安徽省菜籽油期货市场功能发挥情况分析［J］. 安徽农业科学（35）.

肖嵘，2010. 我国植物油籽出口结构及国际竞争力的实证研究［J］. 国际贸易问题（5）.

张宇，陶军，黄德文，2014. 我国黄金期货市场价格发现与套期保值功能——基于 ARDL - ECM 模型
　　［J］. 华东经济管理，7：98 - 100.

张宗成，马志才，金燕，2011. 农产品期货对现货保障的实证分析——以湖北省菜籽油产业为例［J］.
　　中国证券期货，6：16 - 17.

正规和非正规借贷对农户
生产、消费和收入的影响
——基于 CFPS 2010 年调查数据的 PSM 分析

董云鑫

（中国农业大学经济管理学院）

摘　要：本文利用 2010 年 6 000 多个农户的"中国家庭动态跟踪调查（CFPS）"数据，分析了正规借贷与民间借贷对农户生产、消费和收入的影响以及影响程度和方向的区域差异性。研究发现正规借贷对农业生产投入、消费性支出和家庭收入的各项变量都有正向的影响，非正规借贷对于农业生产投入和部分类别的消费性支出也都具有正向的影响，但对农户的食品、衣着等基本生活支出以及家庭和个人的纯收入有负向的影响，而且这些影响在不同收入农户之间和不同地区之间存在着不同的差异性。

关键词：正规借贷　民间借贷　农户生产投入　农户消费支出

一、问题的提出

北京大学中国社会科学调查中心于 2010 年所开展的"中国家庭动态跟踪调查（CFPS）"，收集了 2009 年全国 6 000 多个农户的相关借贷数据，具体包括借贷的途径（正规金融机构、亲戚朋友和民间借贷）、各类借贷的具体数额以及借款或贷款的用途等。已有经验研究大多认为，向正规金融机构的贷款可能会更多地投资于生产性活动的，而通过非正规渠道进行借贷的主要目的是为了维持家庭日常生活与平滑消费。本次调查的数据是否也支持这样的结论呢？因此，本文将利用这些数据，从二元金融结构和区域差异的角度，研究正规借贷与民间借贷对农户生产、消费和收入的影响，分析这些影响在程度和方向上的差异性和在区域之间的差异性，期望能够为农村金融理论研究和政策制定提供参考。

先来看调查农户不同渠道的借款或贷款在用途上的差异。由表 1 可知，全部借贷农户中排在前三位的主要用途依次为：建房或购房、家庭成员治病、日常生活，即主要用于非生产性目的。进一步将借贷农户细分后发现：除了用于建房或购房之外，那些向正规金融机构借贷的农户还主要将借款或贷款用于农业生产和做生意这两类生产性活动；而通过非正规渠道借贷的农户排前三位的主要用途依次为家庭成员治病、建房或购房、家庭日常生活开支。上述结果表明，向正规金融机构的贷款可能会更多地投资于生产性活动，而通过非正规渠道进行借贷的主要目的是为了维持家庭日常生活与平滑消费。不过，向正规金融机构和非正规渠道借贷农户的贷款用途不同的原因可能在于这些农户的自身状况存在区别。比如，收入更高的农户更容易获得来自正规金融机构的贷款，而这些收入高的农户可能会更多地参与生产性活动。

表 1　不同借贷途径的借款用途比较

用　途	全部借贷农户	非正规借贷农户	正规借贷农户
建房购房	24.97%	21.39%	26.69%
教育	15.02%	14.34%	10.53%
耐用消费品	4.42%	4.15%	3.23%
家庭成员治病	15.24%	21.54%	12.50%
日常生活开支	15.24%	13.49%	9.69%
农业生产	9.93%	6.18%	16.63%
做生意	9.99%	7.54%	15.32%
婚丧嫁娶	7.13%	4.52%	3.30%
其他	5.14%	6.85%	2.11%

基于以上事实，本文提出以下三个假说：

假说 1：短期内，正规借贷和非正规借贷都能够增加农户的农业生产投入和消费；正规借贷能够增加农户收入，非正规借贷会减少农户收入。

假说 2：对不同收入群体，正规借贷对中等收入农户的农业生产投入和消费的影响最大；非正规借贷对中低收入农户农业生产投入的影响最大。

假说 3：对不同地区的农户，正规借贷对东部地区农户的收入影响大于对中西部地区农户的影响，大于非正规借贷对东部地区农户的影响；非正规借贷对中西部地区农户消费的影响大于对东部地区农户消费的影响，大于正规借贷对中西部地区农户消费的影响。

二、研究方法

已有文献通过基于 Mincer 收入方程来考察重要变量对居民收入的影响，即将居民收入的对数作为被解释变量然后采用 OLS 方法考察重要控制变量的估计系数。但是这可能产生两类问题：一是遗漏变量问题，即无法控制研究对象本身的趋势和特征，导致难以完全分离引致收入差异的其他相关因素；二是内生性问题，这会造成基于 OLS 方法的估计结果是有偏的，即估计系数被放大或缩小。尽管工具变量法（Instrumental Variable，IV）是解决上述问题的主要方法之一，但是合适的工具变量往往难以获取，特别是在样本获得较为困难的调查数据中。解决上述问题的另一个办法是自然实验，近年来该方法被越来越多地应用于计量分析。但是，社会科学研究中不可控的因素较多，一个纯粹的自然实验往往受限于成本、实验控制性因素，因此难以被施行。近年来，微观计量经济学领域中新发展起来的 PSM 方法是一种近似于自然实验的方法，利用该方法可实现尽可能地分离出实验本身对实验对象的净效应，能有效克服上述 OLS 估计存在的不足。

Rosenbaum 和 Rubin 提出的倾向得分匹配法是典型的反事实因果推断分析框架。观察样本后，可分别将发生正规借贷和非正规借贷行为的个体划为处理组，将未发生正规借贷和非正规借贷行为的个体划为对照组。倾向得分匹配法的基本思想：将处理组与对照组的样本进行逐一匹配，使处理组与对照组的主要特征尽可能相似；然后利用对照组尽可能地模拟处理组的反事实状态，即未发生正规借贷和非正规借贷行为，比较个体在借贷和未借贷这两种对立情形下消费和收入的差异。倾向得分匹配法的基本步骤如下：

首先，运用 Logit 模型并结合反映农户正规借贷和非正规借贷特征的匹配变量，计算每个样本正规借贷和非正规借贷的条件概率（即倾向性得分值），是匹配标准由多维的降为一维的倾向性得分值（PS）。

$$PS_i = P_r[D_i = 1 \mid X_i] = E[D_i \mid X_i] \tag{1}$$

式（1）中：$D_i=1$ 表示农户发生借贷行为，$D_i=0$ 表示农户未发生借贷；X_i 表示处理组的可观察农户特征（即上述的匹配变量）。

然后对控制组与对照组的样本进行匹配。不同的匹配方法会导致不完全一致的匹配结果，常用的匹配方法有最近邻匹配、半径匹配和核匹配等。各种匹配方法都有其适用性，为保证匹配结果的稳健性，本文同时采取上述 3 种方法进行匹配。

接着，进行平衡性假设检验，通过检验配对样本在上有无显著差异来确保匹配效果的精确性。值得注意的是，控制变量并非越多越好，虽然越多可带来更为丰富的匹配信息，但是会使平衡性假设更难被满足。

最后，计算处理组与对照组的平均收入差异，即平均处理效应（Average Treatment Effect on Treated，ATT），以得到正规借贷或非正规借贷影响农户收入的净效应。

$$ATT = E[Y_{ti} - Y_{0i} \mid D_i = 1] = E\{E[Y_{ti} - Y_{0i} \mid D_i = 1, p(X)]\} =$$
$$E\{E[Y_{ti} \mid D_i = 1, p(X)] - Y_{0i} \mid D_i = 0, p(X)] \mid D_i = 1\} \tag{2}$$

其中，式（2）中 ATT 表示正规借贷或非正规借贷影响农户收入的净效应，Y_{ti} 表示农户借贷后的收入或者消费，Y_{0i} 表示农户未借贷的收入或者消费。为保证估计结果的稳健性，本文采取自抽样（Bootstrap）来获得 ATT 的标准误差，自抽样循环次数定为 300。在基于大样本的 PSM 运算中，通常经过 300 次自抽样所得到的标准误差在统计上已较为稳定。

三、样本筛选和变量选取

（一）数据来源和样本筛选

本文的数据来源为北京大学中国社会科学调查中心于 2010 年所开展的"中国家庭动态跟踪调查（CFPS）"。该项调查是一项全国性的跟踪调查，旨在通过跟踪调查个体、家庭、社区三个层次的样本，反映中国社会、经济、人口、教育和健康的变迁。该项目的全国性调查采用分层抽样的方法，共涉及除西藏、青海、新疆、宁夏、内蒙古、海南、香港、澳门和台湾之外的 25 个省市自治区。本文所使用数据为 2010 年调查的农村地区样本数据，包括来自 138 个区县和 411 个行政村的 9 631 个农村家庭。

界定"处理组"和"控制组"样本。对于"处理组"，本文选择 2009 年有过借贷的农户为原始样本。对样本的筛选要求农户的匹配变量、消费、收入数据资料完整，符合条件的农户有 6 534 家。为了后续分析的方便，本文将借贷方式为"正规借贷"的 589 个农户归类为"正规借贷"子样本，而将有过亲戚朋友或民间借贷的 1 726 个农户归类为"非正规借贷"子样本。剩余没有借贷行为的 4 219 户农户进入"控制组"样本农户，作为上述 589 户、1 726 户"处理组"农户的潜在匹配对象。为克服离群值的影响，本文对主要变量进行了 Winsorized 缩尾处理。

（二）变量选取

是否有过借贷和借贷的类型是关键的识别变量。如果农户有过正规借贷或非正规借贷，则相应的变量分别赋值为 1，否则赋值为 0。

消费和收入是关键的效果变量，本文选择农户家庭总收入、家庭纯收入、人均纯收入、农业总收入、农业纯收入、非农业经营收入和工资性收入 7 个变量分别分析借贷对各类收入的影响，并选择消费性支出总额（包括食品支出、医疗保健支出、文教娱乐支出、交通通信支出、耐用消费品支出、婚丧嫁娶支出、日常生活支出等 7 项支出）用来分析借贷对农户消费的影响。

另外为了在处理组与对照组之间进行倾向得分匹配需要寻找合适的匹配变量。选取匹配变量既要考虑经济理论，又要注重匹配假设的成立和匹配的有效性，也就是说，既要选择那些在理论上或被经验研究证明与农户借贷相关的变量，又要保证这些变量满足平衡性假设，结合关于农户借贷的既有经验研究，本文主要选取如下四类变量：一类是户主信息变量，具体包括：户主年龄、年龄的平方、性别、受教育年限、户主的政治面貌，这是因为户主的禀赋在很大程度上决定家庭的资源获取能力和收入水平；一类是家庭人口结构的变量，具体包括：家庭规模、16 岁以上学生数量、劳动力水平、家庭是否有外出人口；第三类是家庭生活水平的变量，具体包括：经营耕地面积，是否从事非农业工作，是否从事农业工作，社会资本（春节期间来访朋友数），是否有汽车、摩托车、拖拉机，电视机台数，饮用水类型，做饭用燃料类型，厕所类型，通电情况，垃圾处理场所；第四类是所在地区特征变量，具体包括：是否为自然灾害频发区、村民人均年纯收入的对数、是否属于东部地区（中部地区、西部地区）。

由上述变量基本覆盖了家庭的生产资本、社会资本和人力资本等信息。理想状态下应尽可能多地选择上述变量以便更贴近现实状况，更易发挥倾向得分匹配法的优势，消除选择性偏差。要完全消除这种偏差需要匹配时能够控制所有可能对选择和结果产生影响的协变量，这往往要求在进行匹配时尽量控制足够多的变量，然而控制变量的数目越多，倾向得分匹配法的平衡性假设越难得到满足。为此可采取逐步回归法来剔除那些对农户借贷影响不太显著的变量。

本文对正规借贷和非正规借贷都进行逐步回归判别，对正规借贷选择了 15 个匹配变量：户主的年龄、年龄的平方、政治面貌、家庭规模、劳动力水平、16 岁以上学生数量、经营耕地面积、是否从事非农业工作、是否有汽车、电视机台数、社会资本、地区类型（东中西）、垃圾处理场所、是否使用煤气/液化气；对于非正规借贷选了 16 个匹配变脸，比正规借贷增加的两个变量为：是否从事农业生产、是否属于自然灾害频发区、村民人均年纯收入，但是，户主的政治面貌、家庭经营耕地面积对于非正规借贷并不产生显著影响，因此被剔除了。相关变量的含义及其描述性统计结果如表 2 所示。

表 2   变量的描述性统计

变量	平均数	标准差	最小值	最大值	样本数	变量含义
因变量：收入类						
$faminc\ net$	24 745	43 064	5	2.042e+06	6 534	家庭纯收入
$indinc\ net$	6 420	9 860	1.667	387 075	6 534	家庭人均纯收入
$inc\ agri$	8 569	14 619	0	401 453	6 534	农业收入
$net\ agri$	5 957	9 488	0	225 600	6 534	农业纯收入
$Finc$	15 437	22 904	0	800 000	6 534	工资性收入
因变量：消费类						
pce	20 006	23 199	0	443 880	6 534	家庭消费性支出加总
$food$	7 005	7 113	0	207 600	6 534	食品支出
$Dress$	815.1	1 139	0	30 000	6 534	衣着支出
$House$	1 023	6 665	0	285 000		居住支出
Med	2 135	7 323	0	366 000	6 534	医疗保健支出
$Troc$	3 184	9 868	0	430 000	6 534	交通通信支出
Eec	2 421	5 070	0	252 000	6 534	文教娱乐支出
$Daily$	2 458	5 290	0	120 000	6 534	日常生活支出
自变量：家庭结构特征						
$family size$	4.066	1.706	1	9	6 534	家庭规模
lr	0.510	0.337	0	1	6 534	劳动力水平
stu	0.120	0.359	0	2	6 534	16 岁以上学生数量
$land2$	7.053	9.804	0	60	6 534	经营耕地面积
soc	3.066	5.160	0	30	6 534	社会资本
$Nonagr$	0.069 0	0.254	0	1	6 534	是否从事非农业（是=1，否=0）
agr	0.789	0.408	0	1	6 534	是否从事农业（是=1，否=0）
自变量：户主特征						
$hage$	50.10	12.08	25	79	6 534	户主年龄
$hage2$	26.56	12.59	6.250	62.41	6 534	户主年龄的平方
$gengder$	5.037	4.289	0	15	6 534	户主性别
$eduy$	0.087 0	0.282	0	1	6 534	户主受教育年限
$hparty$	50.10	12.08	25	79	6 534	户主的政治面貌
自变量：家庭生活水平						
car	0.110	0.313	0	1	6 534	是否有汽车（是=1，否=0）
Tv	1.282	0.724	0	10	6 534	电视机台数
$Motor$	0.509	0.500	0	1	6 534	是否有摩托车（是=1，否=0）
$tractor$	0.151	0.358	0	1	6 534	是否有拖拉机（是=1，否=0）
$Water$	2.592	0.937	1	8	6 534	做饭用水类型

（续）

变量	平均数	标准差	最小值	最大值	样本数	变量含义
自变量：家庭生活水平						
Fuel	2.043	1.563	1	8	6 534	做饭用燃料类型
Elec	3.399	0.631	1	4	6 534	断电情况
rubbish	3.129	1.848	1	8	6 534	扔垃圾场所
toilet	4.345	1.797	1	8	6 534	厕所类型
自变量：所在地区特征						
lncii	7.826	0.911	3.970	10.24	6 534	村民人均纯收入的对数
disaster	0.301	0.459	0	1	6 534	所在村是否为自然灾害频发村
region	2.039	0.860	1	3	6 534	所在地区（西部＝1，中部＝2，东部＝3）

对正规借贷和非正规借贷的 logit 模型 m1、m2 分别进行回归，回归结果如表 3 所示，各变量的估计系数均符合预期通过了 1％、5％、10％ 的显著性检验。从 $Ps-R^2$ 和 auc 值来看，正规借贷的 logit 模型拟合效果较好。

表 3　logit 模型回归结果

	(1) m1				(2) m2			
familysize	0.059*	disaster	0.217***		*familysize*	0.124***	disaster	
	(1.92)		(3.36)			(6.22)		
hage	0.120***	lncii	−0.113***		*hage*	0.043**	lncii	
	(3.34)		(−2.96)			(2.05)		
hage2	−0.148***	2. region	−0.840***		*hage2*	−0.067***	2. region	0.129*
	(−3.90)		(−7.04)			(−3.11)		(1.68)
lr	0.556***	3. region	−1.087***		*lr*	0.355***	3. region	0.139*
	(3.06)		(−8.50)			(3.01)		(1.73)
nonagr	0.601***	2. rubbish	4.530***		*nonagr*	0.233**	2. rubbish	1.359***
			(4.51)					(10.04)
land2	0.018***	3. rubbish	4.468***		*land2*		3. rubbish	1.196***
	(4.91)		(4.44)					(8.38)
car	0.626***	4. rubbish	4.351***		*car*	0.218**	4. rubbish	1.416***
	(4.82)		(4.31)			(2.34)		(9.58)
tv	0.132**	5. rubbish	4.642***		*tv*	−0.108**	5. rubbish	1.361***
	(2.03)		(4.56)			(−2.23)		(7.60)
hparty	0.401***	6. rubbish	0		*hparty*		6. rubbish	1.705*
	(2.61)		(0.0)					(1.89)
soc	0.014*	7. rubbish	4.374***		*soc*		7. rubbish	1.329***

（续）

	(1) m1			(2) m2		
	(1.78)		(4.28)			(7.81)
$fuel3$	−0.384**	8. rubbish	4.155***	$fuel3$	−0.402***	8. rubbish	1.597***
	(−2.38)		(4.03)		(−4.39)		(8.46)
$elec2$	0.388***	agr	0.309***	$elec2$		agr	
	(3.05)		(3.43)				
stu	0.227***	cons	−9.362***	stu		cons	−2.786***
	(2.89)		(−7.25)				(−4.76)
$Ps-R^2$	0.140			$Ps-R^2$	0.082 0		
auc	0.733 3			auc	0.681 5		
N	6 528			N	6 523		

注：括号内为 t 值；* $p<0.1$，** $p<0.05$，*** $p<0.01$。

在所有农村家庭中，约 1/3 的家庭在 2009 年曾通过不同途径借款或贷款。其中，来自正规金融机构的借贷占 33.37%，非正规渠道（包括民间借贷和亲戚朋友）借贷达 67.63%。上述结果表明，中国农村地区的家庭仍然主要通过非正规渠道来获得资金。另外值得注意的是，来自正规金融机构的户均借贷额远高于非正规渠道的户均借贷额（表4）。

表 4　户均借款额

借款户分类	样本数	平均借款额（元）
正规借款户	589	27 364
非正规借款户	1 726	18 642

如图 1 所示，在不同收入群体的农户中，借贷发生比例随收入水平的提高而略有降低，但非正规借贷仍然是各种收入水平的农户借款的主要渠道。本文将对不同收入群体的借贷效应分别进行研究，从而分析收入水平对借贷效果的影响。

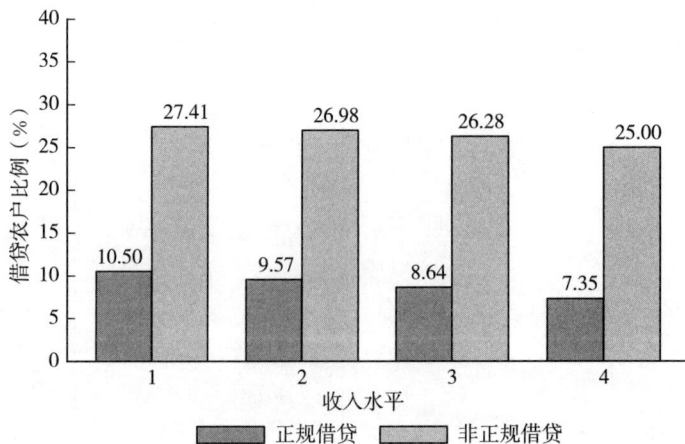

图 1　不同收入水平群体的借贷情况

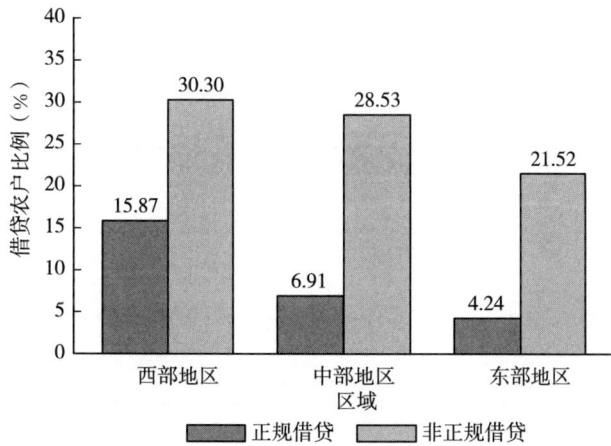

图2　不同地区农户的借贷情况

如图2所示，在不同地区的借贷情况中，无论正规借贷还是非正规借贷，西部地区的借贷比例最高，东部最低，这与西部地区的经济发展相对滞后，农户的发展生产和平滑消费的资金需求不能得到满足有一定关系。本文后面将对不同地区的农户借贷行为分别进行研究，从而分析地区变量对农户借贷效果的影响。

四、实证结果分析

（一）平衡性假设检验

从表5和表6可以看出，无论正规借贷或者非正规借贷，匹配后偏差百分比基本上都小于5%，匹配后t检验结果也表明借款—对照（Treat－Control）组间的差异不显著，并且LR检验表明，匹配后已经无法根据特征变量区分农户是否借贷，以上结果从整体上表明平衡性假设得到满足。

表5　正规借贷——平衡性假设检验

变量	匹配前后	平均				t 检验		V（T）/ V（C）
		借款组	对照组	相对偏差（%）	偏差减少（%）	t	$p > \lvert t \rvert$	
familysize	U	4.494	4.023	29.10		6.410	0	0.77*
	M	4.494	4.478	1	96.60	0.170	0.863	0.85*
hage	U	45.97	50.51	−41.20		−8.750	0	0.63*
	M	45.97	45.78	1.700	95.80	0.340	0.732	1.070
hage2	U	22.07	27.00	−44.40		−9.130	0	0.51*
	M	22.07	21.84	2.100	95.30	0.450	0.655	1.070
lr	U	0.594	0.502	29.60		6.350	0	0.67*
	M	0.594	0.594	0.200	99.40	0.040 0	0.972	0.990

（续）

变量	匹配前后	平均				t 检验		V（T）/ V（C）
		借款组	对照组	相对偏差（%）	偏差减少（%）	t	$p>\|t\|$	
nonagr	U	0.107	0.065 5	14.80		3.780	0	
	M	0.107	0.105	0.800	94.50	0.130	0.900	
car	U	0.182	0.103	22.60		5.830	0	
	M	0.182	0.177	1.500	93.50	0.230	0.820	
tv	U	1.294	1.280	1.900		0.430	0.669	0.960
	M	1.294	1.299	−0.800	57.70	−0.130	0.893	0.920
fuel3	U	0.100	0.218	−32.70		−6.760	0	
	M	0.100	0.112	−3.300	89.90	−0.660	0.508	
land2	U	11.47	6.620	42.10		11.56	0	2.09*
	M	11.47	11.30	1.500	96.50	0.210	0.830	1
hparty	U	0.112	0.084 4	9.300		2.280	0.023 0	
	M	0.112	0.106	1.900	79.60	0.310	0.756	
soc	U	4.138	2.958	21.60		5.300	0	1.30*
	M	4.138	4.348	−3.900	82.20	−0.580	0.563	0.76*
2. region	U	0.199	0.265	−15.80		−3.520	0	
	M	0.199	0.181	4.300	72.80	0.790	0.428	
3. region	U	0.183	0.410	−51.30		−10.87	0	
	M	0.183	0.194	−2.300	95.50	−0.450	0.655	
2. rubbish	U	0.455	0.333	25.10		5.940	0	
	M	0.455	0.461	−1.300	94.90	−0.210	0.830	
整体检验	$Ps-R^2$	$LR-chi2$	$p>chi2$	*MeanBias*	*MedBias*	B	R	%Var
借款组	0.140	554.3	0	22.20	21.60	103.6*	0.28*	86
对照组	0.003 00	4.860	1	2.300	1.700	12.90	0.750	29

注：1. * 为 If $B>25\%$，R outside ［0.5，2］。

2. U 为区配前，M 为匹配后。

表 6 非正规借贷平衡性假设检验

变量	匹配前后	平均				t 检验		V（T）/ V（C）
		借款组	对照组	相对偏差（%）	偏差减少（%）	t	$p>\|t\|$	
familysize	U	4.441	3.932	30.50		10.72	0	0.91*
	M	4.441	4.459	−1.100	96.50	−0.320	0.752	0.90*
hage	U	46.99	51.19	−36.50		−12.52	0	0.73*
	M	46.99	46.99	0	100	0.010 0	0.996	1

（续）

变量	匹配前后	平均				t 检验		V（T）/ V（C）
		借款组	对照组	相对偏差（%）	偏差减少（%）	t	p>|t|	
hage2	U	23.20	27.74	−38.40		−13.01	0	0.64*
	M	23.20	23.19	0.100	99.90	0.020 0	0.987	1.010
lr	U	0.560	0.493	20.80		7.120	0	0.71*
	M	0.560	0.560	−0.200	99.30	−0.050 0	0.960	0.960
nonagr	U	0.078 4	0.066 0	4.800		1.740	0.082 0	
	M	0.078 4	0.066 8	4.500	6.500	1.310	0.189	
car	U	0.134	0.102	10.10		3.710	0	
	M	0.134	0.126	2.500	75.60	0.690	0.489	
tv	U	1.227	1.301	−10.60		−3.630	0	0.73*
	M	1.227	1.230	−0.300	96.90	−0.110	0.915	1.020
fuel3	U	0.134	0.235	−26.30		−8.910	0	
	M	0.134	0.136	−0.600	97.90	−0.180	0.855	
agr	U	0.876	0.757	30.90		10.39	0	
	M	0.876	0.875	0.100	99.80	0.020 0	0.986	
stu	U	0.164	0.104	15.80		5.970	0	1.63*
	M	0.164	0.156	2.200	85.80	0.600	0.546	1.10*
disaster	U	0.372	0.276	20.70		7.520	0	
	M	0.372	0.372	0.200	99.20	0.050 0	0.963	
lncii	U	7.636	7.894	−29.20		−10.16	0	0.83*
	M	7.636	7.656	−2.300	92.10	−0.700	0.487	0.91*
elec2	U	0.070 9	0.042 5	12.30		4.650	0	
	M	0.070 9	0.070 1	0.300	97.30	0.090 0	0.929	
2. region	U	0.281	0.252	6.500		2.330	0.020 0	
	M	0.281	0.275	1.200	81.80	0.340	0.732	
3. region	U	0.316	0.415	−20.80		−7.300	0	
	M	0.316	0.310	1.100	94.70	0.330	0.741	
2. rubbish	U	0.406	0.321	17.60		6.350	0	
	M	0.406	0.403	0.400	97.50	0.130	0.899	
整体检验	Ps−R²	LR−chi2	p>chi2	MeanBias	MedBias	B	R	%Var
借款组	0.082 0	619.4	0	16.80	14.10	72.7*	0.46*	100
对照组	0.001 00	6.840	0.999	1.300	1.100	8.900	1.020	43

注：1. * 为 if B>25%, R outside [0.5, 2]。

　　2.U 为匹配前，M 为匹配后。

（二）样本匹配效果

这里以最近邻匹配法为例来说明本文的匹配效果，由此可以看出使用 PSM 方法在实证上的重要性与合理性。图 3 中的（a）～（d）子图分别呈现了正规借贷和非正规借贷处理组和控制组的 PS 值在匹配前后的核密度函数。可以看出，无论是正规借贷还是非正规借贷，在匹配前二者 PS 值的概率分布上存在明显差异，这可能是样本资料本身便呈现这种形态，但更可能是没有正规借贷的农户组，即控制组包含了不适宜的样本资料。显然，如果直接比较这两组样本农户之间的消费和收入差异，所得到的统计推断结果必然是有偏的，而前期研究往往忽略了这一问题。相比之下，在完成匹配后，两组样本 PS 值的概率分布已经非常接近，表明二者的各方面特征已非常接近，匹配效果较好。采用半径匹配和核匹配得到的结果与此相似，不再详述。

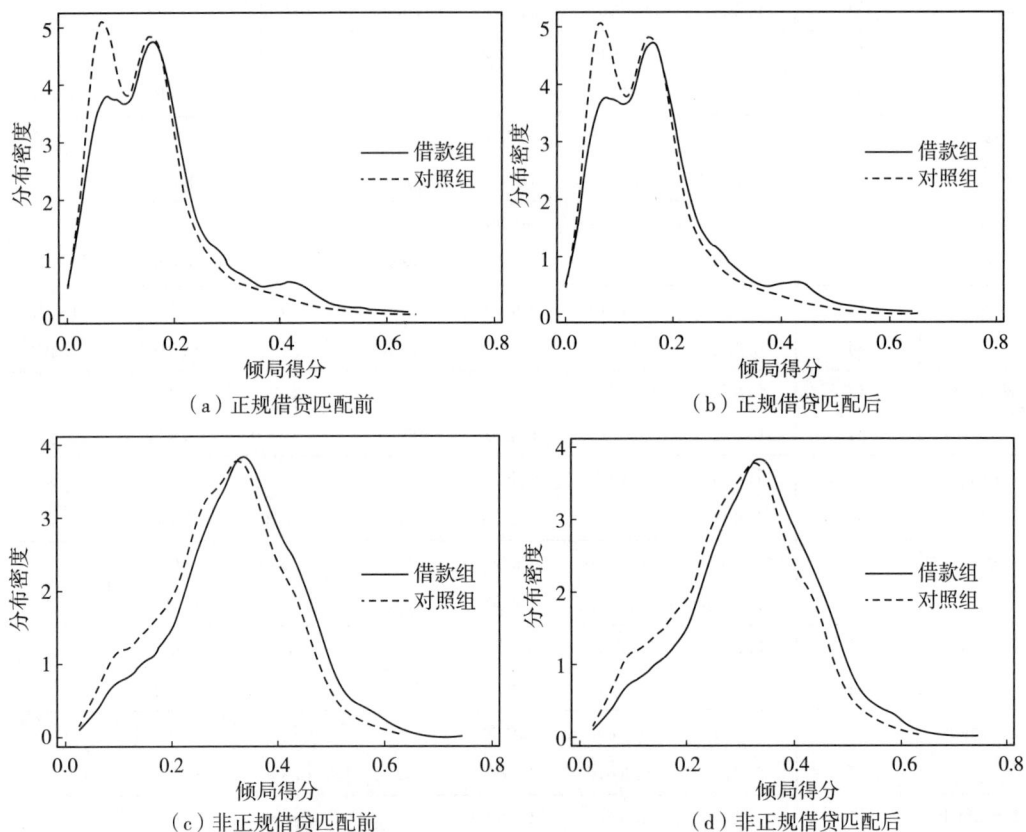

（a）正规借贷匹配前　　　　　　　　（b）正规借贷匹配后

（c）非正规借贷匹配前　　　　　　　（d）非正规借贷匹配后

图 3　最近邻匹配前后"处理组"和"控制组"PS 值概率分布对比

（三）平均借贷效果分析

1. 对假说 1 的检验结果——样本总体的平均借贷效果（ATT）

在估计样本总体的平均借贷效果（ATT）时，本文综合使用了 3 种匹配方法，得到的平均借贷效果（ATT）如表 7 和表 8 所示。

由表 7 可知，正规借贷对农业生产投入、消费性支出和家庭收入的各项变量都有正向的影响。正规借贷农户的农业生产投入比没有借贷的农户显著提高了一倍以上；正规借贷对消费性支出总额的影响也很显著，其中，显著提高了日常生活支出和医疗保健支出以及文教娱乐支出，说明农户的生活水平有了大幅的改善，但是对食品、衣着和居住的支出影响并不明显，这可能是由于获得正规借贷的农户收入水平不是很低，没有进一步提高食品、衣着和居住等基本生活条件的需求；正规借贷对家庭和个人纯收入的影响也比较显著，相比没有正规借贷的农户大约提高了 1/3，其中，农业纯收入提高了将近 20%，但是对工资性收入和非农经营收入的影响并不明显。

表 7 正规借贷平均借贷效果（ATT）

变量	最近邻匹配			半径匹配			核匹配		
	ATT（%）	S. E.	T-stat	ATT（%）	S. E.	T-stat	ATT（%）	S. E.	T-stat
Agrcost	115.36	2 616	1.760	167.75	1 362	4.570	118.37	2 597	1.800
fertiliser	22.71	199.3	2	37.86	2 726	2.010	34.12	165.3	3.320
pce	27.35	1 419	3.880	32.38	172.8	3.400	26.55	1 304	4.120
food	5.33	351.0	1.100	5.46	329.2	1.190	4.83	305.9	1.150
dress	4.77	54.21	0.720	2.70	52.85	0.430	0.25	49.57	0.040 0
house	57.57	283.8	1.500	60.68	331.5	1.380	44.31	303.6	1.180
daily	87.11	827.0	2.110	93.27	863.6	2.100	82.10	823.6	2.050
med	58.98	458.0	3.470	57.54	455.7	3.320	53.79	437.2	3.430
trco	9.50	328.9	0.840	25.53	219.2	2.880	7.31	222.5	0.980
eec	16.24	283.1	1.520	25.50	272.2	2.330	23.58	255.6	2.300
faminc net	32.88	4 745	1.770	51.00	4 873	2.370	33.42	4 642	1.830
indinc net	32.66	968.1	1.990	48.10	1 001	2.560	32.05	952.7	1.990
net agri	17.57	608.2	2.250	20.43	555.3	2.740	17.43	528.7	2.570
finc	13.10	1 696	1.110	24.13	1 713	1.860	11.23	1 626	1.010
firm	76.61	2 609	0.450	170.12	2 678	0.940	165.69	2 553	0.660

表 8 非正规借贷平均借贷效果（ATT）

变量	最近邻匹配			半径匹配			核匹配		
	ATT（%）	S. E.	T-stat	ATT（%）	S. E.	T-stat	ATT（%）	S. E.	T-stat
Agrcost	14.19	324.4	1.490	8.03	520.4	0.560	6.06	472.6	0.470
fertiliser	1.02	101.3	0.160	2.80	93.47	0.460	4.14	91.17	0.700
pce	21.69	786.8	5.260	21.04	750.2	5.360	21.35	731.4	5.590
food	−4.69	214.3	−1.550	−5.20	201.9	−1.830	−6.39	193.3	−2.380
dress	−15.15	33.48	−3.980	−15.21	31.42	−4.200	−13.79	30.67	−3.890
house	5.21	225.1	0.240	13.36	203.4	0.620	22.54	191.5	1.030

（续）

变量	最近邻匹配			半径匹配			核匹配		
------	ATT（%）	S.E.	T-stat	ATT（%）	S.E.	T-stat	ATT（%）	S.E.	T-stat
daily	14.90	280.5	1.120	13.21	250.1	1.130	15.45	240.4	1.350
med	108.91	390.0	6.480	105.99	396.0	6.340	109.59	387.4	6.550
trco	4.73	177.4	0.670	4.22	136.4	0.770	3.11	131.4	0.600
eec	40.04	192.6	4.970	39.80	183.7	5.090	41.32	181.8	5.390
faminc net	−14.46	1 579	−2.400	−14.93	1 336	−2.950	−13.37	1 275	−2.710
indinc net	−11.88	352.8	−2.050	−12.53	321.9	−2.400	−11.46	313.9	−2.210
net agri	−9.52	297.2	−2.300	−11.16	277.5	−2.930	−11.02	263.8	−3.050
finc	−19.17	705.4	−4.180	−19.75	602.3	−5.110	−20.17	573.9	−5.470
firm	148.61	927.7	0.830	140.91	923.1	0.830	183.26	905.8	0.920

由表 8 可知，非正规借贷对于农业生产投入和居住、日常生活、医疗保健、交通通信和教育等消费性支出都具有正向的影响，但是仅仅在医疗和教育支出方面是显著的，这可能是由这两方面的临时性大额支出导致农户需要进行非正规借款来平滑消费，而农村正规金融机构无法有效满足农户的消费性支出资金需要。同时，非正规借贷农户的食品、衣着等基本生活支出以及家庭和个人的纯收入显著下降了 10% 左右，工资性收入下降了 20%，这可能是由于民间借贷的利息成本过高导致的。值得注意的是，与正规借贷相比，非正规借贷对非农经营收入的增加影响更大，这说明农户的非农经营的投资需求并没有从正规金融机构得到有效满足，从这个角度来看，民间借贷作为正规金融部门的有益补充，对农户的生产和消费具有巨大的促进作用。

2. 对假说 2 的检验结果——收入水平对平均借贷效果（ATT）的影响

为检验假说 2，本文根据农户人均纯收入进一步将样本农户划分为"最低 25%""中下 25%""中上 25%"和"最高 25%"4 个子样本，进而通过"最近邻匹配"比较四者的平均借贷效果的差别，结果呈现于表 9。表 9 中 A 栏和 B 栏分别呈现了针对正规借贷和非正规借贷的检验结果，整体上支持研究假说 2。

表 9 不同收入水平对平均借贷效果（ATT）的影响

收入水平	正规借贷 A				非正规借贷 B			
------	最低 25%	中下 25%	中上 25%	最高 25%	最低 25%	中下 25%	中上 25%	最高 25%
Agrcost	17.01%	51.31%**	69.63%***	198.48%	83.12%	12.62%	12.84%	6.20%
fertiliser	10.10%	15.30%	37.79%**	39.51%	49.93%**	8.18%	4.98%	21.90%
pce	29.09%***	41.26%***	16.84%**	11.44%	19.46%***	39.18%***	24.04%***	21.58%**
food	3.84%	8.74%	4.84%	−3.46%	47.16%**	−8.10%	−1.12%	−6.76%
dress	4.10%	−3.88%	14.06%	−12.91%	−73.87%	−11.41%*	−5.69%	−4.72%
house	41.47%	−30.44%	−14.47%	139.81%	−193.93%	126.83%*	79.48%	19.57%

（续）

收入水平	正规借贷 A				非正规借贷 B			
	最低 25%	中下 25%	中上 25%	最高 25%	最低 25%	中下 25%	中上 25%	最高 25%
daily	13.18%	94.95%	62.24%	86.44%	34.47%***	85.15%*	32.11%	10.07%
med	38.18%	88.43%**	19.89%	52.31%	21.58%***	152.09%***	83.84%***	44.08%*
trco	33.22%*	32.81%	17.43%	−23.85%	38.95%***	18.33%*	12.50%	16.17%
eec	44.05%	40.29%	8.45%	−1.61%	21.87%***	36.68%**	34.13%**	24.03%
faminc net	−0.38%	9.93%**	0.93%	39.15%	350.97%	−4.34%	−0.26%	5.64%
indinc net	0.16%	2.91%	2.97%*	39.10%	553.94%	−2.91%**	−1.75%	8.08%
net agri	−9.63%	−0.77%	11.15%	10.13%	61.27%	−7.88%	−4.87%	1.51%
finc	17.25%	18.99%*	−8.65%	7.18%	−71.59%	−7.52%	−3.78%	−7.13%
firm	29.09%	169.97%	−30.00%	103.29%	−123.53%	−78.62%	−61.10%	192.83%
对照组	1 367	1 484	1 254	1 095	1 301	1 163	1 201	1 332
借款组	131	151	158	149	520	472	428	301
合计	1 498	1 635	1 412	1 244	1 623	1 635	1 629	1 633

在完成匹配后，不同收入水平的农户的平均借贷效果呈现出明显的差异。正规借贷对中等收入农户农业生产投入的影响大于对低收入和高收入农户的影响，大于非正规借贷对中等收入农户的收入影响。在收入最低 25% 和最高 25% 的农户中，借贷对农业生产投入的影响并不显著，对于中等收入农户的农业生产投入显著提高了 50% 以上，对中上 25%收入的农户化肥农药的投入显著增加了 1/3 以上；非正规借贷对中等收入农户的农业生产投入的影响并不明显。

正规借贷对中低收入农户的消费影响效果大于对高收入农户的影响。在最高 25% 收入的农户中，借贷对消费和收入的影响同样并不显著，对其他收入水平的农户都显著增加了消费支出总额，其中，最低 25% 农户的交通通信支出显著增加了约 30%，中下 25% 收入水平农户的医疗保健支出显著增加了约 90%。

正规借贷对中等收入农户收入的影响大于对高收入农户收入的影响，对低收入农户并无明显影响，也大于非正规借贷对中等收入农户的影响。从表 9 可以看出，中下 25% 农户的家庭纯收入显著增加了约 10%、工资性收入显著增加了约 20%，中上 25% 农户的个人纯收入显著增加了约 3%，其他收入水平农户的收入变化和非正规借贷对中等农户收入的影响并不明显。据此我们可以认为，表 9 中针对全样本中发现的正规借贷对农户农业生产投入、消费性支出和家庭或个人收入的提升效果主要归因于对中间 50% 农户的借贷效果，这也从一定程度上表明中等收入农户的正规借贷效果是非常显著的。

对于非正规借贷的平均效果，非正规借贷对低收入农户的农业生产投入的影响大于对高收入农户的影响，也大于正规借贷对低收入农户的影响。最低 25% 农户的化肥农药支出显著增加了约 50%，非正规借贷对其他收入水平的农户农业生产投入和化肥农药支出的影响并不明显。

非正规借贷对所有收入水平的农户消费性支出总额的影响非常显著，对中下 25％农户的作用最大，提高了约 40％。最低 25％农户的食品支出显著提高了 47％，日常生活支出显著提高了 34％，交通通信支出显著增加了 39％，教育支出显著增加了 22％。

非正规借贷对最低 25％农户的农业纯收入、家庭纯收入以及个人纯收入也有正向的影响，而中下 25％农户的个人纯收入显著减少了约 3％。非正规借贷对于各个收入水平农户的家庭纯收入和非农经营收入的影响均不明显。据此分析，针对表 9 中非正规借贷对家庭纯收入的负向影响主要归因于对中下 25％农户的借贷效果。

以上结果表明，非正规借贷对各种收入水平的农户的消费均有正向的影响，这符合目前农户非正规借贷的主要用途是消费支出的现象。值得注意的是，非正规借贷满足了贫困型农户的生产性资金需求，贫困农户往往由于缺乏抵押品和未来收入不确定不能获得正规金融机构的贷款，而民间借贷由于存在一定的信息对称型而能够满足农户的借贷需求，在这种情况下，非正规金融是对正规金融的有益补充，显著提高了贫困农户的生活质量和农业生产投入，这将有利于农户收入的提高和脱贫，但是，也同样存在贫困农户为了维持生存不得不向民间金融组织借高利贷的情况，高额的利息将会导致农户贫困程度加重，形成恶性循环；同时，也应考虑到由于贫困农户的还款风险相对较高，民间金融组织的风险防范和规范性还有待进一步提高。

3. 对假说 3 的检验结果——地区因素对平均借贷效果（ATT）的影响

为检验假说 3，本文根据农户所在省份进一步将样本农户划分为"东部地区""中部地区"和"西部地区" 3 个子样本，进而通过"最近邻匹配"比较四者的平均借贷效果的差别，结果呈现于表 10。表 10 中 A 栏和 B 栏分别呈现了针对正规借贷和非正规借贷的检验结果，整体上支持研究假说 3。

由表 10 的农业生产投入部分的结果可以看出，在 3 个区域中，正规借贷对中部地区农户的农业生产投入影响显著，对东部和西部农户的影响不是很明显。对东部地区农户的农业生产投入影响最大，其次是中部地区，影响最小的是西部地区。非正规借贷对西部地区农户的农业生产投入有负向的显著影响，对中东部地区农户的农业生产投入影响并不明显。究其原因可能是中部地区经济发展水平较低，非正规金融并不发达，农户主要从事农业产业，农户借贷也主要是用于农业生产，用于发展生产的资金主要依靠农村正规金融机构解决，因此正规借贷对农户生产投入的正向效应较大，非正规借贷对农户的正向效应相对较小。而西部地区相对中部地区更为落后，农户融资渠道狭窄，缺少抵押品，难以获得正规金融机构的贷款，而且即使获得贷款的农户也很有可能利用本应该投资于农业产业的贷款挪作他用，解决其面临的更为迫切的资金需求，因此正规借贷对西部地区农户生产的效应较小，并可能为负。东部地区经济发展水平较高，民营经济比较发达，许多农户已经离开土地，进入工厂成为农民工，其收入来源主要是工资收入，农户的收入水平比较高，其拥有的资产相对中西部农户较多，从而容易从农村正规金融机构获得贷款，因此正规借贷对农户生产的正向效应较大，非正规借贷对农户生产的正向效应相对较小；同时由于发达的东部地区对借贷的需求也比较旺盛，非正规金融也比较发达，农户的融资渠道较多，因此正规借贷和非正规借贷对农户生产投入的影响效应并不明显。

表 10　地区类型对平均借贷效果（ATT）的影响

地区划分	正规借贷 A						非正规借贷 B					
	西部地区		中部地区		东部地区		西部地区		中部地区		东部地区	
	ATT (%)	t	ATT (%)	t	ATT (%)	t	ATT (%)	t	ATT (%)	t	ATT (%)	t
Agrcost	−14.52	−1.24	129.94	2.750	375.44	1.340	−22.85	−2.26	24.92	1.270	18.42	1.020
fertiliser	14.30	1.12	93.13	2.920	−0.24	−0.010 0	−5.07	−0.63	−5.77	−0.680	23.92	1.480
pce	19.20	2.35	60.55	3.030	1.91	0.140	12.01	2.14	6.59	0.910	30.80	3.680
food	0.69	0.12	41.63	2.950	−12.89	−1.510	−10.92	−2.35	−4.05	−0.680	−3.25	−0.640
dress	−3.71	−0.51	7.54	0.640	0.78	0.040 0	−19.58	−3.52	−8.40	−1.260	−12.80	−1.600
house	95.65	1.19	14.53	0.610	1.49	0.040 0	−2.67	−0.08	133.93	1.650	−0.80	−0.020 0
daily	54.84	1.35	96.72	0.910	77.54	1.260	12.29	0.57	−33.21	−1.760	30.14	1.500
med	64.61	3.22	29.61	1.060	11.41	0.260	118.03	6.44	18.87	1.180	172.94	3.950
trco	−19.16	−1.41	40.57	2.200	19.33	0.820	−10.92	−0.85	10.62	1.100	2.69	0.290
eec	21.40	1.41	68.74	2.260	3.14	0.160	42.48	3.20	41.59	3.010	36.25	2.420
faminc net	14.50	0.61	62.11	1.270	36.28	1.340	−31.25	−2.96	−1.69	−0.130	−1.39	−0.200
indinc net	17.09	0.90	60.01	1.220	34.85	1.500	−30.77	−3.62	0.36	0.030 0	1.46	0.180
net agri	0.48	0.060	57.81	2.970	18.36	0.910	−22.00	−3.88	−0.13	−0.020 0	−1.29	−0.130
finc	−2.34	−0.24	3.31	0.260	52.30	1.260	−23.68	−3.40	−21.73	−3.250	−14.61	−1.920
firm	−95.80	−2.86	507.75	0.870	−50.01	−0.390	−92.11	−1.68	594.12	0.900	1 089.65	1.480
对照组	1 782		1 417		2 437		1 596		1 210		1 993	
借款组	364		117		108		695		482		543	
合计	2 146		1 531		2 545		2 291		1 692		2 536	

　　由表 10 的消费部分的结果可以看出，正规借贷对中西部地区农户的消费支出的影响在 1% 和 5% 的水平上统计显著，对东部地区农户的消费支出影响并不显著；非正规借贷对东部和西部地区农户的消费支出的影响在 1% 和 5% 的水平上统计显著。正规借贷在中部地区对农户的消费支出的正向效应最大，达到 60%，其次是西部地区，最小的是东部地区。同时，非正规借贷在东部地区对农户消费支出的正向效应达到了 30%，其次是西部地区，最小的是中部地区。这说明，正规借贷和非正规借贷的区域效应明显。在东部地区非正规借贷是农户满足消费需求的主要渠道，这可能是因为东部地区经济较为发达，非正规金融发展比较旺盛，农户的消费性支出需求能够很好地得到满足，例如医疗支出和教育支出；而农村正规金融机构很少向农户提供消费信贷。在中部地区，正规信贷比非正规信贷对农户的消费支出影响效应更为显著，但是需要注意的是，这可能是由于正规信贷提高了农户收入的间接效应，并不能说明中部地区的农村正规金融机构对农户提供了较好的消费性贷款。

　　由表 10 的收入部分的结果可以看出，A 部分的家庭纯收入和个人纯收入即使在 10% 的水平上也不显著，这说明正规借贷对农户收入的影响基本不具有区域性差异，主要原因是全国农村正规金融机构对贷款对象的选择条件基本相似，并基于盈利性和稳定性的原则很少对贫困型的农户贷款，尽管获得正规贷款将会使贫困农户的收入有较大提高。非正规借贷对西部地区农户收入的负向效应最大，并在1‰的水平上统计显著，对中部和东部地区的负向效应较小且并不显著。这可能是由于非正规借贷的高额利息导致农户的收入减少，在中东部地区，非正规借贷主要用于发展非农经营，非农经营的收入可以抵消一部分利息影响，而西部地区农户的非正规借贷主要用于发展农业生产，农业产业的利润率较低，无法覆盖利息成本从而导致农户收入的减少。

五、结论与启示

（一）结论

本文利用北京大学中国社会科学调查中心于 2010 年所开展的"中国家庭动态跟踪调查（CFPS）"的 6 000 多个农户的微观截面数据，从二元金融结构和区域差异的角度，实证分析正规借贷与民间借贷对农户生产、消费和收入的影响，考察正规借贷与民间借贷对农户生产、消费和收入的影响程度和方向以及区域差异性，结论如下：

（1）正规借贷对农业生产投入、消费性支出和家庭收入的各项变量都有正向的影响。非正规借贷对于农业生产投入和部分类别的消费性支出也都具有正向的影响，但对农户的食品、衣着等基本生活支出以及家庭和个人的纯收入有负向的影响。

（2）正规借贷对中等收入农户农业生产投入的影响大于对低收入和高收入农户的影响，非正规借贷对中等收入农户的收入影响并不显著。正规借贷对中低收入农户的消费影响大于对高收入农户的影响。正规借贷对中等收入农户收入的影响大于对高收入农户的影响，对低收入农户并无明显影响，也大于非正规借贷对中等收入农户的影响。

（3）非正规借贷对低收入农户的农业生产投入的影响大于对高收入农户的影响，也大于正规借贷对低收入农户的影响。非正规借贷对所有收入水平的农户消费支出总额的影响非常显著，对中下收入农户的作用最大。非正规借贷对低收入农户的家庭和个人纯收入也有正向的影响，但是对各个收入水平农户的家庭纯收入的影响均不明显。

（4）正规借贷对中部地区农户的农业生产投入影响显著，对东部和西部农户的影响不是很明显。对东部地区农户的农业生产投入影响最大，其次是中部地区，影响最小的是西部地区。非正规借贷对西部地区农户的农业生产投入有负向的显著影响，对中东部地区农户的农业生产投入影响并不明显。

（5）正规借贷对中西部地区农户的消费支出的影响显著，对东部地区农户影响并不显著；非正规借贷对东部和西部地区农户的消费支出的影响显著。正规借贷在中部地区对农户的消费支出的正向效应最大，其次是西部地区，最小的是东部地区。同时，非正规借贷在东部地区对农户消费支出的正向效应最大，其次是西部地区，最小的是中部地区。这说明，正规借贷和非正规借贷对农户收入影响的区域效应明显。

（6）正规借贷对农户收入的影响基本不具有区域性差异，非正规借贷对西部地区农户收入的负向效应最大并且显著，对中部和东部地区的负向效应较小且并不显著。

（二）启示

通过以上结论，我们得到如下几条启示：

（1）农村正规金融机构应该大力发展农户消费性贷款，满足农户消费性支出需要。目前，农户从农村正规金融机构很难获得消费贷款，因为农村正规金融机构认为农户收入不确定性因素较多，农户如果大多用于婚丧嫁娶等消费时，难以产生新的现金流来确保消费性贷款的顺利归还。农户是生产和消费的经营主体，其资金很难界定生产和消费，政府应该为农户的消费借贷提供担保，分摊农村正规金融机构的信贷风险，通过财政税收和货币金融等手段支持和鼓励农村正规金融机构向农户发放消费信贷，扩大农户消费需求。

（2）规范和引导民间借贷健康有序发展。非正规金融的繁衍是农户在农村正规金融服务供给缺乏下对金融服务极度需求的结果，使市场机制发生作用的结果实证表明，民间借贷对农户生产和消费的正向影响远远大于正规借贷的影响。要从法律上承认和规范民间借贷活动，保护借贷双方的正当权益。各级政府和金融机构要采取各种措施，引导民间借贷向健康的方向发展，使之成为农村正规金融活动的重要补充，为农村的改革和发展发挥更大的作用。

（3）应该根据我国不同地区经济发展水平，因地制宜制定区域金融发展政策。因为中部地区，正规借贷对农户生产的正向效应较大，而在东、西部地区，正向效应相对较小，所以应该重点积极鼓励和支持中西部地区的农村正规金融机构对农户生产提供信贷支持。

参考文献

Hasan 哈·A，2014. 小额信贷项目中持续信贷和信贷强度对孟加拉农户创收和减贫的影响［D］. 杭州：浙江大学.

褚保金，卢亚娟，张龙耀，2009. 信贷配给下农户借贷的福利效果分析［J］. 中国农村经济（6）：51-61.

杜金向，董乃全，2013. 农村正规金融、非正规金融与农户收入增长效应的地区性差异实证研究——基于农村固定点调查 1986—2009 年微观面板数据的分析［J］管理评论（3）：18-26.

冯旭芳，2007. 贫困农户借贷特征及其影响因素分析——以世界银行某贫困项目监测区为例［J］. 中国农村观察（3）：51-57，80-81.

胡枫，陈玉宇，2012. 社会网络与农户借贷行为——来自中国家庭动态跟踪调查（CFPS）的证据［J］. 金融研究（12）：178-192.

黄祖辉，刘西川，程恩江，2009. 贫困地区农户正规信贷市场低参与程度的经验解释［J］. 经济研究（4）：116-128.

金烨，李宏彬，2009. 非正规金融与农户借贷行为［J］. 金融研究（4）：63-79.

孔荣，陈传梅，衣明卉，2010. 农户正规信贷可得性影响因素的实证分析——以陕西省756户农户的调查为例［J］. 农业经济与管理（3）：36-45.

黎翠梅，陈巧玲，2007. 统农区农户借贷行为影响因素的实证分析——基于湖南省华容县和安乡县农户借贷行为的调查［J］. 农业技术经济（5）：44-48.

李锐，李超，2007. 农户借贷行为和偏好的计量分析［J］. 中国农村经济（8）：4-14.

厉留清，2009. 欠发达地区不同类型借贷对农户收入影响的实证研究［D］. 南京：南京农业大学.

刘辉煌，吴伟，2014. 我国农户借贷状况及其收入效应研究［J］. 上海经济研究（8）：27-33，41.

马小勇,白永秀,2011. 农户个体特征与信贷约束:对两类信贷市场的比较分析 [J]. 软科学,(2):94-98,115.

王定祥,田庆刚,李玲俐,王小华,2011. 贫困型农户信贷需求与信贷行为实证研究 [J]. 金融研究(5):124-138.

王文成,周津宇,2012. 农村不同收入群体借贷的收入效应分析——基于农村东北地区的农户调查数据 [J],中国农村经济(5):77-84.

尹学群,李心丹,陈庭强,2011. 农户信贷对农村经济增长和农村居民消费的影响 [J]. 农业经济问题(5):21-27.

周津宇,2011. 信贷约束条件下农民借贷对收入影响实证分析 [D]. 长春:吉林大学.

耕地承包经营权抵押贷款的
制度设计与运行效果
——山东省枣庄市改革试点的调研分析

曾寅初

（中国人民大学农业与农村发展学院，北京　100872）

摘　要： 耕地承办经营权抵押贷款是我国农村土地制度改革探索的重要方向之一，基于山东省枣庄市的改革试点调查，本文认为耕地承包经营权抵押贷款相关改革的突破口是实现土地的资本化，关键在于与耕地承包经营权抵押贷款相关联的风险防范机制和产权市场交易机制的设计。枣庄市以"土地使用产权证、土地流转合作社、土地产权交易所"为主要内容的"三位一体"的改革模式，可以有效防控改革带来的风险，保障耕地承包经营权抵押贷款的有效运行，其制度设计具有在一般农业地区复制推广的可能性。

关键词： 农村土地制度　耕地承包经营权　农村信贷　农村改革

一、引　　言

农村土地制度是农村最基本的经济制度之一，发端于20世纪70年代末期的中国农村改革就是以土地制度的调整为核心，形成了具有中国特色的农村基本经营制度，即家庭联产责任制，取得了举世瞩目的成就。30年后，中国的农业与农村经济形势已经发生的巨大的变化，在强调培育新型农业经营主体的今天，农村土地制度再次成为大家瞩目的焦点。如何在保持农村基本经营制度长期不变的前提下，深化农村土地制度改革，构建现代农业发展的组织基础，成为农村改革和发展面临的一项重要的历史课题。

正是在这样的背景下，全国各地广泛开展了各种形式的农村土地制度改革试验。枣庄市的农村土地制度改革，正是在考虑中国农业的基本国情的基础上，充分借鉴了我国其他地区农村土地改革实践的经验和教训，正在通过有益的尝试，以耕地承包经营权的抵押贷款为突破口，形成一个具有普遍意义的改革创新模式。本文的目的在于总结枣庄市农村土地改革中以实施耕地承包权抵押贷款为核心内容的"三位一体"改革模式的制度设计特征，分析这种改革模式的运行效果，探讨其深层的理论机制和现实推广价值。

二、耕地承包经营权抵押贷款制度设计的方向

（一）农地制度改革的时代要求

任何一项改革都是适应时代而进行，也只有适应了时代的潮流，改革才能成功。从我

国农业与农村的发展历史进程来看，枣庄市的农村土地改革呼应了以下的时代要求。

1. 构架现代农业经营组织的需要

发展现代农业要求现代的农业经营组织形式。参照发达国家农业发展的经验和教训，人多地少的基本国情决定了我国不可能采用欧美等国的大农场模式；而日本、韩国等东亚国家的体系农协的模式，虽然解决了小农户经营与大市场的对接，但是并不能实现生产规模的相应扩大，因而无法突破高成本而带来的竞争力困境。因此，中国现代农业的经营组织形式，应该根据中国资源禀赋和农地制度的特点，走具有中国特色的发展道路。

发展中国特色的现代农业，只能在保持家庭联产承包制长期不变的前提下，构建相对大规模有竞争力的经营组织。而在这样的制度框架下，通过农村承包土地的流转成为必然的选择。我国的《农村集体土地承包法》虽然为农地流转提供了政策框架，但是现实的农地流转发展不尽如人意。实际上，现实的农地流转首先取决于农民是否有意愿流转，即是否有意愿转入和转出。调查显示，2008 年枣庄全市 43.5% 的青壮年劳动力外出打工，一些农户对自己的承包地已无力耕种，甚至出现撂荒现象。不少农户想把自己的承包地转让给他人。另一方面，由于农业机械化水平的提高，种田能手有能力耕种更多的土地。峄城区东河村农民鲍洪业说："现在种地不咋费劲，都是机械化。一年两季庄稼，总共也就忙活一个多月，种 10 亩*跟 100 亩差不多。要有人愿意把地包给我，有多少我要多少。"有的农民还算过细账，若土地的规模达到 50 亩、100 亩以上，仅耕种一项，一亩地就可节省成本 20 元左右，加上大批量购买化肥、农药等又可节约不少支出。上述情况说明，农民是存在着土地流转意愿的。这样的情况，不仅仅存在于枣庄市，应该是全国农业地区较为普遍的情况。

农村存在的土地流转的意愿，但是不能使土地流转成为现实，说明土地流转机制存在问题。土地流转机制创新是当前农村土地改革的一个重要课题，而机制创新的重点不是在于人为地提高农民土地流转的意愿。从发展的角度看，随着工业化和城市化的进展，农民的土地流转意愿肯定会不断的提高，这是一个历史发展的必然结果。我们所说的，土地流转必须遵循"农民自愿"的原则，就是要顺应这样的历史发展趋势，尊重农民的流转意愿，不能超越农村工业化和城市化进程的客观条件，强迫农民进行土地流转。农地流转机制创新的重点应该放在如何建立一种长效的机制，使得具有土地流转意愿的农民能够把愿意拿出来流转的那部分土地真正流转起来。也就是说，机制创新的重点不是针对全部的农民土地，而是农民已经具有流转意愿的那部分土地，不妨称之为可流转土地。可流转土地一定会随着工业化和城市化的进展而不断地增加。如何能够把这部分土地及时地引导，形成相对大规模的农业经营，将是我国具有竞争力的现代农业经营组织形成的重要途径。

2. 解决现代农业发展资金的客观需要

农业的发展需要资金支持，相对大规模农业经营更需要资金支持。在枣庄调查中，我们发现贷款难成了制约通过土地规模经营做大做强合作社的瓶颈。农村贷款难问题并不是由于资金供给的问题，从农村储蓄增长的角度看，可用于农业贷款的资金是相当充足的。

---

　* 亩为非法定计量单位，1 亩≈667 米²。

但是，为什么充足的资金不能通过金融体系来满足农业发展的需求呢？原因在于农村金融不同于一般金融的特点。一方面是由于与一般金融相比具有更高的金融交易成本。由于农村金融一般贷款额度较小，但是其贷款所需要的手续必须照样进行，这样就使得农村金融中的贷款操作成本相对较高。另一方面是由于与一般金融不同，农村金融往往缺乏抵押机制，使得贷款风险的控制更加困难。虽然，目前农村金融体系通过"信用担保"等方式，进行了多样的尝试，也取得了一定的成效，但是并不能真正解决由于上述特殊性带来的问题。

仔细分析农民的资产情况，土地无遗是农民最大的资产。在家庭联产承包制的基本制度下，这种土地资产表现为家庭的承包经营权和使用权。也就是说，一方面农民具有耕地承包经营权这样最具有普遍意义的重要资产，但是在解决农民贷款难问题上却不能使用。另一方面，金融部门又因为"抵押担保"和"交易成本"过高等问题的存在，而不能发展农村的金融业务。在现有的框架下，而银行方面有自己的道理：一是你农民有地无证，土地无法抵押，我怎么给你贷；二是到期你不还款，我拿你没办法，也无法申请强制执行。这表面上看是农户和银行间的问题，深入分析却是政府的责任，这需要在政府的引导下进行体制的创新。

3. 满足农区土地规模经营的需要

自从 20 世纪 80 年代我国陆续普及家庭联产承包责任制以来，我国以实现规模经营为目的而进行的农村土地制度深化改革的实践从来没有停止过。在广东、浙江、上海等发达地区和一些大城市郊区采用的土地股份合作制是最早的尝试。例如，南海模式的土地股份合作制实践起始于 1992 年，是我国比较早地得以成功实施的土地股份合作制制度创新。南海市（现为南海区）属佛山市管辖，与广州市毗邻，距离广州市中心区不到 30 千米。到 2002 年，全市已经建立农村股份合作组织近 1 870 个，其中以村委会为单位组建集团公司 191 个，占村委会总数的 80％，以村民小组为单位组建股份合作社 1 678 个，占村民小组总数的 99.8％（国务院发展研究中心课题组，2003）。又如，根据上海市农村土地流转研究课题组（2001）提供的资料，在上海市农村土地流转中，一些地区正在运行或试运行或即将运行一种农村集体土地流转模式，这种模式的基本运作过程是，农民以土地使用权入股给集体（村民小组或行政村），然后由集体再入股到乡（镇）或更高级的特定组织，由这个特定组织运作入股土地并以固定的报酬返还给集体，集体再将所得的收益分配给入股的农民。进入城乡统筹发展阶段后，对农村土地制度改革的探索更加活跃，特别是进入城乡统筹改革试验区的成都市和重庆市的改革引起了人们很大的关注。

但是，综合分析上述农村土地制度改革的实践，存在着两个重要特点：一是这些农地制度改革大多关注土地利用改变而带来的增值收益，即主要是农地转为非农地带来的增值收益，也就是说以分享土地用途变化带来的增值收益为主要目的，而不是主要追求扩大规模经营带来的规模经济效益。二是与上述特点相关联，这样的实践也大多出现在发达地区或者是大城市郊区，因为这些地区才是农地用途转换带来的增值效益最大的区域。这些特点决定了这些改革模式很难在其他地区复制。这是因为其他地区很难具备改革地区所存在的外部经济发展条件。因此，农村土地改革迫切呼唤能够适合广大一般农区的具有普遍意义的改革模式。

（二）改革目的与制度设计方向

枣庄市政府经过调研分析，确认了当前农业与农村发展中存在的主要矛盾，从而在比较全国各地改革试验的基础上，提出了农地改革的基本方向。

1. 进一步确认农民转入和转出土地的意愿

考虑到任何改革能否成功，都必须符合农民的需求，只有农民有意愿的改革才是迫切需要的，也才能够保证取得一定的成效。为此，市政府在 2007 年 8 月上旬选择了峄城区古邵镇东河沿村和大旱庄村、山亭区城头镇西城头村和东寨子村 4 个村，针对农地流转问题进行了覆盖全部农户的问卷调查，调查内容主要涉及农业生产经营成本和效益、农地流转（包括转入和转出）意愿、流转意愿租金、参与流转的原因和理由等。调查结果在很大程度上印证了市政府前期调查所得出的一些基本判断：第一，随着工业化和城市化的进展，枣庄市的农民有相当一部分具有参与农地流转的意愿。调查表明，外出务工和进程就业的农村青年农民不断增加，相当数量的青年愿意转出土地。另外，随着农业生产机械化程度的提高，种粮农户的承包能力增强，使得相当部分的农民有意愿转入土地。第二，实际实现农地流转的户数小于意愿流转的户数。调查表明，其原因既有流转租金上供求双方存在差距，也有信息不畅通等，政府对农地流转虽然支持，但是大多没有采取具体措施。通过调查分析会议，大家基本达成了这样的共识，也就是说，农地流转的客观条件是具备的，农民是有意愿的，以农地流转为目标的改革是可以得到农民支持的。

2. 调查农村土地改革可能的方式

在市场完善方面，首先想到了农地流转有形市场的问题，而在这方面滕州市的实践具有重要的意义。于是重点调查了滕州市最早建立农地有形市场的西岗镇。为了探索农村土地流转市场化机制的实现形式，2000 年以后，枣庄市农业局选择了 4 个区（市）、6 个乡镇开展了创建农村土地流转有形市场试点工作。2006 年下半年，在滕州市西岗镇创建了全国首家农村土地流转有形市场，在不改变家庭承包经营制度的前提下，找到了一条发展农村土地适度规范经营，建设现代农业的新路子，有力地促进了农村土地的健康流转。

在实现农地流转的有效载体上，山亭区徐庄镇土地流转合作社的发展引起了市政府的关注。山亭区徐庄镇有 4 个行政村，近 300 户农民，自愿成立了土地合作社。这 4 个行政村是枣庄市山亭区徐庄镇的土山、柿行、前徐、湖沟村，地处半山区，共有 1 198 户，3 983 人，2 230 亩耕地，3 567.5 亩山区果园。这几个村 50％以上的青壮年劳动力都外出打工，农户转让土地的要求更迫切，比较优势更突出。比如，他们有上千亩的果园，但没有规模效益。一家一户与果品销售商洽谈合作，人家没兴趣，甚至理都不理。2007 年年初，在这里冒出了个年轻、有开拓劲头的农民张凯华，决心成立合作社。他先与其他 7 位农民共同商量了组社方案，消息传出，一呼百应，一个近 300 农户、近 3 000 亩土地的合作社很快成立起来。这样的合作社在枣庄并不少见，目前全市专业合作社已有 294 家，规模经营土地 6 万亩左右。

在调查中还发现资金是经济的命脉，也是农业合作社的命脉，贷款难成了制约通过土地规模经营做大做强合作社的瓶颈。目前农村的现实情况是，工、农、中、建四大商业银行，另加农村信用社，5 台功率强大的"抽水机"，从农村吸纳资金，但很少回流农村。

滕州市滕阳富硒农产品合作社，幸运地拿到了沃尔玛、银座等大型超市的订单，但苦于贷不来款，一桩好的生意泡了汤。张凯华的合作社手中有近 3 000 亩土地，但说破嘴皮银行也不给贷款。而银行方面有自己的道理，一是你农民有地无证，土地无法抵押，我怎么给你贷；二是到期你不还款，我拿你没办法，也无法申请强制执行。

通过系统的调研论证，逐步明确了改革的目的是要促进农地流转，而土地流转合作社则可能成为实现农地流转的一个很好的载体，而农地流转的有形市场则可以创造很好的外部条件，而核心的问题是需要解决资金瓶颈问题。因此，改革的设计应该是围绕这些内容，进行一个多方位的系统设计。

三、耕地承包经营权抵押贷款制度设计的核心内容

农村土地制度的任何一项改革都将涉及农村经济社会的各个方面，带来各有关经济主体的利益调整。因此，改革过程所面临的制度设计是一个系统工程，既要保障到改革可能带来的制度改进效益的可预期性，更要考虑到改革可能带来的政策风险的可控制性。

（一）明确土地资本化的改革突破口

虽然通过调研逐步清晰了农村土地改革方向，但是改革的突破口在哪里呢？现实分析给出的答案是改革的关键是在于要解决资金瓶颈问题。在认真分析农民的资产状况之后，我们认为耕地承包经营权是农民最具有普遍意义的资产，但是由于担心耕地承包经营权抵押可能带来的社会风险，目前不允许耕地承包经营权作为抵押，使得农民的土地权利只是一种"死"的资源，不能成为一种"活"的资产，而如何使土地资本化，应该是改革的突破口。

要实现土地资本化，配套的改革必须解决这样两个重要的问题：一是怎样才能实现土地资本化，也就是说必须具备怎样的条件才能使得耕地承包经营权实现抵押贷款。二是如何才能防范土地资本化带来的社会风险，也就是说必须具有哪些配套制度才能使耕地承包经营权抵押贷款的风险降低到可控的程度。

要解决好第一个问题，必须在以下方面实现改革的突破：

一是赋予农民对土地的真正产权。目前我国农村土地制度规定，农村土地的所有权属于农村集体，而承包经营权在承包期内属于农民，二者实现了所有权和承包经营权的分离。而在《集体土地承包经营法》规定了农地流转的基本框架后，耕地的承包权和经营使用权又发生了分离，即承包权属于承包人，而经营使用权转让给了转入土地的经营者。在这样的制度框架下，给农民确定的应该是使用产权，也就是说要在土地所有权、承包权不变的前提下，赋予农民土地使用权以相对完整的产权，即包括转让权、收益权和抵押权。这种权利必须得到政府的确认，于是必须针对农民的使用产权，发放使用产权证，使这种使用产权证具有法律效力。

二是必须对农民的土地使用产权进行价值评估。使用产权作为抵押，必须评估其价值，而要评估其价值，必须建立起能够承办耕地使用产权价值评估的相应机构。由于尚不存在这样的评估机构，所以建立这样的评估机构是改革进行的必要条件。

三是必须建立农民的土地使用产权的拍卖退出机制。农民采用土地使用产权进行抵押贷款，从长期来看，不可避免地会出现不能及时还款的情况。在这样的情况下，金融机构应该可以按照通常的办法，将作为抵押的使用产权通过拍卖的方式来处理欠款问题。这样，就必须建立土地使用产权的交易机构，将发端于滕州市的农地流转有形市场推广到全市，在全市建立土地交易所来承担这一功能。

第二个问题的解决，需要建立一系列的风险防范机制，具体包括：

一是解决好农民失地风险问题，将农民失地的社会风险降低到可控的范围。耕地承包经营权不能用于抵押的最重要原因在于由于抵押权利可能因为不能及时还款而被拍卖，这样就可能造成抵押土地相关的农民失地。因为我国的耕地除了作为生产要素的功能之外，还承担着社会保障的社会功能，所以失去承包经营权就意味着农民的基本保障受到了影响，这就有可能成为影响农村社会稳定的因素。所以，改革想要在土地资本化中获得突破，必须构建将农民失地的风险降低到可控范围的制度。

二是解决好农民对土地的最终控制权问题，保证农地的农业用途不会改变。耕地承包经营权无论是通过租赁或者是入股的方式进入企业，都很难保证农民对土地的最终控制权，从而也很难保证土地的农业用途不变。因为企业决策的基本原则是资本主导，谁出资最多谁就有最大的发言权，从而影响到最终的决策。在土地权利进入企业的情况下，由工商业资本主导的企业完全可能凭借其资本的实力，控制整个企业的决策权，从而使得农民丧失对土地的最终支配权。同时，由于工商业资本追求利润的特性，面对农地转为非农地可能产生的巨大增值收益，很难保证农地不被转换用途，影响到"农地农用"的基本政策。所以，必须找到企业之外的更加符合改革要求的载体，这就是农民专业合作社。

三是解决好农业生产经营的风险问题，尽可能地降低不能及时还款的情况出现。农业生产客观上面临着自然和市场的双重风险，从而造成农业生产经营收入的不稳定性。当农业生产经营严重歉收的情况下，贷款不能及时归还的情况是会出现的。但是，能否通过一定的制度安排，尽可能地降低农业生产经营的风险，减少农业生产经营的收入不稳定性，尽可能地避免出现贷款不能及时归还的情况，对于此项改革的顺利进行，特别是试点工作的顺利推进具有重要的意义。

（二）确立"三位一体"的改革模式

在明确了以土地资本化作为改革最主要突破口之后，结合调研结论，枣庄市确立了"一证、一社、一所"为主要内容的"三位一体"的改革模式。

"一证"就是发放土地使用产权证。发放土地使用产权证的目的在于：一是为农民加入土地合作社的土地交易提供保证，二是为土地合作社以土地使用产权抵押贷款提供保证。

"一社"就是发展土地合作社。这里的土地合作社是指以土地使用产权入股为特征的农民专业合作社。发展土地合作社的目的在于：一是为规模经营和土地资本化提供一个载体，二是为化解土地资本化中可能的社会风险提供一个载体。

"一所"就是土地使用产权交易服务所。建立土地产权交易服务所的目的在于：一是为农民将土地使用产权入股合作社服务，二是为土地合作社将土地使用产权归并后作为抵押贷款提供服务，三是为农民个体之间农地流转过程中的土地使用产权交易提供服务。

上述"一证、一社、一所"之间是相互联系的一个整体，在土地资本化为核心内容的改革中相互联系、缺一不可。

为了保证上述"一证、一社、一所"的改革基本模式能够顺利运行，还必须充分了解现有的制度和政策，完善相关的配套制度。枣庄市政府在对现有与改革相关的法律规定和政策的基础上，于 2007 年下半年至 2009 年出台了一系列的相关文件。根据 2009 年 8 月 18 日枣庄市深化农村土地使用制度改革工作领导小组办公室编印《枣庄市农村土地使用产权制度改革文件汇编》，主要的配套文件包括以下几个方面：

一是促进改革试点和加强组织领导的文件。包括《枣庄市人民政府关于将山亭区列为农村综合改革试点区的批复》《枣庄市人民政府关于成立枣庄市深化农村土地使用制度改革领导小组的通知》《枣庄市农业局关于推行农村土地使用产权改革试点工作的意见》等。

二是支持农村土地合作社发展的文件。包括《枣庄市人民政府办公室关于支持土地流转合作社参加政策性农业保险的意见》《枣庄市级农村土地使用权制度改革试点合作社贷款贴息管理办法》《枣庄市级农村土地使用权制度改革试点合作社扶持资金管理办法》等。

三是保障土地使用产权抵押贷款实施的文件。包括《中国人民银行枣庄市中心支行、枣庄市农业局转发〈关于深化农村信用体系建设加快农民专业合作社发展的意见〉的通知》《枣庄市中级人民法院关于我市农村土地改革提供司法保障和服务的意见》《枣庄市中级人民法院关于切实保障涉农金融债权为我市农村土地制度改革试点工作提供司法保障的意见》《中国人民银行枣庄市中心支行关于金融支持农村土地合作社发展的指导意见》《枣庄市农村信用合作社土地合作社贷款业务指引》《枣庄市财政局关于枣庄市三农服务中心申请注册枣庄市普惠农村土地资产评估所的复函》等。

四是促进土地使用产权交易所建设的文件。包括《枣庄市人民政府关于建设土地流转服务平台促进农村土地适度规模经营的意见》等。

（三）制度设计的主要特征

总结归纳枣庄市土地使用产权制度改革的进程，根据枣庄市土地产权使用制度改革的主要内容，我们认为枣庄市开展的农村土地使用产权制度改革在耕地承包经营权抵押贷款的制度设计上，具有如下的重要特征：

1. 通过土地使用产权的资本化来实现土地规模经营

枣庄的农村土地改革并不涉及土地所有权和承包权，而是在保证土地集体所有权和农民承包权不变的前提下，对土地的使用权进行确权，发放土地使用产权，实现土地使用权的资本化。现有的重庆、成都等地的模式发放的"地权证"，因为包括了部分承包权和所有权的权利，可以分享到更多的土地增值的潜在效益。所以，即使规定了农地流转集中不可改变农地的用途，也会存在着希望改变农地用途的潜在动力。而枣庄模式中发放的"农村土地使用权证"只涉及土地使用权，因而主要不是为了分享土地转为非农地的增值效益，这就更可以保证农地的农业用途不变。具体体现在以下 3 个方面：

（1）改革着眼于农区土地规模经营的最重要的制约因素。调查发现，资金是经济的命脉，贷款难成了制约通过土地规模经营做大做强合作社的瓶颈。而银行方面有自己的道理，一是你农民有地无证，土地无法抵押，我怎么给你贷；二是到期你不还款，我拿你没办法，也无法申请强制执行。这表面上看是农户和银行间的问题，深入分析却是政府的责任。

（2）如何使土地资产"活"起来是土地使用产权制度改革的关键。由此可见，在农区实现规模经营的过程中，面临着这样的矛盾，也就是说一方面农民所拥有的最大资产是土地使用产权，另一方面这样的资产又不能成为农民获得资金的一个重要渠道。因此，如何能够使得"死"的土地资产"活"起来，便成为土地使用产权制度改革的关键。所以改革的核心内容应该是设计一套制度框架，能够使得农民的土地使用产权可以作为抵押，获得农业规模经营所需要的资金。

（3）要实现土地使用产权资本化必须进行相应的制度创新。实现土地使用产权资本化，首先必须进行土地使用产权的明确化，需要通过政府通过发产权证的形式使之具有法律效力。其次，必须经过资产评估使之具有可以得到确认的价值。再次，金融机构必须创新信贷产品，建立土地使用产权抵押贷款的新业务。最后，要为土地使用产权的拍卖等提供交易的场所，这就必须建立起土地产权交易所。

2. 采用土地合作社作为载体并有合理回避政策风险的机制

从全国农村土地改革的试点实践来看，建立起实现土地使用产权资本化的机制并不是最困难的事情，真正的困难在于这样的改革必须能够回避改革可能带来的各种政策风险，使得改革能够具有现实的可行性。利用土地流转合作社作为载体的改革政策风险的回避机制成为枣庄市土地使用产权制度改革中的最大特色。具体体现在以下两个方面：

（1）如何回避失地农民的风险。如何在农村土地流转过程中回避农民失地的风险，涉及农民的切身利益，是关乎农村稳定的大事。枣庄市的土地制度改革是这样来解决这个问题的。

一是合作社的两个"80％"保障了农民对土地的有效控制权。我们在开展土地制度改革的调研时，发现山亭区徐庄的土地合作社，虽然是自发形成的，但是能够登记注册为农民专业合作社是有法律依据的。《农村土地承包法》在第四十二条明确规定"承包方之间为发展农业经济，可以自愿联合将土地承包经营权入股，从事农业合作生产"。我们规定土地使用权只能入股土地合作社，不能入股一般的企业，是因为《农民专业合作社法》规定，合作社采取的是一人一票制，而合作社基本成员中农民不得低于80％，出资获得的附加表决权总票数不得超过本社成员基本表决权总票数的20％。这就保证了工商业资本不能在土地合作社中占有主导地位，从而保障了农地对土地的长期控制权。

二是农业保险机制的引入极大地降低了合作社土地使用权抵押的风险。我们在调研中发现，土地流转到合作社后主要还是从事农业生产，合作社经营的效益要远高于农民分散经营。而合作社最担心的农业生产风险是自然灾害的风险。于是我们在土地合作社中引入了农业保险机制，并且政府对农业保险采取保费补贴的方式。这一机制的引入，基本保障了合作社农业经营的稳定，使得农村土地合作社土地使用权抵押风险降低到很小。

三是"1/3"和"三年"的抵押限制，保证农民不可能长期全部失地。我们通过调研之后，采取了有限制的土地使用权抵押贷款的方式。入股土地合作社的土地使用权不是全部，而是只有最多不超过1/3的部分可以抵押贷款，即使这部分土地使用权因为经营不善而被迫抵押拍卖，也只是部分失去，加入合作社的农民仍然具有绝大部分的土地使用产权。而且规定土地使用权抵押的年限不能超过3年，即使这部分使用权被拍卖，也只是短期的失去，不会造成长期失地的现象。

（2）如何回避金融机构抵押贷款的风险。首先是农业贷款的担保农户数扩大，应该会大大超过目前联户担保的户数，使得贷款成本进一步降低。更为重要的是，农村土地使用权抵押的出现，不仅解决了农业贷款缺乏有效资产抵押的状况，而且农村土地产权有形市场的建立，使得这种资产抵押具有了可转让的实际价值，在贷款无法正常收回时，银行可以通过土地产权有形市场拍卖其抵押的土地使用产权，以拍卖所得来偿还贷款，从而降低金融机构贷款风险，使得土地使用产权抵押贷款对于金融机构而言也具有了现实可操作性。

四、耕地承包经营权抵押贷款的试运行及其效果

（一）改革试点及其制度的试运行

在方案设计和制度完善的同时，枣庄市政府在2008年下半年首先选取了山亭区和滕州市开展了小范围的农村土地使用产权制度改革试点工作。选择上述两个区（市）试点的原因在于这两个区（市）客观上在农村土地使用产权制度改革中已经预先做了一定的探索。枣庄市最早的土地流转合作社产生在山亭区的徐庄，这是农民自发形成的合作社，因此可以说是农民自发开始的土地规模经营的改革尝试。这种自发的改革尝试是来自于农民自身的改革动力。而枣庄市最早的土地流转有形市场出现在滕州市的西岗镇，所以滕州市是土地流转有形市场建设的先行者。

为了试点工作的开展，首先必须发放土地使用产权证。2007年9月14日，枣庄山亭区发放首批土地使用产权证，山亭区徐庄镇280名农民领到了土地使用产权证。本产权在不改变农村土地集体所有制和农户承包权的基础上，具有使用权、流转权、转让权和收益权，持证人在产权期限内按规定用途可依法使用、经营、流转土地，也可作价、折股作为资本从事股份经营、合作经营或抵押担保。此后，又陆续在试点地区发放了土地使用产权证，为实施土地资本化为核心内容的农村使用产权制度改革创造了条件。

为了进一步验证枣庄市农村土地使用产权制度设计的可行性，并积累改革组织实施的经验，枣庄市人民政府在被纳入试点的山亭区和滕州市选取了6个土地流转合作社，作为重点的试点单位。如表1所示，被选为试点的6个合作社都是与土地密切联系的种植业合作社，合作社的经营项目包括粮食、蔬菜和水果等。合作社的土地面积最大的超过3 500亩，小的也近200亩。这些合作社的土地正是通过使用产权入股的方式，由各位农民手中转移到合作社手中的。例如山亭区民生蔬菜种植合作社通过土地入股加入合作社的社员为186户。

农民入股合作社的土地使用产权，可以到土地使用产权交易服务所集中归并为合作社的大土地产权使用权证。根据合作社的土地使用产权证，可以到普惠土地资产评估所进行土地资产评估。可以根据土地使用权评估资产价值，在一定的限定条件下（详见风险回避部分说明）以土地使用产权到金融机构贷款。截至2008年年底，试点合作社中，有3家

合作社实施了土地使用产权抵押贷款，共贷款 160 万元，其具体额度和使用用途如表 2 所示。

表 1 枣庄市第一批 6 个改革试点合作社的基本情况

合作社名称	土地规模（亩）	经营项目
山亭区徐庄土地合作社	3 540.4	板栗、核桃、花椒、桃、樱桃、粮油
山亭区城头镇寨子土地合作社	633.0	马铃薯
山亭区民生蔬菜种植专业合作社	572.0	糯玉米、荷兰夏美仑黄瓜
山亭区店子花生种植专业合作社	2 600.0	花生
滕州市龙阳镇龙珠大枣专业合作社	950.0	冬枣
滕州市级索镇农丰粮食种植专业合作社	186.0	粮食

资料来源：根据枣庄市"三农"服务中心提供的数据资料整理。

根据 2009 年 2 月的跟踪调查，土地使用权抵押贷款大多已经按期归还。徐庄合作社在全部归还第一批贷款后，已经申请获得第二批贷款 40 万元，主要用于农产品销售的加工和包装。从贷款使用效果来看，土地使用产权抵押贷款解决了合作社急需的资金，对合作社的经营发展起到了很好的促进作用。由于尚未出现贷款不能及时归还的情况，所以抵押产权拍卖的机制并没有启用。

表 2 第一批试点合作社土地使用产权抵押贷款情况

合作社名称	贷款及利息	抵押用途还款
山亭区徐庄土地合作社	70 万元、月息 5.6 厘	用 768 亩果品基地抵押，用于基础设施改造、集中采购农资等，目前已还款 30 万元
山亭区民生蔬菜种植专业合作社	50 万元月息 5.6 厘	用 570 亩土地抵押，用于打井、修路、整修渠道
滕州市龙阳镇龙珠大枣专业合作社	40 万元月息 5.6 厘	冬枣深加工与恒温库建设

资料来源：根据枣庄市"三农"服务中心提供的数据资料整理。

根据调查来看，6 个试点合作社的经营状况良好，全部完成了基本的保底收益分配，部分合作社还进行了增收部分的分红。例如，山亭区徐庄土地合作社统一注册了"泉崮山"商标，通过花生油加工，农产品品牌包装，与超市对接，实现统一销售，实现年收入786 万元。实现年收益 160 万元，可分配收益 120 万元，保底金全部兑现，实现分红 28.6万元，其中：粮油园区分红 4.6 万元，每标准股 510 元，合作社提留 1 万元。又如，山亭区民生蔬菜种植专业合作社通过与绿洲农副产品公司，珀默珀尼卡果汁有限公司、新谷川食品有限公司签定订单，实行统一销售。实现年销售收入 40 万元。成员保底金 900 元全部兑现，合作社提留 2 万元。也还准备开展二次分红（表 3）。

表 3　第一批 6 个试点合作社的经营和收益分配情况

合作社名称	经营情况	收益分配情况
山亭区徐庄土地合作社	注册了"泉崮山"商标,通过花生油加工,农产品品牌包装,与超市对接,实现统一销售。实现年收入 786 万元	实现年收益 160 万元,可分配收益 120 万元,保底金全部兑现,实现分红 28.6 万元,其中:粮油园区分红 4.6 万元,每标准股 510 元,合作社提留 1 万元
山亭区民生蔬菜种植专业合作社	通过与绿洲农副产品公司,珀默珀尼卡果汁有限公司、新谷川食品有限公司签定订单,实行统一销售。实现年销售收入 40 万元	成员保底金 900 元全部兑现,合作社提留 2 万元。二次分红正在决算
山亭区城头镇寨子土地合作社	通过合作社统一收购,统一储存,以"城头"商标统一包装销售。年产量达 158.25 万千克,实现销售收入 80 万元	成员"双八百"保底金已全部兑现
山亭区店子花生种植专业合作社	通过与山东莺歌食品有限公司签定订单;实行统一标准化生产,统一收购、加工、年产量近 78 万千克,实现销售收入 15.6 万元	入社成员保底金 600 元已全部兑现,二次分红正在决算
滕州市龙阳镇龙珠大枣专业合作社	通过大枣加工包装生产线和恒温库建设,实现年收入 300 万元	按照入社枣树产量为标准,182 万可分配收益全部分红完毕
滕州市级索镇农丰粮食种植专业合作社	通过生产优质商品粮,实现年收入 22 万元	按照亩数入股,14 万可分配收益分红完毕

资料来源:根据枣庄市"三农"服务中心提供的数据资料整理。

在第一批 6 家市级试点合作社成功运作的基础上,枣庄市逐步增加了参加产权改革试点的范围。第一,试点的范围从原来的山亭区和滕州市扩展到枣庄全市的其他区(市)。枣庄市决定扩大试点之后,所属各区(市)的合作社反应热烈,积极要求参加改革试点。经过市农村集体土地使用产权改革领导小组办公室的审核遴选,最终确定了 68 家合作社。其中,滕州市 20 家,峄城区 13 家,薛城区 6 家,山亭区 21 家,市中区和台儿庄区各 4 家。

第二,试点涉及的村和农户数以及耕地面积迅速扩大。第二批试点合作社涉及全市 298 个行政村,近 36 万亩土地和近 11 万个农户。加入试点合作社的土地面积为 6.45 万亩,入社户数为 1.01 万户(表 4)。

表 4　第二批参与改革试点的合作社涉及的范围

区(市)	涉及行政村(个)	涉及总土地面积(亩)	涉及总户数(户)	入社土地面积(亩)	入社户数(户)
滕州市	128	149 610	58 835	26 282	3 140
峄城区	65	85 278	13 817	13 361	1 193
薛城区	6	8 884	2 120	1 487	596

（续）

区（市）	涉及行政村（个）	涉及总土地面积（亩）	涉及总户数（户）	入社土地面积（亩）	入社户数（户）
山亭区	78	76 465	32 380	19 393	4 115
市中区	13	14 500	1 520	1 810	563
台儿庄区	8	24 539	949	2 153	549
全市合计	298	359 276	109 621	64 486	10 156

资料来源：枣庄市农村土地使用产权改革领导小组办公室，2010 年 1 月统计数。

第三，参与试点合作社的贷款需求旺盛。到 2010 年 1 月，作为改革试点的先行准备条件，已经发放土地产权使用证 9 684 个，尚未发放的土地使用产权证正在积极发放过程中。据不完全统计通过土地使用产权证抵押试点合作社已经获得贷款 572 万元，初步调查得到的急需贷款需求为 7 603 万元（表 5）。

表 5　第二批参与改革试点合作社产权证发放与贷款需求

区（市）	已发放产权证数（个）	已利用产权证抵押贷款金额（万元）	急需利用产权证抵押贷款金额（万元）
滕州市	3 140	40	1 393
峄城区	1 193	404	4 190
薛城区	124		20
山亭区	4 115	128	310
市中区	563		1 400
台儿庄区	549		290
全市合计	9 684	572	7 603

说明：以上统计数据中包括了第一批试点的 6 家合作社。

资料来源：枣庄市农村土地使用产权改革领导小组办公室，2010 年 1 月统计数。

（二）改革推进与制度推广的方式特征

根据以上枣庄市农村土地制度改革试点情况，可以总结出其改革推进和耕地承包经营权抵押贷款新制度推广，在方式上，具有如下的特征：

1. 顺应时代发展中农民的意愿和创造性

中国农村改革的实践证明，只有顺应历史的潮流，尊重农民的意愿，改革才能顺利进行，才能取得预期的效果。枣庄市土地使用产权制度改革的根本动力，正是顺应了新时代发展过程中基层农民的意愿，充分尊重了农民自身所蕴含的巨大创造力。

（1）改革顺应了农民的土地流转意愿。农村土地流转是在保障我国农村土地家庭承包经营基本制度长期不变的前提下，随着工业化和城市化的进展而出现的必然趋势。枣庄市虽然是一个典型意义的农区，但是这样的历史发展趋势也是客观存在的。调查表明，目前，枣庄全市 43.5％的青壮年劳动力外出打工，一些农户对自己的承包地已无力耕种，甚至出现撂荒现象，不少农户想把自己的承包地转让给他人。另外由于农业机械化水平的提高，种田能手有能力耕种更多的土地。峄城区东河村农民鲍洪业说："现在种地不咋费劲，都是机械化。一年两季庄稼，总共也就忙活一个多月。种 10 亩跟 100 亩差不多。要有人愿意把地包给我，有多少我要多少。"有的农民还算过细账，若土地的规模达到 50 亩、100 亩以上，仅耕种一项，一亩地就可节省成本 20 元左右，加上大批量购买化肥、农药等又可节约不少支出。因此，在枣庄市农民土地流转的意愿是客观存在的。

（2）改革充分尊重了农民自身的创造力。正是这种意愿促使农民通过实践创造了一些新的做法。政府的工作只是在充分尊重农民意愿的基础上，做了一些规范性的引导工作，目的正是为了规避可能带来的政策风险。作为枣庄市土地使用产权制度改革重要内容的土地产权交易所和土地流转合作社都源自于枣庄市农民自发的改革创新。土地使用产权交易所的建立源自于滕州市西岗镇对土地流转有形市场的改革实践。而土地流转合作社则是在山亭区徐庄镇首先由张凯华等一批农民自发形成的。从这个意义上讲，枣庄的土地使用产权制度改革是"自下而上"由农民自发开始的，不是"自上而下"由政府推广的。

2. 通过制度框架的引导而不是"刮风式"的运动

农业规模经营的实现客观上说是一个循序渐进的过程。从长期发展趋势来看，具有土地流转意愿的农民和具备流转条件的土地都会逐步增加。枣庄市土地使用产权制度改革的重点不是要不顾客观条件地干预这个历史过程，而是希望通过设计一个可以良性循环的长效机制来引导这个过程。

（1）政府的主要工作在于制度框架的设计。在枣庄市土地使用产权制度改革中，政府的主要工作是在调查研究的基础上，充分总结农民自身的改革创新实践，从回避政策风险的角度来完善制度设计，通过这个相互配套的机制，把鼓励和引导那些有条件可以拿出来流转、农民也有意愿拿出来流转的土地集中起来，进行更加高效率的规模经营。至于在这样的制度框架下，各个经济主体是否愿意参与这样的改革，则绝不采取行政强制的做法。

（2）循序渐进地推动改革的试点实践。在枣庄市农村土地使用产权制度改革推进过程中，政府所做的工作不是号召农民在短时间内都要采取这样的模式。第一批的改革试点仅仅选择了山亭区和滕州市的 6 个合作社，而第二批试点合作社也是在自我申报的上百个合作社中审核选取的 62 个。农地流转过程应该是一个循序渐进的过程。枣庄市政府看重的不是眼前，而是更看重长远的发展。随着经济和工业化、城市化的进展，农村中有条件拿出来流转、农民愿意拿出来流转的土地会越来越多，枣庄市总结完善的土地流转机制正是符合了我国广大农业地区的发展方向，是有利于促进农业地区，根据依法、自愿、有偿的原则，通过土地流转实现规模经营的模式。

（三）改革与制度试运行的效果

1. 为农村金融改革提供了一个重要的方向

农村金融改革是当前我国农村改革的一个重点和难点。农村金融体系的改革虽然已经取得了许多的进展，但是仍然未能实现建立普惠制的农村金融服务体系，解决农村贷款难的改革目标。

金融系统提出的农村金融改革，更多地关注农村金融机构本身的发展问题，农村合作银行的建立，以及最近鼓励合作社的资金互助和村镇银行试点，这些改革主要从农村金融机构的改革和发展的角度，做出了很好的探索。而从农民金融的可获得性角度看，仅仅依靠金融机构的改革，并不能解决农村贷款难的问题。因为，农村金融机构的改革虽然可以在一定程度上缓解农村金融的特殊性带来的交易成本过高等问题，但是不可能根本改变问题的实质。从贷款业务本身的角度看，现有的农村金融改革更多地关注抵押替代机制。最典型的是用农民之间的互保，以信用来代替抵押，还有贸易信贷的引入等。但是，从实践效果来看，仅仅依靠抵押替代机制的效果是有限的，抵押扩展仍然是改革应该努力探讨的方向。

枣庄的土地制度改革，提供了新的农村金融改革的方向：一是通过土地使用权的抵押扩展了农村金融的抵押机制，二是通过合作社的土地使用权集中降低了交易成本，三是通过一系列的制度安排解决了土地使用权抵押过程中的风险问题。这样，就为农村金融改革找到了一个现实可行的突破口，可以认为是实现了我国当前农村金融体制改革的一个重大突破。

2. 解决了制约合作化发展的资金瓶颈问题

自《农民专业合作社法》颁布实施以来，我国农民专业合作社就进入了一个规范发展的阶段。但是，从现实来看，并不是只要规定了制度框架，合作社就会迅速地发展，因为现实中合作社的生存和发展本身，都还会面临着许多制约因素。根据调查，制约合作社发展的一个重要因素就是资金不足，资金不足是制约合作社发展的重要瓶颈之一。

如何解决合作社的资金问题？除了国家的财政支持之外，信贷无遗是一个重要的渠道。但是，与一般农民贷款难一样，缺少必要的抵押担保仍然是一个重要的问题。农业合作社有什么可以用于担保呢？土地权利仍然是最为普遍的重要资产。枣庄的土地改革实现了土地的资本化，使得土地权利资产与合作社资金瓶颈问题的解决结合起来，可以为合作社的发展创造更好的条件，无疑将对合作社的发展产生积极的推动作用。

3. 促进了现代农业组织形式的形成和农业产业化的发展

现代农业建设必须有与其相适应的现代农业组织形式，只有采用产业化经营的农业才能具备现代农业的竞争力。我国目前农业产业化的发展过程中存在着制度限制和产业偏向问题，制约着农业产业化的进一步发展。

我国目前农业产业化经营通常是由龙头企业带动的，而龙头企业扩大经营规模的方式主要有租赁制和股份制两种形式。租赁制就是通常的"反租倒包"形式，即农村集体组织将承包给农民的土地集中起来，统一租给龙头企业经营。股份制就是农民将土地承包经营权以股份的方式入股企业，而土地由龙头企业统一经营。无论是哪种形式，都存在着以下两个制度层面的问题：一是集中租赁的经济条件是否具备，即集中租赁后是否影响到失去土地经营权农民的生存权利问题。即只有当非农产业发展到相当的程度，将农民的土地集中租赁给企业也不会产生生存问题的时候，上述方式才不会影响到农民利益和农村稳定。从实际来看，这样的条件的形成并不是一蹴而就的，特别是对于大多数农区来说，这样的条件大多并不具备。如果强制采取上述方式发展农业产业化经营，必然带来较大的否定效果，甚至会影响农村的稳定。针对这种"整体扩张"方式，枣庄的土地改革是一种"增量部分集中"的方式，也就是说，只是针对农民有流转意愿的可流转土地，通过以合作社为载体，引导这部分土地集中，开展规模经营，这样就较好地解决了集中土地开展产业化经营与保护农民权利之间的关系。二是农民土地承包经营权转让到企业之后的支配控制权问题。无论是通过租赁还是入股的方式，进入企业的土地作为一种资本，在企业内将要遵循企业的决策规则。即使入股企业的土地面积相当大，但是只有非土地资本大于入股的土地资本，则农民将会失去对土地权利的实际控制权。枣庄的土地改革，限定采用了专业合作社的模式，由于合作社本身对股金构成的限定和决策机制的保障，不会使农民失去对土地权利的最终控制权。上述情况表明，枣庄的土地改革将有利于农业产业化在更加稳定和谐的环境下发展。

我国目前农业产业经营还存在着产业偏向问题，即产业化经营主要集中在一些高附加价值产品的农业生产领域。这种状况的形成，不能不说是与产业化工商资本追逐利润的本质有极大的关系。枣庄的土地改革，通过合作社的载体来构建现代农业的经营组织形式，实现相对大规模的经营，对于附加价值相对较低的大宗农作物的产业化经营发展具有特殊重要的意义。

五、结论及其启示

本文以山东省枣庄市农村土地制度改革试点的实践为典型案例，分析了我国耕地承包经营权抵押贷款的制度设计及其运行效果问题，得到了如下的主要结论：

第一，耕地承包经营权抵押贷款相关农村土地制度改革的突破口在于实现土地资本化。在我国特殊的城乡二元经济体制下，农地具有生产要素和社会保障的双重功能。出于农地具有社会保障功能的需要，我国现存的农地相关法规和政策都禁止耕地承包经营权可以作为抵押物。也就是说，从产权的角度看，农民所具有的耕地承包经营权并不具备完整意义上的产权权利特征。因此，为了实现耕地承包经营权抵押贷款的新制度设计，必须突破现有的法律和政策限制。从耕地承包经营权抵押贷款的现实运行来看，相关农村土地制度改革的突破口在于实现土地的资本化。从枣庄市的改革试点来看，至少需要使得农民承包的耕地具有相对完整的使用产权，而且需要通过政府相关部门发证的方式，以明确赋予农民承包耕地所具有的完整产权权利。也就是，必须通过改革实现农民承包耕地权利的资本化，使得承包耕地不仅具有资源利用的价值，而且具有产权资本的权利。

第二，耕地承包经营权抵押贷款制度设计的导向应该是土地经营而不是经营土地。在耕地承包经营权抵押贷款制度设计相关联的农村土地制度改革中，必须注意实现土地资本化的导向不应该是主要通过土地使用权的资本化获得发展资金和财产收入的经营土地，应该是以实现土地利用高效率为主要目的的规模经营。枣庄市的改革试点证明，只有这样的制度设计，才能从根本上抑制农地非农化的利益驱动，保证实现"农地农用"、保护耕地的基本国策要求；也才能在一般的农区具有普遍的推广价值，而不仅仅适用于具有巨大土地增值潜力的大城市郊区和部分发达地区。

第三，耕地承包经营权抵押贷款制度设计的关键在于风险防控机制的设计。从枣庄市的改革试点实践来看，至少有3个方面的风险防控机制必须预先考虑，设计好必要的制度性保障措施。从国家和政府的角度看，必须设计保障"农地农用"的风险防控机制，有效防控工商业资本大量囤积土地作为资本利用的风险；从农民的角度看，考虑到我国目前耕地承包经营权尚具有部分不可替代的社会保障功能的基本现实，必须设计农民可控制耕地承包经营权长期稳定的基本权利的机制，有效防控农民"失地"从而影响其基本生计，造成农村稳定局面失控带来的风险；从贷款发放金融机构的角度看，必须设计耕地承包经营权可以通过有形市场实现便捷交易的机制，有效防控金融机构抵押物变现困难的风险。

第四，土地合作社和土地产权交易市场是防控耕地承包经营权抵押贷款风险的有效手段。从耕地承包经营权抵押贷款制度设计的角度看，枣庄市采用以土地流转为主要特征的土地合作社，通过两个"80%"（合作社成员中农民的比例不少于80%；合作社出资中农民的份额不少于80%）有效保障了农民对承包耕地的基本控制权，也为"农地农用"提供了基本保障；通过"1/3"（合作社1/3的耕地可以用于抵押）和"三年"（合作社耕地承包经营权的抵押额度不超过其耕地的3年经营收益）有效防控了农民的"失地"风险，而通过在各乡镇设立土地产权交易所，发展培育土地产权交易的有形市场，则有效防控了金融机构抵押变现难的风险。从枣庄市农村土地改革试点的实践来看，正是上述具有创新意义的制度设计，有效促进和保障了其耕地承包经营权抵押贷款的实施。

第五，尊重农民意愿的制度引导是推进耕地承包经营权抵押贷款的有效方式。作为牵涉到广大农民的切身利益，与农村稳定密切关联的改革实践，在其推进方式上必须循序渐进。从枣庄市改革试点的实践来看，地方政府切忌为了追求短期的"政绩效果"而采用"运动式"的强制推广，而是需要通过具有导向性的制度设计，引导具备条件的地区和农民根据自愿的原则参与到改革实践中来，从而实现改革所追求的长期目标。

由此可知，枣庄市的改革试点揭示了我国耕地承包经营权抵押贷款制度设计中值得关注的一些关键问题，相关制度的初步运行也在一定程度上证实了耕地承包经营权抵押贷款的可行性。特别需要强调指出的是，枣庄是一个较为典型的农区，枣庄土地改革的外部环境与其他农区相比较并没有特殊性，这使得枣庄的土地改革试验，不同于以往集中在发达地区和大城市郊区的改革，而具有更一般的意义，具备在一般农业地区推广复制的可能性。

当然，作为关于农村土地制度改革的探索性改革试点，耕地承包经营权抵押贷款的制度设计是一项需要在不断"试错"中总结完善的复杂的系统工程。从枣庄市的改革试点情况来看，至少尚有以下问题值得进一步思考和实践检验：

第一，耕地承包经营权抵押贷款在农村信贷中的定位。从枣庄市的改革试点实践来看，只要有合理的制度设计，耕地承包经营权抵押贷款是可以实施的，这当然可以为建立我国农村的普惠制金融服务体系开辟一个新途径。但是，我们可能需要清醒地认识到这只能是我国农村普惠制金融体系的一个重要组成部分，如果我们将农村普惠制金融体系建立的主要途径都寄希望于耕地承办经营权抵押贷款，可能将会超出耕地经营权抵押贷款的自身功能局面。从世界发达国家农村金融的现实来看，即使是完全实施土地私有制，从而完全可以进行耕地产权抵押贷款的国家，其土地抵押贷款也不是农村金融的最主要形式，而只能是农村金融的一种有效形式而已。

第二，耕地经营权抵押贷款的风险防范机制。虽然枣庄市的改革实践通过有效的制度设计，为我国普通农区的耕地承包经营权抵押贷款提供了一种模式，但是这里的风险防范机制仍然可能存在着进一步探索的必要。首先，枣庄市改革试点中设计的金融机构抵押变现风险的机制，即通过有形的土地产权交易市场的变现机制，由于尚未出现现实的贷款违约事例，从而还没有实际启动过，其现实有效性仍然有待实践验证。其次，政府担保机制的设计及其有效性问题。在枣庄市的改革试点中，为了防止出现金融机构对贷款审查的责任放松问题，并未统一设计政府担保机制。实际上，从理论来看，政府担保机制既有信用强、操作简便的优势，也有容易造成"逆向选择"的道德风险，如何趋利避害地合理利用，仍有待于实践探索；再次，联动风险的防控问题。由于耕地承包权经营抵押贷款的贷款主体是农户或者合作社等经济主体，这些经济主体不仅仅是耕地上的农业经营，还有可能同时开展其他业务的经营，而枣庄市目前的制度设计虽然较为充分地考虑了其耕地经营的风险，但尚未估计其他经营失利也可能带来对耕地承包经营权抵押贷款的风险。

第三，向一般农户的推广适用问题。在枣庄市的改革试点实践中，采用土地合作社作为耕地承包经营权抵押贷款的贷款主体，既是其制度设计的特色，但同时也在适用性上存在一定的局限。如何将耕地承包经营权抵押贷款的制度设计推广到可以有效地运用于一般农户，也将是未来的改革试验中需要进一步探索的一个重要方向。

参考文献

李慧莲，2008. 枣庄的土地资本化试验 [N] . 中国经济时报，10 - 14.

上海农村土地流转研究课题组，2001. 上海市农村集体土地股份合作制模式的研究 [J] . 上海综合经济（7）：6 - 8.

国务院发展研究中心课题组，2003. 南海土地股份合作制在探索中完善 [N] . 中国经济时报，5 - 16.

第三部分
范围经济与乡村建设

我国粮食生产的范围经济实证研究

袁 斌 陈 超

（南京农业大学经济与管理学院，江苏 南京 210095）

摘 要： 基于2011年农村固定观察点数据，通过广义超越对数成本函数，对我国粮食、经济作物、畜牧养殖的产业范围经济，以及农业生产的总体范围经济进行测度。研究结果显示：我国农业总体生产存在范围经济现象，但不同省份之间范围经济程度差异较大。粮食作物生产与畜牧养殖均具呈现范围经济，且两者之间存在较强的成本互补性，但经济作物的范围经济程度则相对较弱。此外，农户混合经营的方式也催生出"多元化经济"与"专业化经济"的矛盾。虽然农户混合经营的情况短时间内仍会继续维持，但还需专业化的分工以确保其规模经济。鉴于此，从完善农业专业化服务及农业保险两方面提出政策建议。

关键词： 粮食生产 范围经济 多元化经营

一、引言及相关文献回顾

作为我国建设现代农业的重要抓手，各类新型经营主体不断发育成长，呈现出旺盛的生命力和良好的发展势头，发挥着越来越重要的作用。由于我国农业农村情况的复杂性、区域的多样性以及生产规模的程度不同，现阶段新型粮食种植主体的经营内容也各不相同，不再局限于传统单一的粮食种植，逐步形成囊括经济作物、畜牧养殖、水产养殖、园艺栽培等多品种的混合农业经营，这在一定程度上反映出农户追求更高农业收入的冲动与分散农业收入风险的渴望。而范围经济的存在与否，决定了农户多元化经营是否能实现生产成本的节约与效益的提高。因此，范围经济是农户提高收入与分散风险的标准和前提。那么，我国农业生产尤其是粮食生产是否存在范围经济？粮食种植户生产范围的扩大是否有利于农业生产要素的优化配置？对于粮食生产又会产生怎样的影响？种粮大户等新型农业经营主体在多元化与专业化之间该如何取舍？这些问题都有待商榷与研究。

多元化经营所产生的范围经济已然成为国外农场发展经营的重要助力，越来越多的小型农场均呈现出多元化的经营趋势。Llewelyn et al.（1996）分析发现，小规模农户通过将谷物与咖啡等经济作物混种的方式，更容易提升农业生产效率，Mascarenhas（2001）通过对从事大豆、谷物以及畜牧养殖的混合农户生产绩效的实证分析，也证明了农业多元化经营的重要性。而后Coelli et al.（2003）以巴布新几内亚的农户为例，也得到了与Llewelyn相一致的结论；Paul et al.（2005）以美国农场为例，进一步实证发现多元化的农业生产结构能够充分利用妇女等剩余劳动力，进而对美国农业产量及效率产生积极作用；Rahman et al.（2009）以谷物为例，分析认为多元化的种植结构不仅能够实现范围经济，降低生产成本，还能显著提升谷物产量；基于能源利用的视角，Rahman et al. (2015) 认为通过谷物的多样化种植，能够显著提升对生产能源的利用效率。相比之下，国内理论界对于我国农业范围经济的研究相对较少，现有的范围经济研究多局限于银行与合作社（杜莉，2002；刘婧，2012），而对于我国农业尤其是粮食生产是否存在范围经济则缺少成熟与系统的判断。

为解决上述问题，本文基于超越对数模型，以全国 2011 年农村固定观察点数据为例，对我国粮食种植农户的多元化程度、范围经济及粮食生产效率进行计算，在此基础之上，通过 Tobit 模型分析粮食种植农户的多元化生产活动对我国粮食生产效率的影响，从而为进一步促进我国新型经营主体健康、高效发展，维护粮食生产安全，加快农业现代化进程，实现农民增收致富提供依据。

二、分析框架与模型建立

随着种粮大户等新型经营主体的不断发展壮大，其经营规模也随之增大，如何有效控制、降低经营风险便成为新型经营主体亟待考虑的问题。现阶段，农业生产风险的控制主要分为风险转移与风险规避两种。其中，风险转移主要包括农业保险、农产品期货等方式；风险规避则包括提高生产技术以及多样化经营等方式。由于我国农业生产技术进步相对缓慢，且技术无效的现象较为普遍（匡远凤，2012；Xu，1998），加之农业生产信息的不完美及不确定性，农户会借助个人的多样化，在种植决策中将主要粮食作物与经济作物混做，以获得真正最优的"自我保险"，进而规避农业风险（Abdullahi et al.，2006）。多样化的农业生产活动虽无法降低每一种活动自身的风险，但多样化水平的不断提高，生产风险能够被有效分散。尤其是在我国现有农业保险及农产品期货市场仍不健全的环境下，多样化以及非农化经营已经成为我国新型经营主体的主要经营策略（林雪梅，2014）。

基于范围经济的角度分析，能够通过生产其他相关的多元化产品，进而共享生产要素与充分利用富裕生产能力以降低生产成本（Baumol et al.，1982）。假设在农业生产过程中，只有两种产出，且两种产出既可以由单一农户生产也可以由两个专业农户生产。在单一农户联合生产的情况下，农户的产出为：$Z \equiv (x, y)$，$y = (y_1, y_2)$，y 为产出变量，x 为投入变量。在两个专业农户生产的情况下，第 n 个专业农户的产出为 $Z^n \equiv (x^n, y^n)$，$y^n = (y_1^n, y_2^n)$，$x^n = x/2$，$n = 1, 2$；由图 7-1 分析可知，GG' 为原始联合生产农户在投入向量为 x 时的产量边界曲线，HH' 为两个专业农户在投入向量为 $x/2$ 时的产量边界曲线，若联合生产农户的产出集合为 A：(y_1, y_2)，则对应两个专业农户的产出为 C：(y_1^1, y_2^1)、B：(y_1^2, y_2^2)，且 $y_i = (y_i^1, y_i^2)$；$i = 1, 2$，每个专业农户的投入均为 $x/2$。

对比 A、B、C 可知，虽然两个专业农户的产出与原始联合生产农户的产出相等，但其边界曲线 HH' 到 B、C 两点间存在明显差异，导致两个专业生产农户的效率可能出现下降，进而增加生产成本。而在联合生产农户中上述效率损失的成本差异则可有效避免，而这种损失与差异的节约即表现为原始联合生产农户的范围经济（Chavas et al.，2012）。总的来看，范围经济具体表现为：单一农户在同时生产两种或更多类型农产品时的总产出，要高于其他多个单一生产某一类农产品的专业农户的总产出。若不同专业农户分别生

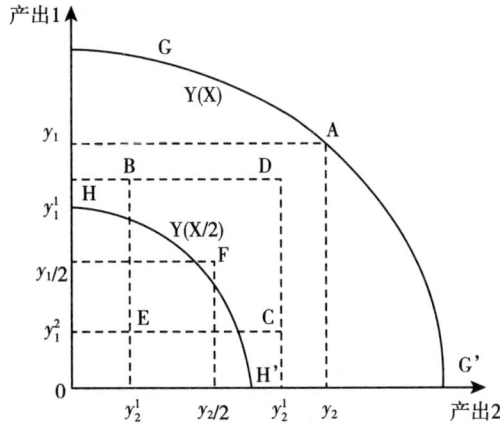

图 1　多样化农产品生产效率评估

产单一农产品的总产出高于单一农户联合生产的产出，便为范围不经济。

为了检验我国种粮生产过程中是否亦存在范围经济，本文构建成本参数函数 $C = f(Y, P)$，其中 C 表示成本，Y 表示产出，P 表示投入价格。针对产出 y 可能为零的情况，本文在参照 Caves 等 . （1980）等人研究成果的基础之上，通过 Box‐Cox 因子替换对原有产出 Y 进行转换：

$$Y_i = (y^\theta - 1) \tag{1}$$

若 $Y_i = 0$，则有 $Y_i = (1/\theta_i)$，对所有 $\ln Y_i$ 进行替换，进而构建广义超越对数成本函数：

$$\ln C = \alpha_0 + \sum_{i=1}^{3} \alpha_i Y_i + \sum_{k=1}^{2} \beta_k \ln W_k + \sum_{i=1}^{2} \sum_{k=1}^{2} \rho_{ik} Y_i \ln W_k +$$
$$\frac{1}{2} \Big[\sum_{i=1}^{3} \sum_{j=1}^{3} \phi_{ij} Y_i Y_j + \sum_{h=1}^{2} \sum_{k=1}^{2} \gamma_{hk} \ln W_h \ln W_k \Big] \tag{2}$$

其中，C 代表农户的农业生产总成本；Y_i 代表农户从某种农业生产活动所获得收入，W_k 代表农户所投入的生产要素的价格。对上述函数施加对称性与价格齐次性约束条件：

$$\varphi_{ij} = \varphi_{ij}, \gamma_{hk} = \gamma_{kh} \tag{3}$$

$$\sum_{k=1}^{2} \beta_k = 1, \sum_{i=1}^{3} \sum_{k=1}^{2} \rho_{ik} = 0, \sum_{h=1}^{2} \sum_{k=1}^{2} \gamma_{hk} = 0 \tag{4}$$

作为一种由生产互补性产出即全部或部分共同使用生产要素所产生的经济现象，范围经济可分为总体范围经济与特定范围经济两种。本文分别将农户的总体范围经济程度与特定农产品的范围经济分别定义为 $GSOEc$，$PSSOEc$（i）：

$$GSOEc = \frac{[C(Y_1, 0, 0) + C(0, Y_2, 0) + C(0, 0, Y_3)] \quad C(Y_1, Y_2, Y_3)}{C(Y_1, Y_2, Y_3)} \tag{5}$$

$$PSSOEc(i) = \frac{\begin{array}{c} [C(Y_1, \cdots, Y_i \quad 1), 0, Y_{i+1}, \cdots, Y_m) + \\ C(0, \cdots, Y_i, \cdots, 0) \quad C(Y_1, \cdots, Y_m)] \end{array}}{C(Y_1, \cdots, Y_m)} \tag{6}$$

当 $GSOEc$ 与 $PSSOEc$（i）大于零时，农户的总体农业生产以及特定产品 i 存在范围经济。反之，则不存在范围经济。根据上述理论分析通过多元化经营，农户能够有效分散经营风险，在促进农户增加生产要素投入及技术更新，提升生产技术效率的同时，实现农业生产的范围经济（Coelli et al.，2003）。然而，多元化经营很有可能影响农户在不同生产活动之间的劳动力配置。此外，由于多种生产活动对于农户生产技能的要求必然提高，而农户的实际情况则很有可能造成技术效率降低。所以，需要进一步实证分析农户多元化经营对粮食生产技术效率的影响方向及其程度。为此，本文在借鉴 Wang（2002）等人所构建的超越对数函数模型，对其加以分析：

$$\ln(Y_i) + \beta_0 + \sum_k \beta_{ik} X_{ik} + \frac{1}{2} \sum_k \sum_h \beta_{ihk} \ln X_{ik} \ln X_{ih} + v_i - u_i \qquad (7)$$

$$TE = \exp(-u_i) = \delta_0 + \delta_1 CDI_i + \sum_{m=2} \delta_m Z_{im} \qquad (8)$$

其中，Y_i 表示第 i 个农户的粮食产出；X_{ik} 表达农户在粮食生产过程中的 k 种投入要素，包括种植面积、劳动力数量、生产资料费用；β 表示技术参量；u_i 表示农户的技术非效率部分，服从 N^+（μ_i，σ_u）的独立截尾非负正态分布；$v_i \sim N$（0，σ_v）表示随机扰动项。

式（8）进一步分析解释变量农户的多元化程度（CDI_i）对粮食生产中非效率的影响，Z_{im} 为其他控制变量。随着研究的不断完善深入，国外学者对于多元化测量的方法主要包括：变异系数法、Herfindahl 指数法以及 Gini 系数法。本文借鉴 AI - Marhubi（2000）及 Duranton et al.（2001）的做法，对农户多元化经营程度采用如下方法进行测量：

$$CDI_i = \sum_{j=1}^{3} \left(\frac{X_j}{S_i}\right)^2 \Big/ \left[\sum_{j=1}^{3} \left(\frac{X_j}{S_i}\right)\right] \qquad (9)$$

其中，X_j 表示农户所从事的第 j 种农业生产活动收入，包括粮食种植、畜牧养殖以及经济作物种植三类；S_i 表示第 i 个农户从事农业生产的总收入；CDI_i 表示第 i 个农户的农业多元化经营程度，其取值范围为 0～1，该值越小，表明农户多元化程度越高，专业化程度越低。

三、数据描述与变量

本文采用的是农村固定观察点 2011 年对我国 31 个省市（除港澳台外）农户的微观调查数据。在估算广义超越对数成本函数以及非效率方程时，将我国各省份划分为粮食主产区与其他省区两部分，以及种粮大户与普通农户进行对比研究[①]。需要说明的是，由于在一个村内部，农户之间的生产技术差异不大，故数据中缺失的投工、化肥费用、机械服务费、种苗费及农药费用均用村均值替代，以避免样本的大量损失。此外，本文以从事多元化经营的粮食种植农户为样本，除去数据缺失的无效样本，共筛选获得 7 835 户农户的生产经营数据。

---

① 根据我国 2001 年粮食流通体制改革，粮食主产区包括：辽宁、河北、山东、吉林、内蒙古、江西、湖南、四川、河南、湖北、江苏、安徽、黑龙江；对于种粮大户本文的定义为：南方种粮面积 50 亩以上、北方 100 亩以上的农户。

在计算我国农业生产的范围经济时，被解释变量为：农户的农业生产总成本（C），主要包括生产资料成本与劳动力成本（元）两方面①。解释变量包括：①农户从事粮食种植所获得收入（Y_1），农户收获小麦、稻谷以及玉米的总产值（元），通过将各自产量分别与其收购价格乘积加总求和表示；②农户从事经济作物种植所获得收入（Y_2），主要包括出售棉花、油料、糖料、麻类、烟草、桑蚕、蔬菜以及水果作物所获得收入（元）；③农户从事畜牧养殖所获得的收入（Y_3），主要包括出售生猪、牛、羊、禽、禽蛋、水产品所获得的收入（元）；④农户的劳动力价格（W_1），通过样本农户每万元农业产值所耗费的雇工费用（元/万元）衡量；⑤农户的生产经营价格（W_2），通过样本农户每万元农业产值所需的生产资料成本（元/万元）衡量。

在估算前沿生产函数时，由于本文采用的是超越对数生产函数，如果解释变量选取太多，会导致待估参数过多，影响回归结果的收敛趋势。因此综合随机前沿分析（SFA）对投入产出指标的基本要求，本文选取的产出变量为：农户从事粮食种植所获得收入（Y_1），指农户收获小麦、稻谷以及玉米的总产值（元），通过将各自产量分别与其收购价格乘积加总求和表示；投入变量具体包括：①劳动力投工（X_1），指农户生产过程中的劳动力投入，通过雇工和自投工的总用工天数表示；②种植面积（X_2），指农户在播种期种植的面积（亩），不考虑后期因自然或人为因素而导致收获面积增减的情况；③生产资料费用（X_3），指农户生产过程中各种生产费用的总和（元），主要包括化肥、机械灌溉、种苗、农药、农膜以及土地租赁费用。

在对粮食生产的非技术效率影响因素分析中，解释变量为：①专业化程度（Z_1），指农户从事农业生产的专业化程度，通过计算农户的 CDI 指数表示；②信息化程度的虚拟标量（Z_2），这里主要指通过农户家庭是否接入互联网，接入互联网记为 1，否则为 0；③粮食收入比重（Z_3），通过农户从粮食收入所占家庭总收入的比重表示；④农业保险（Z_3），主要指农户粮食生产保险的保费支出（元）；⑤非借贷性支出（Z_5），主要指农户赠送农村内部亲友以及寄给或带给家庭非常住人口的财物金额（元）；⑥农户性质的虚拟变量（Z_6），若样本为种粮大户为则 $Z_6=1$，普通农户则 $Z_6=0$。

所有相关变量的描述性统计结果，如表 1 所示。

表 1　相关变量的描述性统计

变　　量	粮食主产区				其他省份			
	均值		标准差		均值		标准差	
	普通农户	种粮大户	普通农户	种粮大户	普通农户	种粮大户	普通农户	种粮大户
农业生产总成本（C）	5 583.98	28 264.08	4 398.26	12 432.62	6 935.4	13 948.8	5 689.3	11 205.2
粮食作物收入（Y_1）	7 408.57	48 805.13	7 706.64	31 304.38	5 893.6	41 472.3	10 825.2	61 526.9
经济作物收入（Y_2）	652.54	1 141.12	161.11	665.56	652.4	120.1	534.0	52.2
畜牧养殖收入（Y_3）	3 225.44	4 032.26	1 723.93	1 130.57	5 886.1	345.7	37 286.0	732.3
劳动力价格（W_1）	1 282.35	2 020.51	4 952.62	4 417.36	1 864.3	1 241.8	1 021.3	1 938.3

---

① 生产资料成本主要包括：种苗、化肥、农膜、农药、饲料、机械灌溉以及土地流转费用。

（续）

变　量	粮食主产区				其他省份			
	均值		标准差		均值		标准差	
	普通农户	种粮大户	普通农户	种粮大户	普通农户	种粮大户	普通农户	种粮大户
生产资料价格（W_2）	3 901.23	3 510.21	1 526.21	5 494.34	3 621.3	1 617.6	3 521.1	1 021.7
劳动力投入（X_1）	170.94	557.28	96.26	177.95	166.2	544.2	210.1	201.3
种植面积（X_2）	8.63	96.91	8.04	152.68	5.5	9 237.2	4.8	30 762.0
生产资料费用（X_3）	4 653.52	13 130.46	2 323.43	29 136.36	3 460.9	10 527.5	4 276.4	8 452.6
专业化程度（Z_1）	0.58	0.87	0.02	0.22	0.7	0.7	0.3	0.4
信息化程度（Z_2）	0.07	0.11	0.25	0.31	0.1	0.2	0.3	0.4
粮食收入比重（Z_3）	0.25	0.68	0.24	0.28	0.2	0.4	2.2	0.4
农业保险（Z_4）	471.23	512.01	121.18	332.23	450.8	282.3	1 858.6	247.2
非借贷性支出（Z_5）	1 575.91	1 896.75	3 479.01	2 584.03	1 164.3	2 765.7	3 939.6	5 977.3

　　我国整体农户的多元化经营程度相对较低，实现了一定程度上的生产专业化，但种植大户与普通农户间存在较大差异（表2）。首先，粮食主产区中农户专业化程度处于较高以上的超过60%，远高于非粮食主产区的农户；其次，在专业化分布情况方面，种粮大户的专业化水平与普通农户之间并无太大差异，仍有超过30%的农户维持较高的多元化经营，而其原因一方面在于多元化经济所产生的范围经济，另一方面则与农户追求经营风险最小化而利润最大化的经济目标密切相关（Quigley，1998）。

表 2　我国粮食种植农户种植多元化程度统计

单位：%

多元化程度		全国平均	非粮食主产区		粮食主产区	
			普通农户	种粮大户	普通农户	种粮大户
很高	[0, 0.2)	0.55	2.36	0.00	0.10	0.00
较高	[0.2, 0.4)	10.63	23.33	3.87	15.16	7.15
中等	[0.4, 0.6)	24.79	33.48	64.04	21.32	24.81
较低	[0.6, 0.8)	19.26	30.78	12.63	10.44	17.41
很低	[0.8, 1]	44.77	10.05	19.46	52.98	50.63

四、实证结果与分析

（一）农户范围经济测算

　　本文借助 Stata11 软件对经 Box‑Cox 转换的超越对数成本函数进行估计，具体结果如表3所示。估计结果显示：除畜牧养殖收入与生产经营价格的交互项系数不显著外，其他变量估计系数均显著，且超越对数成本函数模型估计的 P 值为 0.000 0，R 值为 0.749 4，可见模型的总体可信度较高，拟合效果较好。因此，根据估计得到的成本函数模型，将农户不同类型的经营收入代入式（5）、式（6）中，进而计算得到我国农业生产的范围经济程度。

表 3　基于 Box－Cox 的广义超越对数成本函数回归结果

变量	系数	标准误	变量	系数	标准误
Y_1	0.000 2***	0.001 8	Y_1Y_1	−0.000 8***	0.000 1
Y_2	−0.006 7***	0.000 2	Y_2Y_2	−0.511 1***	0.147 1
Y_3	0.009 9***	0.002 4	Y_3Y_3	−0.000 5***	0.000 1
W_1	0.097 6***	0.033 5	Y_2Y_3	−0.004 7*	0.002 5
W_2	0.124 3***	0.035 2	Y_1Y_2	0.017 7***	0.005 9
Y_1W_1	0.000 7***	0.000 1	Y_1Y_3	−0.000 1***	0.000 1
Y_1W_2	−0.006 9***	0.001 4	W_1W_1	0.041 4***	0.003 3
Y_2W_1	−0.000 4**	0.000 3	W_2W_2	−0.013 9***	0.004 9
Y_2W_2	0.001 2***	0.000 3	W_1W_2	−0.027 5***	0.002 2
Y_3W_1	0.007 5***	0.000 3	cons	0.293 6***	0.074 1
Y_3W_2	0.000 2	0.000 2			
$Prob>F=0.000\ 0$			$R^2=0.749\ 4$		

注：***、** 和 * 分别表示在 1%、5% 和 10% 的水平上显著。

根据表 4 对被调查农户农业生产的范围经济系数的计算结果可知：现阶段，我国农业生产整体存在一定的范围经济现象，但不同省份之间范围经济程度存在较大差异。非粮食主产区的农业总体范围经济系数为 0.34，范围经济现象较为普遍，仅有北京、青海及新疆 3 个地区出现范围不经济现象，而华南及西南地区的省份，范围经济则较为明显，这在一定程度上反映出在西南部等山陵分布较为密集、耕地相对较为细碎的地区，农户通过多元化的农业生产能够获取成本节约。相比之下，粮食主产区的农业总体范围经济系数则仅为 0.26，略低于非粮食主产区，这充分暴露出农户在从事大规模、专业化的粮食生产过程中，受自身资本以及技术的限制，可用于从事其他农业生产的资源相对短缺，进而出现范围不经济现象。

表 4　我国农业生产及特定产品的范围经济系数

	省份	非粮食主产区 整体 范围经济	粮食作物 范围经济	畜牧养殖 范围经济	经济作物 范围经济		省份	粮食主产区 整体 范围经济	粮食作物 范围经济	畜牧养殖 范围经济	经济作物 范围经济
华北	北京	−0.740 2	0.179 9	0.187 9	−0.762 3	华北	河北	1.361 6	1.230 8	1.318 7	1.103 7
	山西	0.120 6	0.610 3	0.652 6	−0.286 2		内蒙古	−0.021 5	−0.241 5	0.952 4	0.124 2
华东	上海	0.458 6	0.779 3	0.831 9	−0.011 3	东北	辽宁	0.096 4	0.598 2	0.630 9	−0.245 3
	浙江	1.154 9	1.127 0	1.215 8	0.824 7		吉林	−0.381 9	0.359 0	0.383 7	−0.587 5
	福建	0.468 1	0.784 0	0.849 3	0.031 9		黑龙江	−0.580 3	0.259 8	0.278 5	−0.675 3
华南	广东	0.884 3	0.992 1	1.078 8	0.478 8	华东	江苏	0.262 1	0.681 0	0.736 1	0.827 6
	广西	0.447 6	0.773 8	0.839 2	0.042 6		安徽	0.342 5	0.721 2	0.776 5	0.057 7

（续）

	非粮食主产区					粮食主产区			
省份		整体范围经济	粮食作物范围经济	畜牧养殖范围经济	经济作物范围经济	省份		整体范围经济	粮食作物范围经济	畜牧养殖范围经济	经济作物范围经济
华南	海南	0.538 6	0.819 3	0.890 3	0.040 3	华东	山东	0.057 7	0.778 9	0.845 0	−0.151 2
西南	贵州	0.389 1	−0.144 5	0.801 3	−0.025 9	华中	江西	0.111 0	0.605 5	0.650 2	−0.254 8
	云南	0.336 2	0.618 0	0.665 7	−0.253 6		河南	0.148 2	0.824 1	0.886 4	0.150 9
	重庆	0.690 1	0.895 0	0.963 8	0.304 3		湖北	−0.132 2	0.166 0	0.827 3	−0.442 3
西北	陕西	0.561 9	−0.030 9	0.900 1	0.198 9		湖南	0.274 5	0.687 1	0.741 9	−0.177 2
	甘肃	0.222 8	−0.361 4	0.716 1	−0.181 8	西南	四川	0.495 5	0.797 7	0.861 6	0.058 7
	青海	−0.023 6	0.061 8	1.150 3	0.615 3						
	宁夏	0.246 5	0.173 2	0.726 9	−0.127 8						
	新疆	−0.109 9	0.495 0	0.532 8	−0.439 6						
均值		0.340 3	0.485 7	0.812 7	0.028 0	均值		0.264 7	0.620 6	0.760 7	−0.029 1

在特定的农业生产活动方面，表 4 分别列出粮食作物、畜牧养殖以及经济作物三大类农业生产的范围经济系数。其中，粮食作物生产与畜牧养殖均具呈现范围经济，其中畜牧养殖的范围经济较明显，两者之间存在较强的成本互补性，表明一定程度上农户可以通过从粮食生产向畜牧养殖业拓展进而实现总体生产成本节约，而这种成本节约则可能主要源于畜牧养殖对农作物秸秆的充分利用以及动物粪便对粮食生产的反哺（杨春等，2013）。相比之下，由于经济作物具有投入高、技术难度大且不易储存等特性（Hobbs et al，2000；徐家鹏等，2012），使得农户在从事粮食生产的同时很难再充分兼顾到经济作物种植，因而导致经济作物的范围经济则相对较弱，部分地区出现范围不经济的情况。

从地域分布来看，范围经济呈现出南方地区高于北方地区，非粮食主产区高于粮食主产区的局面。其中，由于非粮食主产区的农户粮食收入所占总收入的比重相对较少，农户的兼业程度相对较高，因而以生猪养殖和蔬菜种植为典型的畜牧养殖以及经济作物种植所表现出的范围经济优势相对明显。值得注意的是，作为紧邻特大型城市的河北与浙江两省，所呈现出的范围经济优势尤为明显。而原因则可能主要在于，其所具有的地缘优势不仅能够使其更及时地受到特大型城市所产生的技术辐射带动，而且由于特大城市的农产品需求相对较大，因而这种地缘优势能够大大降低农产品的流通、储存成本，进而实现成本节约。

（二）随机前沿生产函数估计结果及分析

表 5 为农户粮食生产效率与农业生产专业化程度频率分布。从分布情况来看，由于受自身技术能力以及管理水平等诸多"水平化"因素的制约（林雪梅，2014），CDI 指数越低，即粮食生产多元化程度相对较高的农户，其粮食生产效率相对较低，效率值几乎都处于 0.6 以下。而随着 CDI 指数的不断增大，即农户多元化程度的不断降低，粮食专业化程度不断提高，其粮食生产效率也逐步上升，其中 CDI 指数高于 0.6 且粮食生产效率亦

高于 0.6 的农户占样本总数的 56.43%。

为了进一步分析农户多元化所实现的范围经济对粮食生产专业化的影响，本文通过极大似然估计法对 Translog 生产函数及 Tobit 模型进行回归分析。首先，为了检验生产函数是否可以简化为 C-D 形式，本文对生产函数的二次项以及交叉项系数同时为 0 的原假设进行了联合显著性检验，结果拒绝了原假设，即生产函数选取超越对数函数的形式是合理的。其次，$\gamma = 0.7695$，且在 5% 的置信水平下显著，表明农户粮食生产过程中存在显著的技术无效率问题。

表 5 粮食生产效率与 CDI 指数频率分布

CDI 指数	粮食生产效率					
	[0, 0.2)	[0.2, 0.4)	[0.4, 0.6)	[0.6, 0.8)	[0.8, 1]	合计
[0, 0.2)	0.05	0.26	0.21	0.03	0	0.55
[0.2, 0.4)	0	3.88	4.21	2.20	0.33	10.62
[0.4, 0.6)	0.05	3.05	6.05	10.91	4.72	24.78
[0.6, 0.8)	0.04	0.42	2.21	12.18	4.42	19.27
[0.8, 1]	0.19	0.64	4.12	30.70	9.13	44.78
合计	0.33	8.25	16.80	56.02	18.60	100

注：表中数值是指在特定区域的农户数占全部样本农户数的比例（%）。

表 6 右半部分列出了效率方程的回归结果。需要注意的是，这里的因变量是非效率项，因此正的系数表示会降低技术效率，而负的系数则表示会提高技术效率。效率回归结果表明，模型的拟合程度及整体显著性相对较好，可信度较高。具体来看，农户的粮食生产专业化程度、信息化程度、粮食收入比重、非借贷性支出均与粮食生产效率显著正相关。虽然，农户的专业化程度系数亦为负，但由于农户专业化程度通过 CDI 表示，CDI 指数越高表明农户的多元化程度越低，而相对的专业化程度则越高，因而该系数为负表明随着农户的多元化程度的提高，粮食生产效率会不断下降。在农业保险相对不完善的条件下，农户通常会从事多种不同类型的农业活动，在分散经营风险的同时以谋求获取更高的农业收益（Rahman et al.，2009）。然而，本文研究得到的结论却与上述结论截然相反，其原因可能在于现阶段我国农户的生产能力有限，多元化的农业生产虽能实现范围经济，降低农业生产成本，但不同生产活动之间势必会出现资本及劳动力等生产资料的需求冲突，同时也会占用农户在粮食生产过程中的精力与时间，导致无法实现粮食生产要素的最优配置。

表 6 随机前沿生产函数及非效率影响因素回归结果

粮食生产效率估计模型			技术效率影响因素 Tobit 模型		
变量	系数	标准误	变量	系数	标准误
$\ln X_1$	0.0149**	0.0067	Z_1	−0.0108*	0.0062
$\ln X_2$	0.5789***	0.0106	Z_2	−0.0043***	0.0053
$\ln X_3$	0.3157***	0.0087	Z_3	−0.0219***	0.0062

（续）

粮食生产效率估计模型			技术效率影响因素 Tobit 模型		
变量	系数	标准误	变量	系数	标准误
$(\ln X_1)^2$	$-0.005\,5^{*}$	0.003 3	Z_4	$-0.001\,3$	0.006 6
$(\ln X_2)^2$	0.000 1	0.000 6	Z_5	$-0.006\,1^{*}$	0.003 7
$(\ln X_3)^2$	$-0.001\,5^{***}$	0.000 3	Z_6	$0.040\,9^{***}$	0.014 3
$\ln X_1 \times \ln X_2$	$-0.000\,1^{***}$	0.000 1	$\_\,cons$	$-0.722\,6^{***}$	0.003 3
$\ln X_2 \times \ln X_3$	$0.002\,7^{***}$	0.000 8			
$\ln X_1 \times \ln X_3$	$0.009\,5^{***}$	0.001 2			
$\_\,cons$	$5.422\,8^{***}$	0.054 5			
$\sigma^2 = \sigma_u^2 + \sigma_v^2$	$1.733\,6^{***}$	0.278 6	$Prob > chi2$	0.000 0	
$\gamma = \sigma_u^2 / (\sigma_u^2 + \sigma_v^2)$	$0.769\,5^{***}$		$Pseudo\ R^2$	0.567 8	
Obs	7 835		Obs	7 835	

注：$***$、$**$ 和 $*$ 分别表示在 1%、5% 和 10% 的水平上显著。

家中有互联网的农户粮食生产效率明显较高，随着农村互联网的普及，农户能够通过互联网不断获取相关的粮食生产技术及市场信息，进而调整生产策略提高粮食的生产效率；粮食收入占家庭总收入的比重越高粮食生产效率也越高。随着粮食收入占家庭总收入比重的不断提高，农户为确保收入的稳定性与持久性，势必会逐步将经营重心向粮食生产转移，在减少兼业以及非农劳动的同时，不断增加生产资料及技术支出，进而促使生产效率不断提升（Manjunatha et al, 2013）。此外，家庭及社会关系维护亦对粮食生产效率存在显著的正向影响。一方面，良好的家庭及社会关系能够为农户创造稳定和睦的生产环境；另一方面，农户为了应付日益增长的家庭及社会关系维护成本而不得不通过提高生产效率以获取更高的收益（Coelli et al, 2003）。

值得注意的是，农业保险虽与粮食生产效率正相关，但其影响并不显著。完善农业保险体系能够有效分散农业生产风险，阻止农户从单纯的粮食种植向经济作物及畜牧养殖等更高收益活动的转移，进而促使农户固化主要农作物的生产行为，使其通过更具效率但可能更富有风险的生产对象与技术提升农业生产效率（Asadullah et al, 2009）。但由于我国现阶段农业保险覆盖面窄、保障水平低、赔付水平低等情况突出，因而导致农户参与保险的积极性不高，农业保险也未真正发挥作用（黄延信 等, 2013）。此外，与普通农户相比，种粮大户在粮食生产方面并未展现出技术效率优势。因为我国种粮大户与普通农户相比，由于受农业技术的局限并未实现较大程度的技术进步。相反，种粮大户在通过扩大种植面积获取规模效益的同时，由于生产季节性的约束，农业机械的使用效率相对较低，加之劳动剩余相对较多，导致无法实现粮食生产要素的最优配置，因而降低了生产效率。

五、结论与讨论

本文通过广义超越对数成本函数构建了农业范围经济的数理模型，对我国农业生产的总体范围经济，粮食、经济作物以及畜牧养殖的特定范围经济进行测度，并进一步分析其对我国粮食生产的影响，研究结果显示：我国农业总体生产存在一定的范围经济现象，但不同省份之间范围经济程度存在较大差异。在特定产品的范围经济方面，粮食作物生产与畜牧养殖均呈现范围经济，两者之间存在较强的成本互补性，农户可以通过粮食与畜牧养殖混合经营的方式，实现生产成本节约，而经济作物的范围经济程度则相对较弱。但农户多元化经营在实现范围经济的同时，也出现了"多元化经济"与"专业化经济"的矛盾，即农户在多元化经营的同时会导致粮食生产效率损失。

针对上述的研究结果，本文认为混合经营在分散农业经营风险的同时，还可以获取一定的范围经济优势，因此农户尤其是新型经营主体从事混业经营的局面短期内势必会继续保持。但如果农户所从事的行业无法实现有效的经济规模，也就无法形成竞争优势，或者实行与粮食生产无关联的多元化经营，进而相对陌生的领域，则势必会增大农户的经营风险，因而农户的混业经营必须建立在专业化经营的基础之上，鉴于此，提出如下政策建议：①以市场为导向，完善农业社会化服务。针对不同粮食主体提供不同层次的服务，例如针对种粮大户等新型主体，提供专业技术指导、政策援助及分析，针对混业经营的小农户则提供相应的农业技术服务。通过不断强化供需双方的交流，弥补农户生产劣势，在鼓励小规模农户实行混业经营的同时，借助农业社会化服务实现农户生产全能专业化。②应进一步完善农业保险制度。一方面，试点建立动态农业风险调整机制，以前一年农业生产成本为基数，确定后续风险保率水平，实现保险赔付水平的动态调整；另一方面，设计多档不同的农业保额及保费，以满足不同类型农户的保险需求，力求通过农业保险有效分散农业生产风险，固化种粮大户等新型经营主体的粮食生产行为，进而通过提高其专业化程度，提升粮食生产效率，在确保我国粮食安全的同时，不断提高农户的粮食种植收益。

参考文献

杜莉，王锋，2002. 中国商业银行范围经济状态实证研究［J］. 金融研究（10）：31-39.

黄延信，李伟毅，2013. 加快制度创新，推进农业保险可持续发展［J］. 农业经济问题（2）：4-8.

匡远凤，2012. 技术效率、技术进步、要素积累与中国农业经济增长：基于 SFA 的经验分析［J］. 数量经济技术经济研究（1）：2-5.

刘婧，王征兵，2012. 农民专业合作社规模经济和范围经济研究：基于山西省不同资产规模下的调研数据［J］. 统计与信息论坛，27（4）：107-111.

林雪梅，2014. 家庭农场经营的组织困境与制度消解［J］. 管理世界（2）：176-177.

徐家鹏，李崇光，2012. 蔬菜种植户产销环节紧密纵向协作参与意愿的影响因素分析［J］. 中国农村观察（4）：2-13.

杨春，陈文宽，王云飞，2013. 我国西南农区草食畜牧业发展研究［J］. 农业经济问题（6）：14-18.

AL-MARHUBI F，2000. Export diversification and growth：an empirical investigation［J］. Applied Economics Letters，7（9）：559-562.

ABDULLAHI O A，LANGEMEIER M R，FEATHERSTUNE A M，2006. Estimating economies of scope and scale under price risk and risk aversion［J］. Applied Economics，38（2）：191-201.

ASADULLAH M N，RAHMAN S，2009. Farm productivity and efficiency in rural Bangla-desh：the role of education revisited［J］. Applied Economics，41（1）：17-33.

BAUMOL W J, PANZAR J C, WILLIG R O, 1982. Contestable markets and the theory of industry structure [M] . New York: Harcourt Brace Jovanovich: 200 - 750.

CAVES D W, CHRESTENSEN L, TRETHEWAY M, 1980. Flexible cost function for multiproduct firms [J] . Review of Economics and Statistics, 62 (3): 477 - 481.

CHAVAS J, Barham B, Foltz J, et al, 2012. Analysis and decomposition of scope economies: R&D at US research university [J] . Applied Economics, 44 (11): 1387 - 1404.

COELLI T, FLEMING E, 2003. Diversification economies and specialization efficiencies in a mixed food and coffee smallholder farming system in Papua New Guinea [J] . Agricultural Economics, 31 (2 - 3): 229 - 239.

DURANTON G, PUGA D, 2001. Nursery cities: urban diversity, process innovation and the life cycle o products [J] . The American Economic Review, 91 (5): 1454 - 1477.

HOBBS J, YOUNG L, 2000. Closer vertical co - ordination in agri - food supply chains: a conceptual framework and some preliminary evidence [J] . Supply Chain Management, 5 (3): 131 - 143.

LLEWELYN R V, WILLIAMS J R, 1996. Nonparametric analysis of technical, pure technical and scale efficiencies for food crop production in East Java and Indonesia [J] . Agricultural Economics, 6 (15): 113 - 126.

MANJUNATHA A V, ANIK A R, SPEELMAN S, et al, 2013. Impact of land fragmentation, farm size, land ownership and crop diversity on profit and efficiency of irrigated farms in India [J] . Land Use Policy, 31 (4): 397 - 405.

MASCARENHAS M, 2001. Farming systems research: flexible diversification of a small family farm in southeast Michigan [J] . Agriculture and Human Values, 18 (4): 391 - 401.

PAUL M, NEHRING R, 2005. Product diversification, production systems, and economic performance in U. S. agricultural production [J] . Journal of Econometrics, 126 (2): 525 - 48.

QUIGLEY J M, 1998. Urban diversity and economic growth [J] . The Journal of Economic Perspectives, 12 (2): 127 - 138.

RAHMAN S, BARMON B K, AHMED N, 2009. Diversification economies and efficiencies in a "blue - green revolution" combination: a case study of prawn - carp - rice farming in the "gher" system in Bangladesh [J] . Aquaculture International, 19 (4): 665 - 682.

RAHMAN S, KAZAL M M H, 2015. Whether crop diversification is energy efficient: an empirical analysis from Bangladesh [J] . Renewable and Sustainable Energy Reviews, 45 (5): 745 - 754.

WANG H J, 2002. Heteroscedasticity and non - monotonic efficiency effects of a stochastic frontier model [J] . Journal of Productivity Analysis, 18 (3): 241 - 253.

XU X S, JEFFREY S R, 1998. Efficiency and technical progress in traditional and modern agriculture: evidence from rice production in China [J] . Agricultural Economics, 18 (2): 157 - 165.

动迁前后社区公共空间的变化及其启示[①]

——以北京市 J 小区为例

刘金龙 孙旭东 于浩明

(中国人民大学农业与农村发展学院，北京 100872)

摘 要：我国城郊型社区经济快速发展，同时社会、文化冲突和社区治理问题也最为集中。通过对微观案例 J 村研究后发现，J 社区动迁前后，公共空间从一个自然村突变为典型中国城市社区。自然而散落的内生的家庭庭院、公共水井、私家磨坊、社区关帝庙和私家菜地，以及社区文化园和会堂被外观更精美、功能更专一、布局更集中的政府和开发商外生供应的社区广场所取代。社区组织发育不良，培育不够，导致动迁居民难以适应城市消费主义的生活方式，社区传统社会交往、行为规则和社区自发的精神文化生活中断，新建公共空间不符合农民需求。此可归因于动迁农民自身传统习惯的延续、政府一刀切的公共空间供应模式、社区组织的缺乏。城郊型公共空间建设应当尊重农民意愿，强化社区建设，加快农民市民化进程，创新社区治理模式。

关键词：城郊型社区 公共空间 变迁 需求 政策建议

一、前 言

社区公共空间（public space）为社区居民社交、聚会、玩耍、商业和娱乐的聚集地，是人们可以自由进入并进行思想交流的场所，也包括在这些场所中产生的一些制度化的组织和活动（曹海林，2005a；董磊明，2010）。这是基于城市景观管理领域公共空间的内涵（陈水生，石龙，2010），吸纳了哈马贝斯（2004）提出的公共领域（或空间）的思想。公共领域（public domain）指的是供个体公民聚会、介于国家和社会之间的公共空间，可自由发表言论，共同讨论他们所关注的公共事务，维护总体利益和公共福祉（哈马贝斯，2004）。社区公共空间是介于社区家户等私人空间和公共权力领域之间的一个概念，是社区共有的部分。社区公共空间客观地反映社区集体行动内容、社区公共精神文化生活、社区合作的社会基础（周志清，2008）。社区公共空间对居民而言是组织社区社会、精神、文化和政治生活的平台，对基层政府而言是社区公共事务和社区精神文化价值的建设和维护的平台（曹海林，2005b；王春光，2004）。

城郊动迁社区呈现出从一个农村社区快速转化为城市社区。华北平原传统乡村村落，聚族而居，村里大树下、沟渠旁、庙宇、广场、学校、商店等都成为村民们日常活动的公

---

① "中央在京高校重大成果转化项目：京津冀协同一体化发展研究"专项资助。

共空间。农村社区公共空间是村民日常共同的生产生活活动重要场所，是乡村秩序维护的重要平台，是乡土文化和礼治格局传承和村庄共同体延续的重要载体，以满足村民情感上的需要，附着村民精神上的归属（费孝通，1998；戴林琳，徐洪涛，2010）。城郊社区是城市空间扩展的主要方向，随着大量新居民的进入和流动人口的涌进，城郊型社区从"一元"的传统农业社区重构为"二元"的城郊型社区（华羽雯，熊万胜，2013）。公共空间经历了计划经济时期的"异化"，改革开放时期的"复兴"，快速城镇化背景下的"衰亡"，新时期的"迷失"（王春程等，2014）。政府自上而下的推动城郊型社区城市化，忽视村民对于空间的真实需求，盲目追求城镇化，导致乡土传统文化流失，乡村公共空间面临危机。城郊型社区在社会、文化上的冲突，成为我国社会治理问题最为集中的区域（黄小慧，刘金龙，2014）。

21世纪以来，物化主义的发展逻辑压倒了人本主义的发展导向，城市社区公共空间反映了资本和权力的利益与意志，忽略了城市居民的真实需求（陈水生，石龙，2014）。城镇化的快速发展，土地寸土寸金，因巨大利益的驱使而忽略了人们的基本需求（袁继芳，陈建国，2014）。公共空间的配套与社区管理脱节，完全依赖开发商的自觉性配套公共空间，而相应管理制度的缺失及巨大经济利益的驱使，致使开发商的行为难以约束（胡畔 等，2013）。政府在规划和城市建设过程中，往往忽视失地农民自身的努力，忽视社区社会性组织在创造社区公共空间上的作用（周志清，2008）和NGO的介入（任怀玉，2011）。

社区公共空间是他们逐渐熟悉和融入城市生活场域，其形态与功能的有效发挥直接影响着农村社区向城市社区的转型，考验政府的治理水平和服务能力，是建设一个人性的、包容的宜居幸福之城，还是成为冲突、排斥的精神荒漠（王翀等，2004；刘金龙，黄小慧，2016）。城郊社区动迁前后公共空间变化甚巨。本文以北京J村为例，从一个具体微观案例出发，分析动迁前后社区公共空间发生了哪些变化？站在动迁居民的角度，分析这些变化对他们的影响？并从中思考城镇化社区公共空间建设问题。

二、J社区与研究方法

（一）研究对象

J村紧邻北京市昌平区，起于明代的卫所制度。在2010年动迁之前，J村有农户414户，7个村民小组，常住户籍人口1 646人，自然分布在北街、西街和东街三条主街上。军屯解体后留下的军人和家属、南来北往的客商构成了J村的主体，姓氏多达二十余个，历史与渊源各异。因此，J村缺乏中国传统农村社区的家、族、宗、乡的内敛基因，而多了些来自于政界和商界的外来因素。改革开放以来，村民外向型社会网络特征得到了发挥，约超过一半的家庭至少有一位成员谋取了行政事业单位或国有企业单位工作，包括到外省如河北张家口市。国有企事业单位在征占J村集体土地过程中招录一批农民工。世纪之交，一批农民转成非农业户口。在动迁前，J村实际农业人口只有324人，占总人口的19.68%。村中居民除了在政府机关上班外，绝大多数从事商业、服务业工作，只有极少数村民依赖集体土地而生活。在拆迁中，村民都住一层平房或二层楼房，每家院落（包括建筑）平均 274.7 平方米，建筑面积 273.8 平方米，户均建筑估价 101.4 万元。每户分得小块自留地用于种菜，村民共用水井。

新建成的 J 小区为昌平区至今规格最高的回迁小区之一，完全依照商品房的标准建造，拥有地上、地下车库以及配套的休闲娱乐设施。小区占地面积 115 111 平方米，总建筑面积 33.6 万平方米，包括地上总建筑面积 23.4 万平方米，地下总建筑面积 10.2 万平方米。在总建筑面积中，住宅 20.2 万平方米，商业 5.4 万平方米，公共服务设施 8 万平方米，容积率 2.0，绿化率 31%。到 2014 年年底，除十余户拒绝拆迁外，其他村民采用货币补偿与房屋安置相结合的方法自愿入住新小区。J 小区交通便利，距地铁仅 700 米，小区门口有多路公交通行。周围相关生活服务设施完善，有幼儿园、小学、中医院、邮局、银行等。小区的供暖、水电归属市政，聘请物业公司负责小区照明、卫生、安保等。拆迁居民不再有院落和自留地，三代、四代同堂变成了 3～5 套两居、三居室的楼房，人均住房建筑面积从 68 平方米下降到 44 平方米。

（二）调研方法

查阅 J 村现有文献和历史档案，理解 J 村的历史、文化、经济活动的变迁，初步确定了调研的问题提纲。由于 J 村刚动迁，我们获得了拆迁前后村落及各家户居住条件的变化情况。2014 年冬，开展了预调研，实地走访了拆迁前的社区原址和建成 J 小区，访问了区、镇、村相关部门和少数村民代表，进一步精炼了问题提纲，制订了田野工作计划。采用半结构访谈的方法，请 J 村中的老人、书记、村长、前村长、善于讲故事的社区群众代表等讲述社区拆迁前后的家庭生产生活、人际交往、社会活动等方面的变化，理解动迁对 J 村及居民在生产、生活、精神、文化活动的影响。选择有代表性的拆迁户、拒绝拆迁户进行深访。

在 J 村，我们组织了焦点小组访谈，这些焦点小组包括老人小组、家庭成员小组、社区干部小组。在我们的指导下，每个小组集体讨论动迁前后社区公共空间的变化，J 村社区居民生活、交往的变化。

（三）分析方法

扎根理论指导着我们对收集数据的分析。在每次调研前，精心准备希望理解的问题，带着假说走访社区、开展访谈。每次调研后，做好数据的整理，并在研究小组中分享与讨论，形成对已有假说的结论，产生新的疑惑和对这些疑惑新的假说，再次开始社区调查。如此循环往复，直到我们获得了满意的答案为止。2016 年年初，将形成的假说和答案与 J 村村委会领导与部分社区居民分享，在分享过程中促进社区群众的提问，以便可以解释研究发现，引起访问对象的讨论，印证或修改之前的假说和答案，最终形成本文的结论。

三、结果与分析

从聚落的农村大院搬迁到集中规划的楼房小区，公共空间变化巨大。为了叙述的方便，社区公共空间划分为社区物理类的公共空间和社区组织类的公共空间。

（一）物理类公共空间及其影响

从图 1 可以看出，动迁前原村落与动迁后小区物理类公共空间差别极大。

1. 生活消费类公共空间

原村落只有少数小商店为消费场所，庭院配置了堆放各种生产生活用具的空间。在 J 小区设有一条商业街，有商店、超市、服务站、服装店、茶馆、饭店、菜市场等，动迁后居民进入了典型城市商业公共空间。迁入 J 小区后，社区内楼道、花坛成为社区居民存放农用工具、自行车等生产生活杂物的场所，部分花坛又被村民开辟为菜地。新社区的消费需求类公共空间大幅度增加，而居家生产生活空间则大幅度压缩。新增了物业费、水电费、供暖费等支出，因失去了自家菜园，生活消费品支出大幅增加，生活成本增加。社区动迁过程中需要建设便捷消费公共空间，更应当关注 J 区居民，尤其是弱势群体满足需求的经济能力，并充分照顾到居民日常生产生活对公共空间的需求。

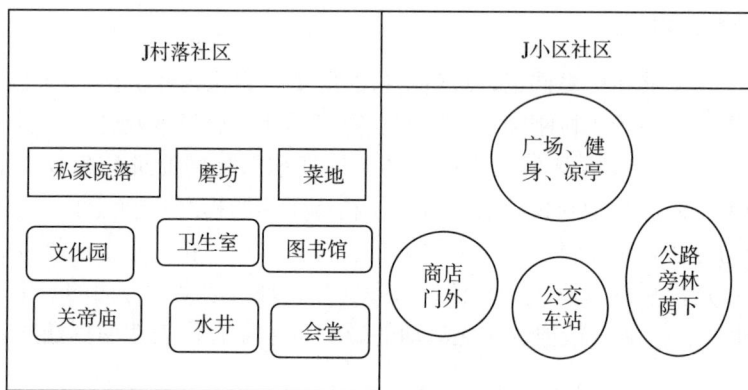

图 1　拆迁前后 J 村社区物理性公共空间对比

2. 社会交往类公共空间

人需要在与他人的交往中实现自我的社会认同。以往庭院是农民生产、生活、节庆祭祀和乡村礼仪风俗传统传承的基本场所。在自家院落搭棚举办红白喜事、生日庆典、升学庆祝等活动，整个村庄可参与其中，这凝聚了村落社区居民的习俗、情感、人际。J 村的公共水井、私家磨坊、社区的关帝庙和菜地是社区居民交换信息、交流情感，积累守望相助精神的场地。

小区单元房的私密性完全不同于农村大院。社区日常交往受限于迁入后的空间安排和新的生活规范，老年人不适应尤其突出。楼房的防盗门、室内整洁的装修、进门换鞋、不能抽烟等阻碍了社区居民的日常交往活动，串门行为消失。自迁入 J 小区后，无搭棚场地，部分人选择酒店办红白喜事而增加成本，更多人选择了放弃，或缩小操办规模。迁入居民认为酒店办喜事不热闹，没有传统特色。乡村传统红白喜事的操办方式正在两难中被慢慢遗忘。在 J 小区的中央，建有约 100 平方米的广场，周边配置了健身器材和凉亭，设施专用性强，缺乏朝阳座椅，农民日常唠嗑受限。

3. 文化娱乐类公共空间

村北有一关帝庙，建于明末清初，分南大殿和北大殿，北大殿已被毁。南大殿基本框架还在，墙上作为村小学时绘制的"好好学习、天天向上"的标语清晰。村民搬入 J 小区后，关帝庙已失去礼俗文化和教育功能。庙前有两颗槐树，树龄超 200 年，被北京市政府列入古树名木保护名录。村中老人曾用双手挖出的巨坑，曾为华北的建筑用沙主要来源，是集体时代 J 村辉煌而闻名的象征，现被规划为城市公共绿地。庙和古树成为 J 小区"乡愁"的仅存代表。原村落西街建成集休闲、娱乐、健身为一体的文化园，面积为 500 平方米的会议室，配置了村卫生室、图书馆和棋牌室。文化园是村里举办文娱活动的专用场地。每年村委会请高跷队、秧歌队、舞龙队来表演，组织社区合唱比赛、文艺汇演，还不定期播放电影，与邻村之间举办篮球赛等。这里为村民提供了超越传统村落价值的公共空间，为村民学习、生活、健康、交往和介入乡村政治生活提供了场所。

动迁后，活动场所被清除，村里不再举办文艺活动，改由镇里统一组织，文艺骨干被抽调到镇里，底层村民更难以参与到社区文化活动之中。原村落篮球场等场地被清除，体育比赛取消，而小区内的健身设施一般被用作晾晒衣物。J 小区配置了一张从没有使用过的室外乒乓球台，而社区年轻人都喜欢篮球和羽毛球。村里原有的室内棋牌室拆除了，村落零星大树下就是棋牌活动场地，在 J 小区，马路边的小树下和小区超市门口成为新的棋牌场地，相较于过去，这里靠近马路，车来车往，嘈杂、危险、污染严重。

（二）组织类的公共空间

J 村姓氏庞杂，关帝庙由乡贤而非家族兴建，无传统意义上的祖坟，相对于传统的中国乡村，家族、宗族对本村政治、经济和社会生活影响很小。历史上 J 村社区居民依赖上一层次的政治和行政资源形成个人社会网络。依赖家庭红白喜事临时形成社区组织生活。随着社区老龄化和退出农作，本村自发形成了一个街头秧歌队，是动迁前唯一的自发性组织类公共空间。

动迁后党支部、村委会、村合作经济组织维持不变，承担着基层政权管理职能。在社区居民眼中，他们更像是一个福利机构，分米、分油、分补贴，是有难能找的组织。在动迁过程中，村民内在凝聚力被肢解，村委会、基层政府和开发商构成了同盟，与被肢解的一个又一个零落的家庭单元签订动迁协议。动迁后，街头秧歌队解体，J 区居民如同一般城市小区一样，单独面对市场和社会寻求各自的生计而忙碌。

（三）社区公共空间变化的特点

1. 从自然到人造

传统农村院落公共空间简陋而自然，J 小区的公共空间是设计建造的，外观造型精美，具观赏性。动迁前村民在村落散落的大树下聊天、下棋。动迁后的小区广场表现出形象化、图案化等特征，周围有乒乓球台等健身设施以及凉亭、石凳等休闲聊天场所。

2. 从通用到专一

村落少有专门的休闲娱乐场所，J 小区公共空间专一性强。磨坊是从事农事劳作的地方，由于其处在村落中心，且空间开放，成为村民们相互交往、交流信息的一个平台。在新社区，公共空间被分类，体育类的健身设施、文艺类的广场、生活类的凉亭步道等。每个空间有相对特定的用途，专一性强。

3. 从分散到集中

村落公共空间的分布分散，J 小区布局更集中。除了公权力推动下的文化园和会堂外，更多的是小而分散的"非正式"公共空间，如门前大树、水井、院落空地等。在新小区，绝大多数休闲娱乐活动都集中在一个广场上。村落公共空间整体上呈分散点状分布，而 J 小区公共空间呈集中片状分布。

4. 从内生到外生

构建主体上，由村民自主到由开发商主导。村落的公共空间多是村民自发创建，由农民的内在需求推动，是内生的。老年人喜欢下棋，村头大树下的简易桌椅，就成为长期固定的"棋牌室""聊天室"。村民自家院落，农闲季节可用于纳凉聊天。在新社区，广场、健身设施、凉亭等是政府、开发商规划建设的，公共空间的构建主体转向政府和开发商，即外生力量推动。农民搬进新小区后只能选择适应，其能动性发挥受限。

（四）启示

激烈干预下转型社区公共空间建设的理论和政策研究尚属贫瘠。学者们认识到动迁后的公共空间是农民居民逐渐熟悉和融入城市生活场域，其形态与功能的有效发挥直接影响着社区中每一个人的生活、社区治理结构变革和精神文化价值的重塑。从本案例可以看出，动迁前后公共空间的巨大变迁，将 J 小区更多推向了精神文化价值的断裂，没有考虑到社区人的生活、治理和精神文化价值的适应和重建，难以成为人性的、包容的宜居幸福之城，也没有考虑到新建社区治理模式和发展策略的选择方向。其主要原因可体现在以下几个方面：

1. 没有重视村落公共空间的传统并吸纳其优点

动迁居民祖祖辈辈生活在传统村落中，内倾型社会交往方式和对村落生活习惯的固守难以短期改变。内倾型社会交往方式表现为动迁居民原有交往方式、对象的延续、对异质性群体的排斥。动迁居民集中安置，保留了 J 社区亲缘、地缘关系。动迁后，居民空出了大量的单元房，这可增加动迁居民收入，但也大量涌入了小区租户和买房者等"外来者"。而动迁居民将迁入新区后种种不适应迁就于外来者，两类群体被迫不和谐地共享一个社区。动迁居民住进现代化社区，却难以放弃原有生活习惯。对农民来说，土地既是生计来源，更是感情寄托。尽管小区物业明令禁止，J 村村民仍在绿化带上开辟了一片片"菜地"。将各种杂物甚至垃圾堆放在小区花坛、步道等处，破坏了小区专用性很强的公共空间布局。

2. 政府"一刀切"的供给方式

J 小区公共空间由政府和开发商统一提供。政府和开发商不能因地制宜、实事求是提供公共空间，而是一味照搬城市社区模式。J 小区号称是昌平区规格最高的回迁小区之一，设计精美的"城市小区"既不能满足动迁居民的需求，又在浪费公共空间资源。

3. 社区组织的缺失

动迁后 J 村居民家庭人均资产从 34 万元，大幅上升到约 155 万元。地方政府和开发商从他们的视角尽力为 J 村居民提供现代化生活设施。然而，现实很骨感，问题根源在于长期忽视社区组织的培育。动迁前村民一盘散沙，动迁后更是一盘散沙。依靠政府介入的青年活动、老年活动、社区文艺活动，以及由此形成的可带动社区自发形成村民自我服务、参与村庄日常事务的平台，动迁后消失了。形成了政府直面 J 区居民的社区治理格局，村委会难以承担村民利益代言人和庇护者的角色。社区组织建设能有效提高村民自信和与外来组织的谈判能力，有利于社区内部共识的达成，大幅度缓解单个农户与基层政府的张力（刘金龙，黄小慧，2014）。只有加强社区建设，创新社会管理，需要改变原有固化的社区权力结构和扭曲的治理逻辑，将社区治理纳入法制建设轨道，形成有效的政府与居民沟通媒介和过渡机制，才能将 J 社区打造成安定和谐的现代新型社区（刘金龙 等，2015）。

四、结论与讨论

通过对 J 村微观案例细心研究后发现，J 社区动迁前后物理类公共空间从一个自然村突变为典型中国城市社区。自然而散落的内生的家庭庭院、公共水井、私家磨坊、社区关帝庙和私家菜地，以及社区文化园和会堂被布局更集中、外观更精美、功能更具专一的政府和开发商外生供应的社区广场取代。原村落组织类公共空间唯有一个街头秧歌队，依赖家庭红白喜事而临时形成社区组织生活，发育不良，培育不够。而动迁后，J 区居民家庭成为独立的单元，村委会成为村民的福利机构，而不是庇护者。这些显著的变化导致动迁居民所处的新旧公共空间差别显著，产生不适应现象。具体体现在：动迁居民难以适应城市消费主义的生活方式，经济压力增大；社区传统社会交往、行为规则和社区自发的精神文化生活中断；被贴上"现代化"标签的 J 小区公共空间不符合农民需求，且利用率低，设施难以被专业的使用，如花坛里种菜、楼道成农具储藏地、体育设施晾晒衣服等。

上述问题的产生可归因于动迁农民自身传统的延续、政府一刀切的公共空间供应模式、社区组织的缺乏。因此要克服城郊型社区动迁过程中出现的问题，需要从农民、政府和社区 3 个方面入手。培养农民改变不适合城市生活的旧传统，接触城市思维和生活方式，融入城市社区生活，自觉爱护社区公共空间。从政府看，社区公共空间供应应该传承村落文化，展现出原有村落独特的文化特色，具有地域文化特色的社区公共空间有利于唤醒动迁农民对传统生活的记忆和体验，让社区留下乡愁。要大力培育和发展社区社会组织，形成政府与各类社会组织之间分工、协作的治理模式，增强动迁农民的组织积极性，整合多元化利益和协调社会矛盾。创造更多动迁农民利益表达的公共空间，使动迁农民与政府之间实现多渠道、多方式的沟通。允许自主探索，以他们能接受的方式推进动迁农民社区治理模式的创新。

更深层次看，当下中国处于导向市场主义、个人主义、消费主义的时代，与农民传统上的内敛、节俭、老实、忠厚存在着无限的张力。农村是难以抵抗城市消费主义的侵蚀，农村在消费主义侵蚀的过程中而变得落后，农民变得迷信、变成刁民，而政府唯恐农村不发达，唯恐农民不以金钱为中心（曹锦清，2006），乡村和城市的张力越来越紧。没有针对消费主义和物化主义过盛的文化建设、没有社区组织建设，单靠居住在城里人的、自以为是的意淫，推动农村城镇化、农民现代化，建设和谐社会不大可能（黄小慧，刘金龙，2014）。

参考文献

曹海林，2005a. 村落公共空间：透视乡村社会秩序生成与重构的一个分析视角 [J]. 天府新论（4）：
  88-92.

曹海林，2005b. 乡村社会变迁中的村落公共空间——以苏北窑村为例考察村庄秩序重构的一项经验研究
  [J]. 中国农村观察，6：61-73.

曹锦清，2006. 历史视角下的新农村建设——重温宋以来的乡村组织重建 [J]. 探索与争鸣（10）：
  6-9.

陈水生，石龙，2014. 失落与再造：城市公共空间的构建 [J]. 中国行政管理（2）：70-73.

戴林琳，徐洪涛，2010. 京郊历史文化村落公共空间的形成动因、体系构成及发展变迁 [J]. 北京规划
  建设（3）：74-78.

董明磊，2010. 村庄公共空间的萎缩与拓展 [J]. 江苏行政学院学报（5）：51-57.

费孝通，1998. 乡土中国（D）. 北京：北京大学出版社.

哈贝马斯，2004. 公共领域的结构转型 [M]. 曹卫东，等，译. 上海：学林出版社.

胡畔，王兴平，张建召，2013. 公共服务设施配套问题解读及优化策略探讨——居民需求视角下基于南
  京市边缘区的个案分析 [J]. 城市规划，10：77-83.

华羽雯，熊万胜，2013. 城郊"二元社区"的边界冲突与秩序整合—以沪郊南村为个案的调查与思考
  [J]. 宏观视野（3）：49-55.

黄小慧，刘金龙，2014. 城与乡的关系史：新型城镇化思考 [J]. 湖南城市学院学报（3）：1-7.

黄宗智，2000. 华北的小农经济与社会变迁（D）. 北京：中华书局.

刘金龙，翟福生，张明慧，等，2015. 农村社区建设有待进一步破题 [J]. 中国国情国力（5）：35-37.

任怀玉，2011. 农村社区公共空间研究——基于 NGO 参与农村社区建设的个案研究 [J]. 中国行政管
  理，10：113-117.

王翀，王卫红，杨少飞，2004. 我国社区公共空间管理的主要影响因素调查 [J]. 浙江统计，9：21.

王春程，孔燕，李广斌，2014. 乡村公共空间演变特征及驱动机制研究 [J]. 现代城市研究，4：5-9.

王春光，孙兆霞，罗布龙，等，2004. 村民自治的社会基础和文化网络——对贵州省安顺市 J 村农村公
  共空间的社会学研究 [J]. 浙江学刊（1）：137-146.

袁继芳，陈建国，2014. 从广场舞扰民看城市体育休闲公共空间的缺失 [J]. 武汉体育学院学报（9）：
  36-37.

周志清，2008. 城郊结合区域公共服务设施配置的理论思考 [J]. 上海城市规划（2）：7-11.

美丽乡村生态建设 PPP 模式构建

——基于白洋淀三个村庄的调研

王　军　刘竟资　陈　希

（河北农业大学商学院）

摘　要：在我国经济进入"新常态"，财政预算约束下，农村生态公共基础设施建设需求强烈，而农村融资严重不足。为了降低政府投资风险，减少政府财政负担，引导企业、金融机构等社会资本参与农村生态环境建设，确保农村生态设施的良好运行，运用实地调研问卷和观察方法，调研了白洋淀纯水村东田庄、半水村大田庄和赵庄子村"美丽乡村建设"工程的建设和运行状况后发现饮水、污水治理和垃圾等基础工程存在以下问题：政府统一规划乡村建设，结合当地特色不够，征求村民意见不充分；投入大量资金进行生态基础设施建设，但运行保障能力缺乏等。主要原因：财政受到预算和债务约束；社会资本尚无利益持续保障；投资双方的法律调解机制不完善；缺少农村生态建设成功范例；缺乏独立法人和公司经营主体；地权不清导致项目运行尚存风险；缺少公众监督和足够的信息公开等。借鉴国内外公共建设和农村基础设施建设经验，根据其对白洋淀的适用性，优选构建出适用于白洋淀美丽乡村生态建设的赵庄子特许经营权、东田庄租赁合同、大田庄服务合同运行的差异化 PPP 模式。进而提出推动 PPP 模式在白洋淀农村生态基础设施应用的对策：强化组织，完善机制；优选经营主体，做好示范推广；加强评估考核，实施问责机制；完善财政补贴，预警化解风险；加强宣传解读，广纳社会参与。

关键词：农村生态　基础设施　PPP 模式　运营管理

一、引　言

为了加快推进"美丽乡村"建设，2013 年以来农业部、财政部、发展改革委以及保定市安新县制订了一系列政策法规和专项工作方案。但从整体看，美丽乡村建设缺乏系统的过程控制、质量管理、结果评价标准及运行维护、服务规范，政府绩效考核难，政策效果评价难。实地调研发现了政府提供公共建设的"一元独治"模式下，工程设施运行没有保障等突出问题。为此，在当前严控财政支出管理形势下，美丽乡村生态建设，引导并优选社会资本进入，构建 PPP 适用白洋淀各类模式，具有重大意义和紧迫性。

二、文献综述

PPP（Public Private Partnership）模式是指政府通过与社会资本建立伙伴关系提供

公共产品或服务的一种合作模式。其实质是公共基础设施的市场化。PPP 模式最早产生于 20 世纪 70 年代的英美国家，当时为解决经济萧条下财政短缺导致的公共部门投资不足，从而倡导私人部门参与并将 PPP 模式用于公共政策。从 2008 年以来在学术界从理论上广泛探讨其运用在农村基础设施建设上的必要性，以引起政府和社会资本的重视，政策支持的基本框架主要包括 PPP 模式的适用范围、设立程序、招标投标评标程序、特许权协议、风险分担、权利与义务、合同规范、监督与管理以及争议解决方式和适用法律等方面但推广成功的典型范例尚未发现。

从 2005 年建设社会主义新农村，到十八大提出建设美丽中国到 2013 年中央 1 号文件中提出建设"美丽乡村"的奋斗目标。随着美丽乡村国家标准《美丽乡村建设指南》的发布，美丽乡村生态建设指标越加清晰。十八届五中全会再次聚焦农村生态问题，提出在生态建设过程中应运用 PPP 模式，通过多渠道融资，公开招标建造，提高生态建设项目透明度，确认运行正常有效后，移交于农村，同时提供专业机构或人才以加强后期管理与监督，签订运营维护合同。建立起风险共担、利益同享的关系，从而减轻政府的财政负担，减小企业的投资风险，同时满足农村在技术和人才方面的需要，实现多方共赢。

国外在生态建设中运用 PPP 模式的案例主要在城市。例如，加拿大萨德伯里市污泥处理项目、波兰的波兹南市政垃圾能源化处理项目等，通过多方集资来解决了政府投资不足的问题，通过租赁、外包、合同经营等形式降低公共风险，并规范参与者权利与义务，签署合同，明确其责任，同时减短运行周期，以减少运行中不可预知因素以保障参与者合法权益，上述做法值得借鉴。

目前，我国掀起了 PPP 项目热潮，大型成功案例也都集中在城市，农村暂未发现典型案例。

陈大洲阐明了我国农村环境治理的现状和困境，从重要性和可行性用 PPP 模式对我国农村环境治理进行了分析，认为我国农村未来发展趋势为 PPP 提供了有利条件，并详细介绍了 PPP 模式的职能划分。

戴学珍阐述了 PPP 模式在我国存在的现状，着重研究了在我国农村基础设施中出现的问题，对 PPP 模式在我国农村基础设施应用的领域予以区分，并从政府、政策、职能和结构等方面提出建议，以确保 PPP 项目的顺利实施。

近年 PPP 模式在有关部门已得到广泛关注。2014 年财政部财政科学研究所贾康认为 PPP 概念下的机制创新可以产生正面效应。并由此得出应把 PPP 从融资视野提高到管理模式创新，再从管理模式创新提高到全面改革配套必备事项这样一个高度来认识。

总之，PPP 模式在我国农村基础设施的运用已得到广泛关注和认可，其重要性和紧迫性得到一致认同，而对于我国农村基础设施的现状和问题，因时间和空间及地理位置的不同而各异。我们需从实际出发，根据法律、政策、参与主体等方面筛选出适用于农村基础设施的 PPP 项目。

三、白洋淀美丽乡村生态建设调研与分析

（一）调研基本情况

2015 年 9 月，河北农大师生共 12 人以"白洋淀美丽乡村生态建设"的主题，选择安

新县白洋淀区圈头乡纯水村的东田庄、半水村大田庄和赵北口镇半水村赵庄子村，进行了两天的调研。采用入户问卷、观察以及领导访谈传统方式进行。内容包括农村饮用水、生活污水、垃圾处理、厕所分布使用情况及农村基础设施建设及运行等。

调查基本情况综合整理后见表1。

表1 白洋淀3个村庄农村生态设施建设及运营概况

地点	户数	饮水供给	污水处理	规划遗留	垃圾处理	新能源使用	资金来源	旅游投入
东田庄	400～500户，约2 000人	无水费，无节水设备	污水处理站（3个）在建未运行	非主干道路无硬化	收集点3个，专人处理1人，无垃圾处理站；就地村边填埋	早期沼气池未运行	全部政府投资	私营150万元左右
大田庄	约1 000户，5 000人	无水费，无节水设备	污水处理站（2个）在建未运行	美化工程（墙面粉刷）未足额完工	收集点1个，专人处理4人，无垃圾处理站；填埋	无	政府投资	私营1万左右
赵庄子	428户，约1 400人	无水费；有节水设备	污水处理站（2个）；运行良好	基本符合五化标准	多个垃圾收集点，专人处理6人，村收集—乡运输	温泉井供暖、供热	政府、企业投资及农民自筹	集资共达3 000余万元

资料来源：2015年实地调研。

调查可见，东田庄和大田庄的农村基础设施建设主要是政府出资，资金来源比较单一，项目缺乏质量监督与管理规范，无政府绩效考核和政策效果评价。一些工程不达标常常造成资源与资金的浪费，目前一些工程强制BT模式中间缺少了运行保障环节，甚至施工者在工程建造验收后未经运行就已撤走。赵庄子村政府、企业、农民、村集体多方集资，已经具备PPP模式雏形。该村土地为集体所有制，生态建设土地纠纷少；工商企业迁出时有土地整理，并兴建了村边乡村工业园区，建立污水管网及污水处理站净化污水，实行"户清理，村收集，乡运输，县处理"的垃圾处理方式；村庄的美化工程已形成清水绕村、白墙灰瓦、绿树成荫、文化洋溢的旅游村格局，只是村民的环保意识有待提升。该村将以旅游业为主导产业的规划思路明确，但因缺少投资运营方和高级管理型人才，该村一些工程一直"在建"尚未完工，各类项目运行处于招募过程中，2015年中秋—国庆旅游机会尚未带来足够效益。

（二）白洋淀美丽乡村生态建设运行主要问题

白洋淀3个村庄美丽乡村生态建设设施运营管理状况如表2所示。

可见，多数农村基础设施建设资金主要依靠政府，项目完工交付给当地使用之后，便基本认定整体项目已完工，没有运行直接交付使用，当地农民没有参与建设和维护。分析主要原因归结如下：

表 2　白洋淀 3 个村庄美丽乡村运行现状比较

地点	暂行结构	投资方	管理主体	后期维护
东田庄	政府投资—政府建设—移交村集体	省级政府财政	拟村集体	暂无
大田庄	政府投资—政府建设—移交村集体	省级政府财政	拟村集体	暂无
赵庄子	政府、企业集资（约 80 万），农民自筹（1 500元/户）—农村基层建设—移交农村—农村基层管理	省市级政府财政、乡村企业、农民自筹	村集体	村集体管理由专人维护

资料来源：2015 年实地调研整理。

1. 财政受到预算和债务约束

前些年，我国预算约束力不够，地方政府债务规模失控严重，债务导致财政预算赤字，影响政府权威。目前，国家出台新的预算制度，地方政府性债务纳入预算管理，并对地方债务进行限额。而农村基础设施资金投入不足，财政又不愿意投入，在"新常态"下很难提供后续资金保障，使得农村基础设施建设政府投入更趋紧张。

2. 社会资本尚无持续利益保障

目前，我国一方面社会闲散资金大量潜伏欲动，另一方面农村基础设施急需投入，因属于公共产品，外部性强，个人收益低，公共收益高，所以社会资本不愿进入。为此，只有当社会资金投资收益稳定超过存款利息，才有投资动力，只有投资人持续收益预期保障，并受到依法保护，才会进入农村生态建设基础设施；只有形成市场和政府边界清晰、分工明确、公开透明的政府预算体系才能有效发挥社会资本投入，政府公共财政只有主动风险补位，才能引导社会资本进入形成合作伙伴的互动关系。

3. 投资双方法律调解机制不完善

近年来，国家有关预算管理系列政策，推进 PPP 模式，强调做好项目示范，明确规定了项目识别、项目准备、项目采购、项目执行和项目移交相关内容的具体细节，加快建立规范的地方政府举债融资机制，对地方政府债务实行规模控制和预算管理，控制和化解地方政府性债务风险。目前，在机制运行的细则上仍有不足，尚未建立互信机制、保证资金动态运行机制、私人资本收益补贴补偿机制、风险赔偿机制和法律纠纷仲裁机制等。

4. 缺少农村生态建设成功范例

目前，中国农村基础设施的 PPP 模式，主要在理论界处于探讨和摸索阶段，没有典型的成功案例。尚未形成对项目有典型示范、社会资本投入、金融服务强大的格局。虽然以浙江吉安为范本提出了国家建设标准和规范，但是在运行模式上还没有形成具有推广意义的范例，难以形成全国示范和推广的效应。

5. 缺乏独立法人和公司经营主体

农村生态基础设施急需引入信誉好、有实力的运营商参与示范项目建设和运营。与城市物业采用市场机制不同，农村基础设施边界不清，产权与利益分配不均匀，经营主体难以形成，难以运用契约文化和市场机制运行。因此，只有界定好经营主体责、权、利，才能保护社会资本参与生态建设的热情和理性。为此，必须将有资质、有管理经验的企业和符合条件的农民合作社、专业协会、专业大户等新型经营主体，按照合同契约原则和市场机制引向农村生态建设项目。

6. 地权不清构成项目运行重要风险

我国目前正在实施的农村集体建设用地、承包经营和宅基地农村土地确权工作，与农村生态建设工程用地存在着公地与私地交叠、征用、补偿、纠纷等问题。在集体用地较多而集中的村庄中生态建设用地不会与农户争地而受到约束。反之，边界不清，社会资本就不愿介入。在调研中赵庄子村推进生态建设速度很快，一个重要原因是集体用地权属简单，很少发生土地纠纷。而大田庄和东田庄就遇到生态建设用地与农户的宅基地边界之争，使一些项目进展不快，一些工程一直"在建"，难以完工。

7. 缺少公众监督和足够的信息公开

调研中，很多村民了解政府的美丽乡村生态建设政策信息不完整；工程建设中信息公示不够，解读不充分；一些农民想参与工程建设的民意也常常反映不到官员和施工决策者的耳中；有些村民对基层"两委"存在一些无据猜测和不满情绪；一些村民认为政府所规划和建设的美丽乡村工程，没有征求全体村民的意见，被农民戏称"面子工程"，并担忧可能又会有"豆腐渣工程"等；有些农民认为所谓的美丽乡村是政府的美丽乡村并不是村民的美丽乡村。总之，美丽乡村生态建设中的民众参与度不高，政府与农民互动共治格局尚未形成。

四、白洋淀美丽乡村生态建设 PPP 模式选择

（一）选择原则

为了选择适用于白洋淀美丽乡村生态建设的 PPP 模式类型应当依据以下原则：

1. 运行主体多元化

改变政府一元独治，创造平等投资机会，规范选择项目合作伙伴。实行统一市场准入，明晰经营主体产权，扩大社会资本投资途径，界定企业、金融机构、社会投资人和富裕农民多元化参与权限；提供农民合作社、协会、农业企业等新型农民经营主体合作平台，逐步形成政府和经营主体二元共治格局。界定政府职能为政策制定、发展规划、市场监管和指导服务，从公共产品的直接"提供者"转变为社会资本的"合作者"和 PPP 项目的"监管者"。加快形成政府为主导、企业为主体、科技专家咨询、第三方参与管理，农民参与和全社会监督的多元善治管理体系。

2. 运行费效比最大化

建立合理的投资回报机制。通过授予特许经营权、核定价费标准、给予财政补贴、明确排他性约定等，稳定社会资本收益预期。优先生态效益，兼顾经济效益，使运行效益与成本之比大于等于 1；提高建设项目中期规范持续运行保障率，减少返工率，并通过全过程监督与管理，保证乡村经济的长效运行，使美丽乡村建设工程成为"民心工程"。

3. 操作流程清晰化

第一，遵循 PPP 模式操作流程。首先，项目识别。由政府发起或由社会资本发起推荐潜在项目，项目选择完成后提交到项目管理机构，进行物有所值评价，部分政府付费、补贴项目应接受财政承受能力论证，判断是否通过评价，否则进行二次评价。第二，项目

准备。即为了该项目实施开展物质上的准备。第三，项目采购。依据《政府采购法》对项目进行资格预审。第四，项目执行。在执行的过程中要进行项目监管，对该项目进行中期评估和后期评估。最后，项目移交。当项目评估结束，可以正常运行后再进行移交。细化标准化合同范本。明晰 PPP 项目的业主选择、价格管理、回报方式、服务标准、信息披露、违约处理等事宜；强化项目功能和绩效要求、付款和调整机制、争议解决程序、退出安排等关键环节。

4. 绩效评价公开化

构建由政府项目管理部门、私营企业、专家学者、社会公众多元参与的项目建设运行绩效评价小组。遵循全面性与典型性、普适性与可行性、实用性与导向性三结合的评价原则，设计包括实现程度、运营管理、资金使用、公共服务质量、公众满意度等综合评价指标体系，将评价结果公示。保障美丽乡村生态建设各项工程持续成为长效运行的放心工程。同时，简化绩效评价过程，发挥激励或约束机制，调整合同约定财政性价格补贴，确保社会资本持续进入合作体系。

5. 风险可控制性

第一，构建有效的风险分担机制。按照风险收益对等原则，在政府和社会资本间合理分配项目风险。项目的建设、运营风险应多由社会资本承担；法律、政策调整风险应多由政府承担；自然灾害等不可抗力风险由双方共同承担。第二，加强各环节风险的控制力。最大限度地规避在过程控制、质量管理、结果评价标准、运行维护、服务规范、政府绩效考核和政策效果评价等方面的风险。重点评估项目合作伙伴的专业资质、技术能力、管理经验和财务实力等因素，择优选择诚实守信、安全可靠的合作伙伴，按照平等协商原则，明晰政府和社会资本产权开展合作。

（二）适用模式机理分析

1. 可选用范式

根据上述原则和常用类型，白洋淀 PPP 模式可选择范例机理包括 6 种类型：服务合同、管理合同、租赁合同、特许经营权合同、BOT、合资企业等。政府与社会资本可以依据自身适用性选择。

第一类，服务合同。政府是基础设施服务的主要提供者，且只将部分业务承包给私营合作者，政府采用竞争性招标程序来签订服务合同，时间通常为 1～3 年，政府向社会资本支付预先商定的服务费。社会资本必须按约定成本提供服务，满足政府制定的标准，社会资本通常不与消费者互动。第二类，管理合同。管理合同将外包的服务范围扩大至部分或全部公共服务的管理和运营。虽然政府仍是服务最终提供者，但日常管理和控制被分配给社会资本。社会资本仅提供运营资金而不是投资资本，并获得预先商定的劳务费和其他运营成本，承包商完成设定的目标后将获额外偿付，社会资本可分得部分利润；社会资本可以与用户进行互动，政府负责制定收费标准。第三类，租赁合同。政府出资建立初始系统，承包给社会资本进行运营和维护，社会资本负责提供全部服务，并承担高标准质量和服务，运营和维护的财务风险或消费者未偿债务全部由社会资本承担。租赁合同的期限一般是 10 年，续期可长达 20 年。第四类，特许经营权。社会资本运营商在指定区域内负责全面提供公共服务，包括系统的运营、维护，征收费用，管理，建设和修复等，同时，运营商负责所有资本投资。尽管社会资本运营商负责提供资产，该资产即使在特许期内也属于政府所有。政府负责确定实施标准，并确保受让人能达到标准，政府的角色从服务提供者转变为服务价格和质量的规范者。第五类，BOT。社会资本按照政府设定的实施标准进行融资并建设新的基础设施，私营伙伴需提供项目建设所需资金，在合同规定的期限内，私营运营商拥有项目资产，通过向用户收取费用收回投资成本。政府与社会资本运营商协商项目产出的最低购买量，此最低量足以让运营商在运营期间收回成本。第六类，合资企业。政府和社会资本既可成立一家新公司，也可通过向一个或多个社会资本投资方出售股份来实现合资，使设施共同拥有、运营，构建独立于政府的企业治理能力，政府既是所有者之一又是监管者，持股人的政府为企业经营扫清政治障碍，关注公司的盈利能力和可持续发展能力。

2. 适用模式选择

首先，明晰白洋淀美丽乡村生态建设的 PPP 模式中多元主体功能关系机理见图 1。

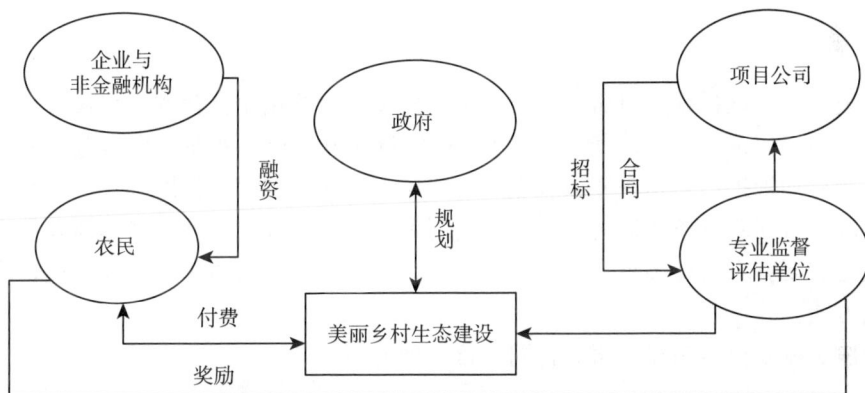

图1　白洋淀美丽乡村生态建设的 PPP 模式中多元主体功能关系机理

赵庄子的美丽乡村生态建设已经具备了构建 PPP 模式的雏形。在资金来源方面，投资主体既有村集体，又有乡村企业还有农民自筹，还有乡村旅游带来的收入，再加上政府补贴。在土地产权方面，该村实行土地集体所有制，工商企业迁出村，并在村边兴建乡村工业园区，对村内实施了土地整理。在生态建设方面，该村建立污水管网及污水处理站净化污水，实行了"户清理，村收集，乡运输，县处理"的垃圾处理方式。在村庄发展方面，该村将来要以乡村旅游业为主导产业。因此，资产所有权归赵庄子集体、乡村企业和农民等三类投资人，符合所有人多元运行责任以及融资和执行的范围条件；商业风险归三类投资人，虽经营风险较高，但得到政府补偿和持续旅游收入，持续时间可较长，为20～30年。所以，适合特许经营权类型。

赵庄子美丽乡村生态建设特许经营权方式运行机理见图 2。

大田庄是典型的半水村，其 PPP 模式的资金来源渠道比较单一，主要是政府出资。村民经济方面，该村村民多不从事种植业，只有少数农户从事养殖业（养鱼），收入来源主要是外出打工。生态建设方面，基础设施不完善，厕所等部分基础设施发挥作用不大，

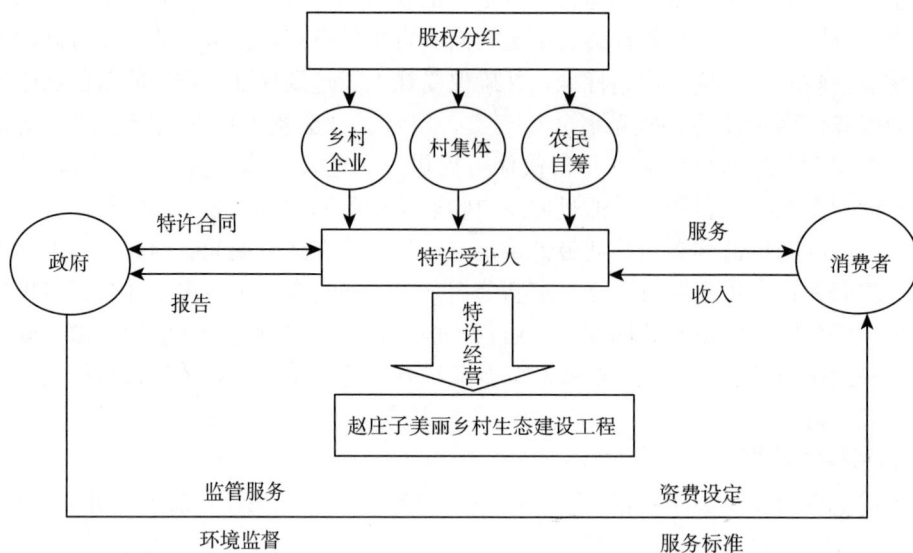

图 2　赵庄子美丽乡村生态建设特许经营权运行机理

垃圾处理模式中，该村现在只做到了村收集，村民反对饮用水、污水、垃圾收费。在项目运营方面，当前拟采用的 BT 模式中间缺运行保障环节，施工者在工程建造后未经运行就已撤走，为后期维护运行留下潜在隐患。由于依靠政府对当地提供美丽乡村生态建设资金，使得服务合同制有条件运行。服务合同制单价计价的补偿，使得整体风险最小化。面临的挑战是需要具有管理多种合同的能力和强大执行力的经营主体。综上所述，建议选择服务合同方式。

大田庄美丽乡村生态建设服务合同运行机理见图 3。

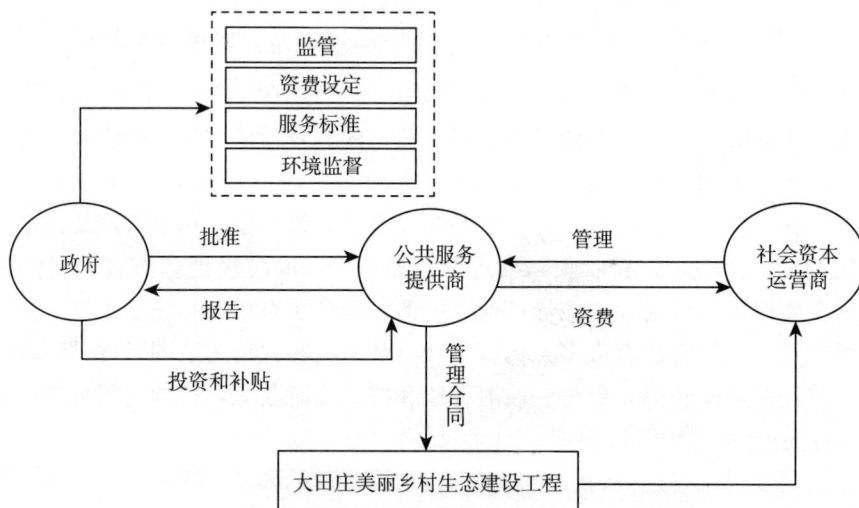

图 3　大田庄美丽乡村生态建设服务合同运行机理

东田庄是个纯水村，其村美丽乡村建设在资金来源问题上同大田庄相似，主要是政府出资；村民多数以外出打工为主，村内劳动力严重不足。土地产权方面，村民没有自己的地，使用土地多以付费承包方式。生态建设方面，污染治理已经有很大改善，由于处于白洋淀实地靠近核心区的缓冲区水域，大部分人愿意进行生态移民。村庄发展方面，存在交通不便，道路坎坷不平，以及水污染治理难持续，建设项目缺乏质量监督与管理等问题。综上所述，建议选择租赁合同的方式。

东田庄美丽乡村生态建设租赁合同运行机理见图 4。

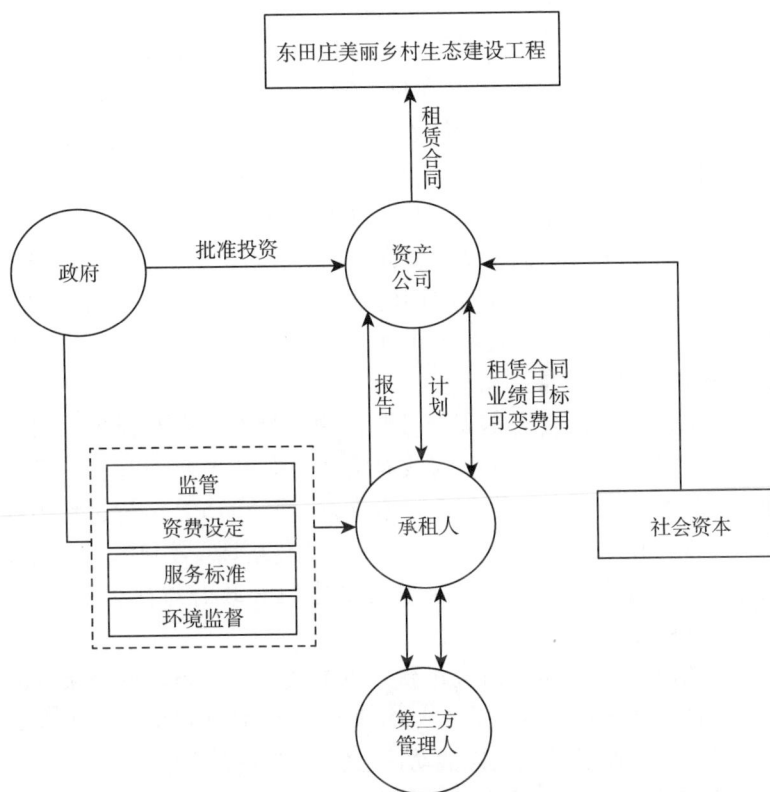

图 4　东田庄美丽乡村生态建设租赁合同运行机理

五、白洋淀美丽乡村生态建设 PPP 模式保障措施

1. 强化专业组织完善协同机制

第一，设立专门机构，形成工作合力。成立省、市、县级美丽乡村建设 PPP 模式小组，农村基层两委领导与乡镇干部合并成立 PPP 模式专项委员会，负责具体实施美丽乡村建设项目规划设计、政策制定、项目储备、业务指导、项目评估、信息管理、宣传培训等职责。第二，营造良好政策环境，确保项目实施决策科学、程序规范、过程公开、责任明确、稳妥推进。财政部门严格预算债务管理，控制债务规模、债券发行、统计分析和风险监控等工作；发展改革部门加强政府投资计划管理和项目审批，从严审批债务风险较高地区的新开项目；金融监管部门要加强监管，制止金融机构等违法违规融资；审计部门应

加强对项目类型、采购程序、融资管理、项目监管、绩效评价等现金流运行透明及安全。第四，确保管理组织的独立性，避免 PPP 模式运用中主体既是投资方又是监管者。

2. 硬化预算约束确保资金安全

加强政府购买服务资金预算约束。政府购买 PPP 模式的服务所需资金全部列入财政预算。按照国务院赋予地方政府依法适度举债良机，建立规范的地方政府举债融资机制，实施地方政府一般债务、专项债务两类债务的分类预算管理，用于公益性资本支出和适度归还存量债务，不通过企事业单位等举鉴，剥离融资平台公司政府融资。地方政府分类选择公益性事业债务类型，没有收益的 PPP 项目可发行一般债券融资并以一般公共预算收入偿还；有一定收益的公益性事业 PPP 项目可发行专项债券融资，以对应的政府性基金或专项收入偿还。防止项目财政支出责任累计超过本地区整体财政承受能力上限。

将 PPP 运行评价结果作为财政政策和调整预算支出依据。政府对投资者承担特许经营权、合理定价、财政补贴等相关责任，并通过收益约定规则使社会投资者有长期稳定收益。社会投资者可以通过银行贷款、企业债券、项目收益债券、资产证券化等市场化方式举债，按照收益约定规则独自或与政府共同建设和运营合作项目。赋予社会资本农村生态建设依法继承、转让、转租、抵押其相关权益；征收、征用或占用的给予补偿或者赔偿。

3. 优选经营主体做好示范推广

鼓励包括京津冀跨区域社会资本积极参与白洋淀生态建设和保护，明晰资质准入条件，招募有实力和有经营经验的企业参与政府资金合作 PPP 项目运行。采取委托等方式集合和引导专业机构和专家学者提供相应技术支撑，分摊 PPP 运行过程中各项评估和环评事项。社会各界专业技术人员为政府进行全员专业化培训，实施人力资源培训。采用直接配备和外包方式，聘请业内专家和专业型人才对 PPP 政府与社会资本相关人员培训，做到专人专项，责任到个人。

推动设立 PPP 示范推广基金，研究出台"以奖代补"措施，符合条件的示范项目将优先获得支持。重视前期筛选与评估，分期分批建立 PPP 试点项目，扩大参与示范项目知名度、抢占市场先机，通过带动效应撬动社会资本规模投资进入。

4. 加强评估考核实施问责机制

认真做好 PPP 项目评估论证。首先，做好项目筛选前期评估。地方各级财政部门要会同行业主管部门，依法委托专业机构，注重全生命周期原则，并按照物有所值（Value for Money，VFM）评价理念和方法，做好项目前期论证工作。完善制度指标设计为：项目选择适用性、方案审查通过率、伙伴确定可靠性、价格管理合理性、退出机制完善性、绩效评价全面性等方面。其次，做好运行期间评估。依据降低项目成本，提高服务质量和运营效率原则，设计指标要综合考虑公共服务需要、责任风险分担、产出标准、关键绩效指标、支付方式、融资方案和所需财政补贴等要素，平衡好项目的生态效益、财务效益和社会效益。第三，做好 PPP 政绩考核。把政府性债务安全性、预算效率作为硬指标纳入政绩考核，强化各级落实 PPP 模式政府责任，提高项目落地成功率，降低债务和财政风险性。

5. 完善财政补贴预警化解风险

建立地方政府性债务风险预警机制。首先，规范预算。按照中央政府预算新规实行不救助原则，地方政府对其举借的债务负有偿还责任。对地方政府债务实行规模控制，严格限定政府举债程序和资金用途,把地方政府债务分门别类纳入全口径预算管理,实现"借、用、还"相统一。设计债务率、新增债务率、偿债率、逾期债务率等指标,评估预警财政债务风险。其次,分清责任。明确政府和企业的责任,按约定规则依法承担相关责任,政府债务与企业债务不得推托置换,做到谁借谁还、风险自担。严格规范信贷管理,切实加强风险识别和风险管理。第三,低成本承担。按照"风险由最适宜的一方来承担"原则,合理分配项目风险,项目设计、建设、财务、运营维护等商业风险原则上由社会资本承担,政策、法律和最低需求风险等由政府承担。第四,规范管理。政府要切实履行职责第一,建立风险分担机制,做好相关监管,加强 PPP 模式全程风险防控。

6. 加强宣传解读广纳社会参与

加强 PPP 模式向社会宣传解读。让社会资本充分了解参与方式、运营方式、盈利模式、投资回报等相关政策,增进政府、社会和市场主体的互信和共识,进一步稳定政策市场预期,依靠市场机制引导社会投资积极性,形成良好的合作氛围。发挥网络、移动终端等新媒体作用。加大美丽乡村建设中 PPP 模式运用的宣传力度。加强示范项目指导,发展改革委、财政、农业、环保、水利等部门积累并公开 PPP 项目库,为地方提供参考案例。提高 PPP 流程管理普及率。提供全方位的业务指导和技术支撑,使项目论证、交易设计、选择合作伙伴、融资安排、合同管理、运营监管、绩效评价等工作流程被社会公众充分熟悉,使 PPP 模式的善治文化深入民心,为社会制衡型农村生态建设的环境政策有效执行打下基础。

参考文献

财政部政府和社会资本合作中心,2014. 国外 PPP 案例选编 [M]. 北京:中国商务出版社.

陈辉,2015. PPP 模式手册政府与社会资本合作理论方法与实践操作 [M]. 北京:知识产权出版社.

陈大洲,2014. 管窥我国 PPP 模式下的农村环境治理 [N]. 江西农业学报(11).

戴学珍,樊绯,余腾飞,2012. PPP 模式在农村基础设施建设中的应用与建议 [J]. 商业经济(389):18-19.

贾康,2014. 发挥 PPP 模式在改革创新中的正面效应 [J]. 地方财政研究(9):4-6.

第四部分
京津冀农业协同发展

京津冀一体化下区域农业经济联系网络研究[①]

——基于社会网络分析方法

张 琛 孔祥智

（中国人民大学农业与农村发展学院 北京 100872）

摘 要：本文采用修正的引力模型和社会网络分析方法，运用京津冀地区 13 个地市 2011 年和 2014 年的数据，实证分析京津冀一体化发展过程中京津冀地区 13 个地市农业经济联系强度与方向、联系范围和联系格局的发展变化。研究发现：随着京津冀一体化进程的深入，除北京外，京津冀地区其他城市的农业经济联系强度均有所提高；各城市的农业经济联系方向均未发生变化。农业经济联系范围和格局上，整个京津冀地区农业经济联系网络密度和网络结构的一般化程度均呈现出上升的趋势，各城市农业经济的集聚能力和辐射能力均有所增强。2011 年和 2014 年京津冀地区均形成了由西南向东北层次鲜明的四大板块，同时也均存在着以石家庄、邯郸和邢台为核心城市的核心—半边缘—边缘结构。

关键词：京津冀 农业经济联系 引力模型 社会网络分析

一、引 言

京津冀地区作为我国最为重要的政治、经济和文化中心，如何实现京津冀地区优势互补以达到区域的协同发展一直以来受到党和政府的高度重视。2014 年 2 月，习近平总书记指出要采取优势互补、互利共赢、扎实推进的方式实现京津冀协同发展，将京津冀协同发展战略上升为重大国家战略。农业作为国民经济的基础产业，实现京津冀协同发展的一个重要关键在于实现京津冀地区的农业一体化，这一观点也得到了政策制定者与理论研究者的认同。2015 年 8 月中国科协副主席陈章良指出京津冀地区协同发展中农业应走在前面。2016 年 3 月版本的《京津冀现代农业协同发展规划（2016—2020 年)》也明确指出力争京津冀地区现代农业协同发展到 2020 年取得显著进展，京津农业率先基本实现现代化，河北部分地区跨入农业现代化行列。章力建和朱立志（2014）的研究也证实了这一观点。研究京津冀地区各城市农业经济联系有助于厘清京津冀地区的农业经济结构特征，对京津冀地区农业经济结构的探讨也有益于进一步了解京津冀地区农业经济的一体化状况。京津冀地区农业经济的一体化发展是实现京津冀地区农业协同发展的重要组成部分，因此对京津冀一体化进程中的区域农业经济联系的研究十分具有现实意义。

① 基金项目：本研究获国家社会科学基金重点项目"农业现代化体制机制创新与工业化、信息化、城镇化同步发展研究"（项目编号：13AZD003）和中央在京高校重大成果转化项目"京津冀协同一体化发展研究"专项资助。

京津冀地区农业经济联系的基本单元是城市，有学者表明特定区域范围内所构成的城市群是实现区域农业经济一体化的重要载体（徐康宁等，2005）。有关区域内城市群之间的经济联系研究得到了广泛的研究，侯赟慧等（2009）运用社会网络分析方法对长三角地区城市群的经济联系进行分析，研究发现长三角区域经济一体化程度较低。方大春和周正荣（2013）对不同时点下安徽省各城市的经济联系进行分析，研究发现安徽省城市发展协调度较低，城市间联系出现局部集中、整体分散和区域性特征的趋势。邹琳等（2015）采用社会网络分析法与核密度估计法，分析了长江经济带的经济联系网络空间特征，并提出了优化对策建议。欧向军等（2015）对江苏省县市经济联系的空间特征进行了分析，研究表明江苏省各县市的经济联系强度、方向、范围与格局均存在着较大差异。

针对京津冀地区的经济联系研究，陈璋等（2011）运用投入产出的方法对京津冀地区经济联系进行分析，研究发现北京与天津、河北的区域经济联系程度较低，没有形成明显产业合作链。皮妮（2014）对京津冀地区城市经济联系进行研究，发现京津冀地区经济一体化程度不高，没有充分发挥集聚优势。鲁金萍等（2015）采用社会网络分析方法对京津冀城市群的经济联系网络进行分析，研究发现京津冀地区城市群的整体网络密度呈现出逐年上升的趋势，城市间的经济联系程度不断加强。但现有文献中鲜有以农业为视角研究京津冀地区农业经济联系的文献，同时现有文献中对京津冀地区经济联系研究缺乏对经济联系方向、网络结构的一般化和核心—半边缘—边缘结构进行分析，研究程度不够深入。

随着京津冀一体化的不断深入，各区域之间农业经济联系程度、联系方向、联系范围和联系格局是否发生变化，这也一定程度上反映出京津冀一体化发展战略实施的作用效果。本文采用修正后的引力模型和新经济社会学中的社会网络分析法对京津冀地区农业经济联系进行研究，以期对优化京津冀地区农业经济发展格局，加强各城市之间的农业经济联系，全面提升京津冀地区农业发展水平和实现京津冀地区农业协同发展提出针对性的对策建议。

二、研究设计与数据来源

（一）研究方法

1. 修正引力模型

引力模型源自于物理学，现如今在经济研究领域得到了广泛的运用（Anderson and Wincoop，2003；Stack，2009；刘红梅等，2012；Deepagoda et al.，2014）。许多学者的研究认为区域与区域之间的经济联系存在着类似万有引力的规律（Taaffe，1962；王欣等，2006），引力模型现已成为分析区域与区域之间联系的重要工具。由于本文主要研究内容是京津冀地区农业经济联系情况，为此本文在修正的引力模型基础上对京津冀13个城市的农业经济联系程度进行测度。修正的引力模型如（1）式所示：

$$F_{ij} = k_{ij} \cdot \frac{\sqrt[3]{V_i P_i S_i} \cdot E \sqrt[3]{V_j P_j S_j}}{D_{ij}^2} \tag{1}$$

其中，V_i 和 V_j 分别表示 i、j 市的农林牧渔业总产值，P_i 和 P_j 分别表示 i、j 市的乡村人口数，S_i 和 S_j 分别表示 i、j 市的农作物播种面积，D_{ij} 表示 i、j 市之间的交通里程，

k_{ij} 为经验常数，用于表示不同城市之间的经济发展水平和经济联系存在着不对等的情况，为此本文借鉴侯赟慧等（2009）的研究方法，采用各市的农林牧渔业总产值的比重反映出不同城市自身对其他城市的影响，如（2）式所示：

$$k_{ij} = \frac{V_i}{V_{i+j}} \tag{2}$$

其中，F_{ij} 表示 i 市对 j 市之间的农业经济联系程度，称之为经济联系量。F_i 表示 i 市与其他城市的农业经济联系量总和，如（3）式所示，数值越高表示 i 市与其他城市的农业经济联系量越为紧密，反之则表示农业经济联系不紧密。I_i 表示 i 市的经济联系隶属度，如（4）式所示，数值大小用于反映 i 市农业经济联系的主要方向。

$$F_i = \sum_{j=1}^{n} F_{ij} \tag{3}$$

$$I_i = \frac{F_{ij}}{F_i} \tag{4}$$

2. 社会网络分析

社会网络分析方法作为新经济社会学的重要组成部分，能够为分析区域之间的关联特征和确定区域之间相互关系的类型及其对网络的影响（刘军，2004），提供一个可视化的研究范式。本文将采用网络密度、网络中心度和中心势、凝聚子群、结构相似性以及核心一半边缘一边缘结构的分析方法，对京津冀地区 13 个城市的农业经济联系网络进行全方位的认识。

（1）网络密度。网络密度用于反映京津冀地区 13 个城市农业经济联系量的紧密联系程度，计算公式如（5）式所示，F_{ij} 表示 i 市与 j 市之间的农业经济联系量，k 为京津冀地区农业经济联系网络的城市个数。其数值越高表示各地区农业经济联系更为紧密。京津冀地区 13 个城市之间农业经济联系越多，相应的农业经济联系网络密度越大。

$$D = \sum_{i=1}^{k} \sum_{j=1}^{k} F_{ij} / k(k-1) \tag{5}$$

（2）网络中心度。网络中心度常用于衡量京津冀地区 13 个城市位于农业经济联系网络中心位置的程度，最为常用的方法是测算各城市的点度中心度，计算公式如（6）式所示。其中，F_{ij} 表示 i 市与 j 市之间的农业经济联系量，C 为京津冀地区农业经济联系网络中各城市的点度中心度。点度中心度由点入度和点出度组成，分别反映该城市农业经济的集聚能力和辐射能力。

$$C = \sum_{i=1}^{n} F_{ij} \tag{6}$$

（3）网络中心势。网络中心势用于度量京津冀地区农业经济联系网络中心化程度，分为点入度中心势和点出度中心势。中心势数值越接近于 100%，说明京津冀地区农业经济联系网络越具有集中趋势。

（4）凝聚子群。凝聚子群常用于分析网络中某些节点之间的紧密程度，本文采用凝聚子群分析方法用于探究京津冀地区农业经济联系网络中存在多少个具有紧密联系的团体，团体内部的成员之间的关系特点，以及一个团体成员与另一个团体成员之间的关系。

（5）结构相似性。结构相似性指的是在一种网络关系中，两个不同成员相互替代后是否会对整体网络结构产生影响，常用于对网络结构的一般化分析。

（6）核心—半边缘—边缘结构分析。京津冀一体化农业协同发展的背景下，各地区的农业经济联系逐步加强，核心城市、半边缘城市和边缘城市均对农业经济联系网络的发展产生影响，核心—半边缘—边缘结构分析用于探究京津冀地区农业经济联系网络中是否存在着核心—半边缘—边缘结构，判断哪些城市位于农业经济联系网络中的核心位置。

（二）变量选取与数据来源

本文选取了2011年和2014年两个时间节点，用于对比分析京津冀一体化进程中京津冀地区各城市农业经济联系强度、联系方向、联系范围和联系格局所发生的变化。京津冀地区由北京、天津和河北11个地级市构成，本文所选取衡量京津冀地区农业经济联系量指标农林牧渔业总产值（万元）、乡村人口数（万人）和农作物总播种面积（公顷）均来自2012年和2014年《河北农村统计年鉴》《北京统计年鉴》和《天津统计年鉴》，城市间距离数据来自2012年和2014年《中国高速公路及城乡公路网里程地图集》。

三、京津冀一体化农业经济联系社会网络实证分析

本文采用 Ucinet 6.0 软件对修正后的引力模型计算得出的各城市2011年和2014年农业经济联系量进行农业经济联系总量、网络密度、点度中心度和点度中心势、凝聚子群、结构相似性以及核心—边缘结构的分析，用于探究京津冀一体化战略实施前后各地区农业经济联系强度、范围和格局的变化情况。

（一）农业经济联系强度与方向

根据修正后引力模型和（3）式和（4）式，本文计算出京津冀地区各城市农业经济联系总量和两两城市之间的隶属度，如表1所示。

由表1可以得出，京津冀地区总的农业经济联系总量由2011年的7 179上升到2014年的8 214，整体上随着时间的推移京津冀地区农业经济联系密切程度不断提高。从增长率角度看，除北京以外，其他城市的农业经济联系总量增长率均大于0，说明这些城市自身对其他城市的农业经济联系程度不断加强。对各城市首选地的隶属度可以得出，京津冀地区各城市2011年和2014年农业经济联系首选地均没有发生变化。除北京和廊坊以外，其他城市农业经济联系首选地的隶属程度均小幅提高，表明随着时间的推移，这些城市对自身首选地的农业经济联系紧密程度逐步提高。

（二）农业经济联系范围

农业经济联系范围分析包括农业经济联系网络的网络密度分析和各城市的点度中心度分析。本文依据（5）式的计算方法对各城市之间农业经济联系量进行标准化下网络密度分析，结果如表2所示。

表 1 京津冀地区各城市农业经济联系强度与方向

	2011 年		2014 年		总量增长率
	农业经济联系总量	首选地	农业经济联系总量	首选地	
石家庄	914	邢台 (27.35%)	1 047	邢台 (27.53%)	14.56%
唐山	542	天津 (23.85%)	606	天津 (24.31%)	11.84%
秦皇岛	55	唐山 (36.71%)	64	唐山 (37.45%)	16.14%
邯郸	1 356	邢台 (79.80%)	1 537	邢台 (79.89%)	13.36%
邢台	964	邯郸 (69.12%)	1 180	邯郸 (69.37%)	22.36%
保定	845	石家庄 (18.91%)	988	石家庄 (19.22%)	16.94%
张家口	92	保定 (18.92%)	114	保定 (19.29%)	23.84%
承德	76	唐山 (22.74%)	100	唐山 (23.67%)	30.57%
沧州	654	保定 (21.24%)	737	保定 (21.24%)	12.71%
廊坊	510	北京 (34.94%)	543	北京 (32.45%)	6.35%
衡水	368	石家庄 (21.65%)	437	石家庄 (21.92%)	18.71%
北京	391	廊坊 (51.57%)	377	廊坊 (51.50%)	−3.64%
天津	412	廊坊 (34.77%)	485	廊坊 (34.91%)	17.89%
总计	7 179	—	8 214	—	14.56%

资料来源：根据作者计算结果整理。

表 2 京津冀地区农业经济联系网络密度分析

时 点	2011 年	2014
网络密度	0.460	0.527

资料来源：根据作者计算结果整理。

农业经济联系网络密度越大表明各城市之间农业经济联系越为密切。由表 2 可以看出，京津冀地区农业经济联系网络密度由 2011 年的 0.460 上升到 2014 年的 0.527，呈现出上升的趋势，说明 2014 年相比于 2011 年，京津冀地区 13 个城市整体上的农业经济联系程度越来越密切，这也一定程度上表明了随着京津冀一体化战略的逐步实施，京津冀各地区农业经济呈现出更为紧密的发展趋势。

对各城市的点入度和点出度分析，可反映出各城市自身农业经济的集聚能力和辐射能力。本文采用 Ucinet 6.0 软件对 2011 年和 2014 年京津冀地区 13 个城市的标准化点入度和点出度进行计算，计算结果如表 3 所示。

从点入度角度看，由表 3 可以得出，邢台、邯郸、保定、廊坊和衡水的点入度较高，说明这些城市属于京津冀地区农业经济发展较为活跃的城市，与京津冀地区其他城市农业经济的联系较为密切。其中，邢台的点入度最高，且 2014 年邢台的点入度较 2011 年有所上升，一方面说明邢台地区农业经济的集聚能力最强，另一方面也说明随着京津冀一体化发展的不断深入，邢台地区农业经济的集聚能力不断提高。邯郸的点入度次之，由 2011 年的 9.097 上升到 2014 年的 11.004，说明随着时间的推移，邯郸凭借自身优越的农业区位条件对其他城市的农业集聚能力不断增强。保定、廊坊和衡水的点入度也较高，分别排在 3 到 5 位，其中 2014 年保定的点入度超过了廊坊，说明随着京津冀一体化的深入发展，保定农业经济的集聚能力增长速度快于廊坊。沧州、天津、北京和唐山的点入度居于中位，说明这些城市对京津冀地区其他城市农业经济活动的集聚效应处于中等水平。张家口、承德和秦皇岛三市的点入度较低，说明这些城市对其他城市的农业经济联系的集聚效应水平较低。从总体上看，2014 年其他城市的点入度也均超过 2011 年自身的点入度，表明整个京津冀地区农业经济的集聚能力呈现出不断加强的趋势。

表3　京津冀地区农业经济联系网络各城市点度中心度统计表

排序	点出度				点入度			
	2011 年		2014 年		2011 年		2014 年	
1	邯郸	13.556	邯郸	15.366	邢台	15.190	邢台	17.334
2	邢台	9.643	邢台	11.799	邯郸	9.097	邯郸	11.004
3	石家庄	9.135	石家庄	10.465	廊坊	6.871	保定	7.670
4	保定	8.451	保定	9.883	保定	6.740	廊坊	7.557
5	沧州	6.535	沧州	7.366	衡水	6.072	衡水	6.980
6	唐山	5.419	唐山	6.061	石家庄	5.815	石家庄	6.862
7	廊坊	5.103	廊坊	5.428	沧州	5.632	沧州	6.543
8	天津	4.117	天津	4.854	天津	5.473	天津	6.212
9	衡水	3.908	衡水	4.370	北京	4.347	北京	4.428
10	北京	3.682	北京	3.765	唐山	2.756	唐山	3.229
11	张家口	0.922	张家口	1.142	张家口	1.331	张家口	1.500
12	承德	0.764	承德	0.997	承德	1.311	承德	1.499
13	秦皇岛	0.551	秦皇岛	0.639	秦皇岛	1.151	秦皇岛	1.317

资料来源：根据作者计算结果整理。

从点出度角度看，邯郸的点出度最高，反映出邯郸处于京津冀地区农业经济的核心地位，对其他城市的农业经济联系的辐射效应最强。邢台、石家庄、保定和沧州的点出度也较高，说明这些城市是能对其他城市产生较大农业经济影响作用的城市。唐山、廊坊、天津和衡水的点出度水平位于中间，说明这些城市对其他城市农业经济联系的辐射效应处于中等水平。北京、张家口、承德和秦皇岛四市的点出度水平较低，说明这些城市对其他城市的农业经济联系辐射效应较弱。从总体上看，2014 年京津冀地区 13 个城市的点出度水平均超过 2011 年自身的点出度水平，表明整个京津冀地区农业经济联系的辐射能力呈现出加强的趋势。

从净辐射能力上看（即点出度减去点入度），邯郸、石家庄、保定、沧州和唐山这 5 个城市的农业经济联系的净辐射能力为正，属于净辐射型城市，为京津冀地区的主要辐射源。其中，邯郸的净辐射能力最强，说明邯郸农业经济联系的溢出效应最强，已成为整个京津冀地区农业经济联系网络中辐射能力最强的地区，主要原因是邯郸的农业生产条件十分优越。作为我国最领先的粮食生产"吨粮市"，邯郸市是小麦、棉花和玉米等 5 种农产品优势产区，素有"北方粮仓"和"冀南棉海"之称，自身优越的农业区位优势具有较强的溢出效应。其他城市的净辐射能力均为负值，说明这些城市对其他城市农业经济联系主要以集聚效应为主。其中，邢台的净辐射能力最弱，主要原因是邢台近年来大力发展区域性特色农业，集聚大量农业资源。

中心势常被用于度量整个网络的中心化程度和测量网络的总体整合度和一致性程度（刘军，2004），本文对 2011 年和 2014 年京津冀地区农业经济联系网络的标准化点入度中心势和点出度中心势进行计算（表 4），研究发现京津冀地区农业经济联系网络点入度中心势相对较大，说明京津冀地区各城市间农业经济联系存在不对称和不均衡现象。

表 4　京津冀地区农业经济联系网络中心势统计表

时　　点	2011 年	2014 年
点出度中心势	6.704%	6.654%
点入度中心势	8.068%	8.101%

资料来源：根据作者计算结果整理。

从表 4 中的结果看出，随着时间的推移京津冀地区农业经济联系网络点出度中心势在缓慢下降，潜在的原因是由于整个京津冀地区农业经济联系主要集中于一些城市，比如邯郸市和邢台市。同时，由于城镇化的快速发展，大量农村劳动力转移，导致各城市农业经济联系范围逐渐缩小。2014 年京津冀地区农业经济联系网络点入度中心势较 2011 年呈现出缓慢上升的趋势，可能的原因是部分城市为了发挥区域农业的竞争优势，出台了一系列惠农强农的政策措施，并结合自身农业的区域优势提升区域农业的竞争力。

（三）农业经济联系格局

京津冀地区农业经济联系网络凝聚子群指的是京津冀地区农业经济具有相对较为紧密联系的城市所构成的子集合。为了进一步揭示京津冀地区各城市的农业经济联系格局状况，本文以 2011 年和 2014 年京津冀地区 13 个城市的农业经济联系量为基础，利用 Uci-net 6.0 软件中的 CONCOR（迭代相关收敛法）对京津冀地区农业经济联系网络的内部微观构造进行聚类分析，结果如图 1 所示。

具体而言，各凝聚子群内部农业经济联系程度中，第 2 子群内部的密度最高，2011年密度为 8.742，2014 年上升到 10.230，表明邢台和邯郸两市的农业经济联系最为紧密。其次是第 1 子群，2011 年和 2014 年的密度分别为 1.340 和 1.563，表明第 1 子群内部的石家庄、保定和衡水三市的农业经济联系较为紧密。第 3 子群内部密度最低，2011 年和 2014 年分别为 0.315 和 0.369，说明该子群内部成员之间农业经济联系最为松散。从各子群间的农业经济联系密度上看，第 1 子群对第 2 子群的农业经济联系密度最大，密度由 2011 年的 0.932 上升到 2014 年的 1.083，说明邢邯子群对石保衡子群的农业经济联系最为紧密。第 2 子群对第 1 子群的农业经济联系的密度较大，2011 年为 0.733，2014 年上升到 0.864，说明石保衡子群对邢邯子群的农业经济联系程度较为紧密。第 3 子群和第 4 子群对第 1 子群和第 2 子群的农业经济联系密度较低，均没有超过 0.5，说明津唐承秦子

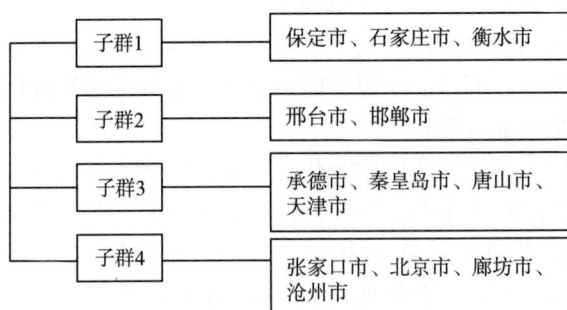

图1　2011年和2014年京津冀地区农业经济联系网络凝聚子集
（资料来源：根据作者计算结果整理）

群和京廊沧张子群对邢邯子群和石保衡子群的农业经济联系较为松散（表5）。京津冀地区农业经济联系网络分解结果与各城市的自身农业区位优势高度吻合，在京津冀一体化发展的大背景下，应该加强津唐承秦子群和京廊沧张子群与邢邯子群和石保衡子群的农业经济联系程度，进而实现区域农业经济的一体化。

表5　京津冀地区农业经济联系网络凝聚子集密度表

	2011年					2014年			
	子群1	子群2	子群3	子群4		子群1	子群2	子群3	子群4
子群1	1.340	0.932	0.155	0.482	子群1	1.563	1.083	0.183	0.553
子群2	0.733	8.742	0.049	0.115	子群2	0.864	10.230	0.058	0.132
子群3	0.125	0.046	0.315	0.325	子群3	0.146	0.053	0.369	0.372
子群4	0.390	0.106	0.292	0.523	子群4	0.433	0.119	0.323	0.532

资料来源：根据作者计算结果整理。

　　京津冀地区农业经济联系网络中两个城市发生变化对网络结构的影响常采用结构相似性的方法进行分析。为了探究京津冀农业经济联系网络的一般化程度，本文借鉴侯赟慧（2009）的研究，采用完全匹配比例分析法计算两个城市与其他城市的农业经济联系相同情况的次数所占比例，用于分析京津冀地区城市间农业经济的结构相似性，如表6所示。

表6　京津冀地区农业经济联系网络结构相似性分析

时点	相似程度	城市
2011年	72.7%	保定、沧州
	81.8%	张家口、衡水
2014年	81.8%	张家口、衡水
	95.5%	邯郸、邢台

资料来源：根据作者计算结果整理。

以相似程度在 70% 以上为标准①，从表 6 可以看出 2011 年相似程度在 70% 以上的有保定、沧州、张家口和衡水四个城市。其中，张家口和衡水两个城市农业经济结构相似性为 81.8%，到 2014 年这一相似程度没有发生变化，整理统计年鉴数据发现，2011 年和 2014 年张家口和衡水两市的农业生产状况极为相似，农林牧渔业产值、乡村人口和农作物播种面积基本相当。然而邯郸和邢台两个城市农业经济结构相似性水平呈现出大幅上升的趋势，从 2011 年相似程度低于 70% 上升到 2014 年的 95.5%，表明邯郸和邢台两市农业产业趋同性的可能性不断上升，同时研究结论也证实了邯郸和邢台两个城市的农业产业结构较为相似的特征，主要原因是二者均为粮食和棉花的重要生产基地。

表 7 对 2011 年和 2014 年京津冀地区农业经济联系网络核心—边缘结构进行分析。由表 7 可以看出，京津冀地区农业经济联系网络中存在核心—边缘结构。石家庄、邯郸和邢台处于京津冀地区农业经济联系网络的核心区域。唐山、保定、沧州、廊坊和天津处于半边缘区域，这些城市即受到核心城市的农业经济影响，也部分地影响处于边缘地带的城市。秦皇岛、张家口、承德、衡水和北京处于京津冀地区农业经济联系网络的边缘位置，这些城市的农业经济发展主要受到半边缘城市的影响，自身的农业经济较为落后。2014 年与 2011 年的核心—边缘结构保持一致，说明京津冀一体化战略下京津冀地区农业经济联系网络的核心—边缘结构并没有发生变化。

表 7 京津冀地区农业经济联系网络核心—边缘结构分析

时点	区域	城市
2011 年	核心	石家庄、邯郸、邢台
	半边缘	唐山、保定、沧州、廊坊、天津
	边缘	秦皇岛、张家口、承德、衡水、北京
2014 年	核心	石家庄、邯郸、邢台
	半边缘	唐山、保定、沧州、廊坊、天津
	边缘	秦皇岛、张家口、承德、衡水、北京

资料来源：根据作者计算结果整理。

根据图 2 所示，其中节点大小表示核心、半边缘和边缘城市，连线的粗细表示农业经济联系量的比重。由图 2 可以看出，京津冀地区农业经济联系网络结构 2014 年相对于 2011 年，整体上没有发生较大的变化，只是局部区域密集程度（如邯郸和邢台）有所提高，半边缘城市唐山、保定等城市的农业集聚联系程度不断加强。京津冀地区农业经济联系网络中半边缘城市如唐山和保定，近年来农业产值和农作物播种面积均呈现出较高的上升趋势。其中近年来唐山实施了发展生态农业，推进设施农业和探索休闲观光农业等一系列都市现代农业的发展战略，保定也制定了"抓特色"的农业发展战略，通过建立特色农业生产基地和实施高科技农业生产技术等措施实现保定农业的可持续发展。

① 表 10-6 只列举出相似程度在 70% 以上的城市，没有列出的城市相似程度均低于 70%。

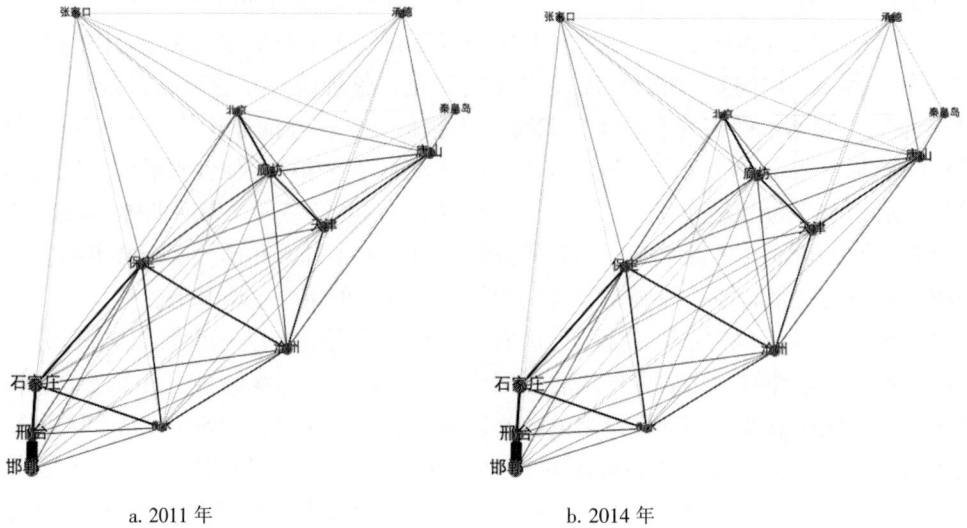

a. 2011 年   b. 2014 年

图 2　京津冀地区农业经济联系网络图

四、结论与讨论

本文综合运用引力模型和社会网络分析方法，以农林牧渔业产值、乡村人口和农作物播种面积为主要评价指标和京津冀地区 13 个城市为基本研究单元，从农业经济联系强度与方向、农业经济联系范围和农业经济联系格局 3 个方面对 2011 年和 2014 年京津冀地区农业经济联系网络的空间特征进行分析，得出以下结论：第一，随着京津冀一体化进程的深入，除北京外，京津冀地区其他城市的农业经济联系强度均有所提高。各城市的农业经济联系方向均未发生变化，除北京和廊坊外，其他城市农业经济联系首选地的联系程度均有所上升。第二，2011 年到 2014 年，整个京津冀地区农业经济联系网络密度和网络结构的一般化程度均呈现出上升的趋势，各城市农业经济的集聚能力和辐射能力均有所增强。第三，2011 年和 2014 年京津冀地区均形成了由西南向东北层次鲜明的四大板块，同时也均存在着以石家庄、邯郸和邢台为核心城市的核心—边缘结构。2014 年相对于 2011 年，整个京津冀地区农业经济联系网络结构整体上没有发生较大幅度的变化，只是局部区域密集程度有所上升。

为了进一步优化京津冀地区农业经济空间结构，全面提升京津冀地区农业发展水平和实现京津冀地区农业协同发展。对此，本文提出以下对策建议：

第一，构建京津冀地区农业经济网络合作机制。随着京津冀地区一体化发展的不断深入，京津冀地区农业经济联系网络密度呈现出上升的趋势，各城市的农业经济联系强度不断上升。实现京津冀地区更为紧密的农业经济联系可通过建立京津冀地区的农业网络合作治理机制提升区域整体农业经济联系网络的联系程度，进一步释放地区农业经济的集聚效应和规模效应，以实现京津冀地区的农业协同发展目标。

第二，充分发挥农业经济核心城市的带动作用。通过点度中心度和核心—边缘结构分析可以得出京津冀地区农业经济核心城市主要是邢台和邯郸。邢台、邯郸和石家庄作为京津冀地区重要农业生产基地，需充分发挥自身作为核心城市的带动作用。但邢台、邯郸和石家庄三市地理位置处于京津冀地区的西南部，与东北部津唐承秦四市的地理距离较远，需要充分建立京津冀地区农业经济的核心—半边缘—边缘城市的协调发展模式，通过半边缘城市为依托，实现对边缘城市农业经济的辐射效应。

第三，强化北京与京津冀地区其他城市之间的农业联系。根据点度中心度和核心—半边缘—边缘结构的分析结果，可以得出北京与京津冀地区其他城市的农业经济联系程度较弱，主要原因在于北京所需要的农产品大多来自山东和南方城市。随着京津冀一体化发展的不断深入，北京市需要充分利用自身强大的科技优势，大力培育农业科技企业，发展具有竞争优势的种业并逐渐向河北地区扩散。在充分发挥北京地区农业优势的基础上，提升河北、天津地区农业现代化水平，逐步加强北京与京津冀地区其他城市之间的农业联系。

参考文献

陈璋，颜平，邵玮，2011. 京津冀区域经济联系分析 [J]. 数据（3）：68 - 70.

方大春，周正荣，2013. 安徽省城市经济联系结构研究：基于社会网络分析 [J]. 华东经济管理（1）：18 - 22.

侯赟慧，刘志彪，岳中刚，2009. 长三角区域经济一体化进程的社会网络分析 [J]. 中国软科学（12）：90 - 101.

刘红梅，张忠杰，王克强，2012. 中国城乡一体化影响因素分析——基于省级面板数据的引力模型 [J]. 中国农村经济（8）：4 - 15.

刘军，2004. 社会网络分析导论 [M]. 北京：社会科学文献出版社.

鲁金萍，杨振武，刘玉，2015. 京津冀城市群经济联系网络研究 [J]. 经济问题探索（5）：117 - 122.

欧向军，薛丽萍，顾雯娟，2015. 江苏省县市经济联系的空间特征 [J]. 经济地理（8）：24 - 31.

皮妮，2014. 京津冀地区经济联系网络研究 [D]. 天津：南开大学.

王欣，吴殿廷，王红强，2006. 城市间经济联系的定量计算 [J]. 城市发展研究（3）：55 - 59.

徐康宁，赵波，王绮，2005. 长三角城市群：形成，竞争与合作 [J]. 南京社会科学（5）：1 - 9.

章力建，朱立志，2014. 京津冀一体化农业协同发展的思考 [J]. 中国农业信息（15）：10 - 12.

邹琳，曾刚，曹贤忠，等，2015. 长江经济带的经济联系网络空间特征分析 [J]. 经济地理（6）：1 - 7.

Anderson J E, Wincoop V E, 2003. Gravity with Gravitas: A Solution to the Border Puzzle [J]. American Economic Review, 93 (1): 170 - 192.

Deepagoda T K K C, Jones S B, Tuller M, et al, 2014. Modeling Gravity Effects on Water Retention and Gas Transport Characteristics in Plant Growth Substrates [J]. Advances in Space Research, 54 (4): 797 - 808.

Stack M, 2009. Regional Integration and Trade: Controlling for Varying Degrees of Heterogeneity in the GravityModel [J]. The World Economy, 32 (5): 772 - 789.

Taaffe E J, 1962. The Urban Hierarchy: An Air Passenger Definition [J]. Economic Geography, 38 (1): 1 - 14.

京津冀现代农业协同发展比较研究①

曲福玲　于战平

（天津农学院经济管理学院农业经济管理系，
天津农学院都市农业发展研究中心）

摘　要：基于京津冀三地农业的发展现状比较研究，分析了三地农业协同发展的现状，政策协同、休闲农业协同、农业科技协同等方面，指出了三地农业协同具有良好的政策环境、农业经济互补性差异、地域和交通优势等有利条件，但还面临目标定位、体制等障碍，因此提出了客观认识协同的复杂性和长期性，建立工作协同长效机制，以农业信息、科技与人才共享平台建设为切入点，以产业化、品牌化对接作为协同发展的出发点，以京津冀龙头企业合作带动生产基地发展为突破点，以建立京津冀现代农产品物流体系和国际农产品物流中心建设为落脚点，财政金融政策和支持力度要跟进的对策建议，这将对京津冀农业协同发展起到积极的推动作用。

关键词：京津冀协同发展　现代农业　一体化

京津冀都市圈是中国经济新的增长点，是 21 世纪中国最具有发展潜力的都市圈。加强京津冀都市圈农业合作，是国家建设的战略需要，也是市场经济发展规律的要求。当前，京津冀都市圈合作面临着有利的战略机遇。京津冀三地应抓住机遇，在协同发展的大背景下，打造环首都现代农业高地，用培养新型职业农民和经营主体推进三地农业、用现代发展理念引领三地农业、用现代产业体系提升三地农业、用现代物质条件装备三地农业、用现代科学技术改造三地农业、用大数据信息网络提高三地农业。京津冀应该基于互利共赢、优势互补、利益共享、风险共担原则，通过各种创新资源的共享，实现跨区域农业协同创新。京津冀三地农业已经实现了一些程度上的协同，但在深度、宽度方面仍然存在不足，因此从比较三地农业，提出切实可行的京津冀现代农业协同发展切入点，对加大三地农业资源整合促进京津冀农业协同发展，推进京津冀农业产业升级增加农民收入都具有重要的现实和积极意义。

一、京津冀农业发展比较分析

（一）京津冀发展资源禀赋分析

耕地面积的绝对拥有量方面，河北远超天津和北京，是北京的 27.3 倍，是天津的

---

　　① 基金项目：农业部"十三五"农业农村经济发展规划编制前期研究重大课题——京津冀现代农业协同发展研究；天津市哲学社会科学规划资助项目——天津新型城镇化建设中现代都市型农业发展研究。

15.9 倍。从人均耕地面积看天津和北京接近但远远低于河北。按户籍人口计算，天津人均耕地面积达到 0.6 亩/人，但远低于河北人均耕地面积 1.41 亩/人；按农业人口计算，能够达到 1.55 亩/人的水平，但是河北依然是天津的 2 倍，见表 1。从一产就业人口看，天津一产就业人口为 71.23 万人，占总就业人口的 8.8%，稍高于北京，但远低于河北，河北一产就业人口达到了 1 462.27 万人，占总就业人口的 34.91%。可见，在农村家庭农业生产新固定资产额拥有量、主要农业机械拥有量和一产从业人员方面河北都远高于北京和天津，资源禀赋方面河北拥有绝对的优势。因此北京和天津农业的发展没有劳动和资源优势，而要向技术密集型方向转型。

表 1　2012 年京津耕地面积及其他资源拥有情况比较

城市	耕地面积（万亩）	户籍人口（万人）	农业人口（万人）	人均耕地面积（亩/人）	农业人口人均耕地面积（亩/人）	农村家庭农业生产性固定资产（元/户）	主要农业机械拥有量（万千瓦）	一产就业人口（万人）及所占比例
北京	347.55	1 297.5	258.2	0.27	1.35	3 658.5	241.1	57.3（5.2%）
天津	594.75	996.44	382.5	0.60	1.55	6 485.2	568.1	71.23（8.8%）
河北	9 475.95	6 735	3 023.4	1.41	3.13	7 640.99	10 553.8	1 426.27（34.91%）

数据来源：《中国统计年鉴 2013》《北京统计年鉴 2013》《天津统计年鉴 2013》《河北统计年鉴 2013》。

（二）京津冀现代农业的经济地位及产出结构分析

北京、天津两地农业发展空间在城市总体发展中的产值比重均不大。北京和天津的农业产值和农业增加值相当，而河北的农业总产值是北京和天津的 15 倍多。北京农业增加值占地区生产总值的比重为 0.84%、天津为 1.33%，农业在两个城市经济总量中的比重都很低，不是城市发展的支柱产业，而河北高达 12%，见表 2。

表 2　2012 年京津冀农业产值结构比较

城市	农业产值（亿元）	产值结构（亿元）及所占比例					农业增加值（亿元）	占全市生产总值的比例（%）
		农业	林业	畜牧业	渔业	农林牧渔服务业		
北京	363.1	163.4	18.9	162.7	11.5	6.6	150.3	0.84
		45.0%	5.21%	44.81%	3.17%	1.82%		
天津	349.5	179.87	2.46	98.52	58.61	10.03	171.54	1.33
		51.47%	0.70%	28.19%	16.77%	2.87%		
河北	5 340.1	3 095.28	77.88	1 747.66	177.73	241.54	3 186.66	12
		58.0%	1.5%	32.7%	3.3%	4.5%		

数据来源：《北京统计年鉴 2013》《天津统计年鉴 2013》《河北统计年鉴 2013》。

但农业作为统筹城乡发展的重要基础和保障，对健全城市的产业体系，保障粮食安全，改善城市生态环境等都起着十分重要的作用，是城市经济社会发展中不可缺少的重要环节。随着现代化水平的提升，工业和服务业的发展水平将不断的提升，农业的产值所占的比重将越来越少，也因此未来北京和天津现代都市型农业产值所占的比例将进一步降低。从产值结构看，北京以种植业和畜牧业为主。天津以农业为主，畜牧业和渔业占的比重较高。河北农业高达 58% 的比重。目前北京相关政策方面仍然将大力发展畜牧业为重点，而天津则按照减粮、增菜、增林果、增水产品"一减三增"的思路推动农业结构优化，从结构调整看，北京和天津都在充分发挥自身的比较优势，是一种错位式发展。

（三）京津冀农业产出及效率比较分析

从京津冀主要农产品产量看，河北的粮食产量已经达到 3 365 万吨，是北京的 35 倍，是天津的 19 倍，在农产品供给上具有绝对优势，见表 3。

从三地农业产出效率比较看，北京的土地产出率和农业劳动生产率都远高于天津和河北。以农业增加值核算农业土地生产率，北京的农业土地产出效率最高达到 4 325 元/（亩·年），次之是河北达到 3 363 元/（亩·年），天津只达到 2 884 元/（亩·年），其主要成因是天津中低产田占全部耕地的 60%，造成农业土地生产率和劳动生产率都不高；其次，农业劳动生产率北京依然是最高，达到 2.62 万元/（人·年），天津居中达到 2.41 万元/（人·年），河北最低为 2.23 万元/（人·年），三地人均都相差近 2 000 元，见表 4。这说明，虽然北京农业产出方面没有量的绝对优势，但农业生产效率方面却具有很大的优势。

表 3　2013 年京津冀主要农产品产量比较

单位：万吨

地区	粮食							棉花	油料	麻类	甜菜	烟叶	蚕茧	水果
	总数	谷物				豆类	薯类							
		总数	稻谷	小麦	玉米									
全国	60 193.8	55 269.2	20 361.2	12 192.6	21 848.9	1 595.3	3 329.3	629.9	3 517.0	22.9	926.0	337.4	89.2	25 093.0
北京	96.1	94.4	0.1	18.7	75.2	0.9	0.8	0.0	1.0					103.8
天津	174.7	173.5	12.9	57.3	102.1	0.9	0.3	4.8	0.6					54.2
河北	3 365.0	3 221.8	58.8	1 387.2	1 703.9	30.9	112.4	45.7	151.1	0.1	74.2	0.7	0.1	1 863.3

数据来源：《中国统计年鉴 2014》。

表 4　2012 年京津冀农业产出效率比较

城市	耕地面积（万亩）	农业增加值（亿元）	农业土地产出效率 [元/（亩·年）]	一产从业人员（万人）	农业劳动生产率 [万元/（人·年）]
北京	347.55	150.3	4 325	57.3	2.62
天津	594.75	171.54	2 884	71.23	2.41
河北	9 475.95	3 186.66	3 363	1 426.27	2.23

数据来源：《北京统计年鉴 2013》《天津统计年鉴 2013》《河北统计年鉴 2013》。

（四）京津冀农民收入比较分析

2013 年全国农民人均纯收入为 8 895.9 元，与之相比京津冀的农民纯收入均超该标准。北京和天津高于全国平均水平 9 442 元和 6 945 元，而河北仅仅高出 206 元，见表 5。
但天津低于北京，主要原因有两个：一方面是由于土地生产率和劳动生产率较低，另一方
面北京农民的其他非农收入来源较多。现代都市型农业是一、二、三产业相融合的高端农
业。在收入构成分析中可以计算出，天津农村居民的工资性收入比重远低于北京，仅占到
56.5%，而北京高达 66%；与此相对应的是天津农村居民家庭经营性收入比重较高，占
到 29%，而北京只有 8%。这说明天津农村第二、三产业尚不发达，都市农业与其他产业
的融合性不强，在转移农村劳动力就业方面还存在一定滞后性。

表 5　2013 年京津冀农民收入及收入结构比较

单位：元

| 城市 | 农村居民人均纯收入 | 收入结构 | | | | 农林牧渔业私营单位就业人员平均工资 | 农林牧渔业城镇单位就业人员平均工资 |
		工资性收入	家庭经营纯收入	财产性收入	转移性收入		
全国	8 895.9	4 025.4	3 793.2	293.0	784.3	24 645	25 820
北京	18 337.5	12 034.9	833.4	2 023.5	3 445.7	32 531.0	48 352
天津	15 841.0	9 091.5	4 571.6	1 120.0	1 058.0	41 255.0	55 191
河北	9 101.9	5 236.7	3 219.2	161.6	484.4	24 198.0	13 859

数据来源：《中国统计年鉴 2014》。

（五）农业现代化发展水平分析

2013 年 12 月，农业部选取了北京和天津在内的 35 个大中城市都市现代农业发展情
况进行分析评价，并发布《中国都市农业发展报告 2013》，从评价结果看，2012 年全国都
市农业发展指数平均值为 43.19，北京和天津都市型现代农业发展走在全国前列，其中北
京排名第一，天津排名第四。

这里选取现代农业示范区和合作社等方面的数据进行农业现代化水平比较。自 2010
年以来，至 2015 年 1 月农业部公布的北京、天津和河北的现代农业示范区已经达到了 3
家、3 家和 13 家，见表 6。从数量上看，河北作为粮食大省，建立农业示范区有良好的资
源优势条件。

表 6　京津冀国家级现代农业示范区建立情况比较

城市	第一批（2010 年）	第二批（2012 年）	第三批（2015 年）	合计（个）
北京	北京市顺义区	北京市房山区	北京市	3
天津	天津市西青区	天津市武清区	天津市	3
河北	河北省藁城市 河北省唐山市玉田县	河北省定州市、武强县、肃宁县、武安市	河北省石家庄市、昌黎县、张家口市塞北管理区、围场县、永清县、唐山市曹妃甸区、威县	13

从表 7 可以看出，在农业发展的设施条件的投入方面，天津设施农业占耕地的面积的
比重高达 11.3%，而北京只有 10%，河北仅有 6.1%，说明天津在设施农业的支持和投

入方面力度较大。从产业化发展水平看，国家级农业科技园区的数量，北京有4家，河北有3家，而天津只有2家。天津在国家级龙头企业、全国农民专业合作社示范社以及农民专业合作社数量方面与京冀的差距较大。天津目前的国家级农业产业化龙头企业仅有17家，而北京达到了39家，河北达到44家；农民专业合作社的数量河北是天津4倍多。这在一定程度上显示出天津农业产业化发展主体还有待进一步的大力培育。

表7 京津冀农业产业化、设施化水平比较

城市	国家级农业科技园区数量（个）（截至2013年）	国家级农业产业化龙头企业（个）	国家农民专业合作社示范社（个）	农民专业合作社（个）（截至2014年年底）	设施农业面积（万亩）/占耕地面积比重（2012年数据）
北京	4	39	64	6 044	35（10%）
天津	2	17	56	6 694	67.6（11.3%）
河北	3	44	173	22 838	576（6.1%）

注：国家级农业产业化龙头企业以2014年9月农业部关于公布第六次监测合格农业产业化国家重点龙头企业名单合计；国家农民专业合作社示范社数量以2014年11月九部委联合公布国家农民合作社示范社名单为准；河北农民专业合作社数量为2011年年底工商部门统计数据。

（六）农业休闲观光效益分析

京津冀居民人均可支配收入水平的提高，为外出休闲旅游提供了经济保障。截至2013年年底，京津冀城镇居民人均可支配收入分别为：40 321元、32 658元、22 580元，北京地区休闲旅游消费能力显著高于天津和河北。但由表8可见，京津冀三地休闲农业发展差距很大，河北近两三年来迅速追赶北京，在星级档次上都有明显提升，2014年北京14家星级企业与园区中有五星级6家，四星级4家，而河北15家星级企业与园区中有五星级1家，四星级9家。此外河北休闲收入明显高于其他两地，其中一方面的原因是河北食宿等消费水平低，对京津游客具有吸引力。而天津在休闲农业发展方面明显落后，天津与北京、河北之间在示范点数目、企业和园区数量上落差很大，差距产生的主要问题是：现有景点档次水平和吸引力较低，特色不突出；山、海、湖（水库）、湿地、平原、民俗文化以及特色农业生产资源还远没有得到充分利用和发挥；现有项目季节性较强，对农民增收效果不显著；营销宣传和品牌建设弱化，行业组织建设滞后等。今后天津休闲观光农业的发展必须要走精品化道路，融入文化创意，突出天津的地域特色、文化特色、景区特色和产品特色，打造天津具有竞争力价值的品牌。

表8 京津冀休闲农业与乡村旅游比较

城市	全国星级休闲农业与乡村旅游企业与园区（个）			2013年休闲农业与乡村旅游人次（万人）	2013年休闲农业与乡村旅游收入（亿元）
	2011年	2013年	2014年		
北京	0	6	14	3 751	37.6
天津	0	1	0	1 473（2014年）	10.5（2014年）
河北	6	28	15	3 600	65

数据来源：网络文献整理。

二、京津冀现代农业协同发展的有利条件与障碍

（一）有利条件分析

1. 良好的政策环境为京津冀现代农业协同创造了良好的发展环境

京津冀协同的政策面已经达成共识。2014 年 2 月 26 日，中共中央总书记习近平在听取京津冀协同发展专题汇报时，将京津冀协同发展上升为国家战略，并对三地协作提出七项具体要求。京津冀协同发展上升为国家重大战略，习总书记在北京召开座谈会时强调京津冀要坚持优势互补、互利共赢、扎实推进，走出一条发展的路子来，加强环渤海与京津冀地区协作，深化区域经济合作发展。2015 年 3 月 15 日，京津冀三地农委正式签署《推进现代农业协同发展框架协议，京津冀农业协同发展迈入了深化合作阶段，为京津冀现代农业协同创造了良好的政策发展环境。

2. 京津冀三地在农业领域的合作水平不断提高

京津冀三地在农业领域的合作水平不断提高表现在农业科技合作、菜篮子保证、休闲农业以及生态保护等方面。如 2015 年 5 月，京津冀农业科技协同创新交流会上，北京市农林科学院、天津市农业科学院、河北省农林科学院共同签署《京津冀科技协同创新中心》共建协议书，标志着京津冀科技协同创新中心成立。三地种子管理部门也已经达成了合作发展、信息共享、跨区试验、政策协商四项共识，建立了信息共享、品种联合展示、京津冀一体化区试（区域试验）、科技项目联合攻关等七项机制。2015 年 2 月，京津冀三地为共同搞好京津冀林业生态环境保护，签订《京津冀协同发展林业有害生物防治框架协议》，京津冀三地在林业有害生物防治新技术推广应用的典范、无公害防治的典范、植物检疫追溯平台建设等方面建立了一体化协作机制。在菜篮子供给方面，三地农业产业化部门组织农产品供应商与北京市餐饮企业开展"农餐对接"。京津冀三地开始建立产品质量安全协作，实行农产品质量监管和质量安全三地互认机制。京津冀三地在休闲观光农业旅游方面优势互补，共同推出休闲农业与乡村旅游精品线路，打造京津冀休闲农业一体化发展新格局。

3. 农业经济互补性差异为京津冀现代农业协同发展打下坚实基础

京津冀三地在农业发展结构上具有一定的互补性差异，天津在渔业发展方面具有一定的比较优势，北京在畜牧业方面发展有一定的现实基础，也作为北京重点发展的领域。而河北的大农业的优势明显，并且土地、人力方面有着较强的资源优势。京津地区农业产业化运作和农村经济组织化程度相对较高，具有较高水平的现代服务业和较强大的农产品加工业，具有市场、产业、技术、资本、管理、信息等方面的优势。同时，京津地区人多地少，耕地资源严重贫乏，相当部分的农产品靠外地输入。区域内河北地区可耕地面积达到600 多万公顷，居全国第四位，农业资源丰富，劳动力价格低廉，在特色农业方面具有较好的基础和条件。因此，区域农业经济要素分布差异大，产业互补性强，为京津冀现代农业协同发展打下了坚实的基础。

4. 地域和交通优势为京津冀现代农业协同发展创造了便利条件

京津冀地区是华东、西北、华北连接东北的必经之地，具有得天独厚的地理位置，交

通运输快捷便利。以北京和天津为中心的铁路、公路、航空交通网，通联全国和世界许多国家和地区。区域内集中了全国第一大能源输出港，第二大杂货输出港以及京唐港、黄骅港，有着良好的沿海和港口优势。从当前发展来看，京津塘高速公路复线、京承高速公路修建、京津港实现口岸直通等一大批项目的实施，为京津冀区域合作和农业协同发展奠定了良好的交通基础。

5. 国内外市场需求不断增长为京津冀现代农业协同发展实现市场保证

从国内来讲，伴随着居民收入水平的提高，城乡居民对膳食要求也趋于多样化，保健食品、绿色食品和有机食品越来越受到消费者的青睐，农产品尤其是生态产品的供应量在不断增长；随着收入提升，休闲旅游的需求逐年上升，这些都为三地现代都市型农业的发展创造了机遇。北京、天津与河北共同构成的京津冀都市圈内拥有近 1.2 亿人的消费群体，市场容量占全国大陆总量近 10%，是全国市场容量最大的地区之一。

从国际市场看，这几年天津的农产品出口稳定增长，2014 年 1～9 月，出口额达到74 801.4万美元，位居全国 16 位，比上年同期上涨了 3%。同年北京的出口额下降了26.2%，而河北的出口额位居全国第 11 位，达到了 12 亿多美元，比上年同期上涨了8%，见表 9。尽管与山东、福建等地相比，京津冀还有很大的差距，但是也可看到京津冀外向型农业的发展有很强的实力，还有很大的发展空间。2013 年京津冀三地进出口农产品贸易总值占全国的 14.63%，见表 10。因此，巨大的市场需求将对京津冀都市圈农业发展形成强大推动力，为京津冀现代农业协作提供了良好的机遇。

表 9 2014 年 1～9 月分地区农产品出口额及其同比增长率

地区	2014 年 1～9 月 出口额（亿美元）	排名	2013 年 1～9 月 出口额（亿美元）	同比增长率 （%）
山东	115.4	1	111.1	3.9
福建	62.4	2	59.8	4.3
广东	59.2	3	56.7	4.4
浙江	39.5	4	36.9	7.0
辽宁	38.0	5	36.6	3.6
江苏	27.6	6	23.9	15.6
云南	19.4	7	16.2	19.6
湖北	14.5	8	13.1	11.0
广西	13.9	9	10.6	31.7
上海	13.6	10	13.0	4.4
河北	12.7	11	11.7	8.0
河南	11.4	12	9.5	19.5
吉林	8.5	13	9.0	−4.9
安徽	8.4	14	7.8	8.2
湖南	7.6	15	6.1	25.3
天津	7.5	16	7.3	3.0

（续）

地区	2014 年 1～9 月 出口额（亿美元）	排名	2013 年 1～9 月 出口额（亿美元）	同比增长率 （％）
北京	7.3	17	9.9	−26.2
黑龙江	6.8	18	6.5	4.7
新疆	6.1	19	5.7	7.6
四川	5.9	20	4.8	22.1

资料来源：国家商务部，中国农产品进出口月度统计报告。

表 10　2013 年京津冀农产品进出口额及其增长率

地区	进出口总额 （亿美元）	同比增长率 （％）	出口额 （亿美元）	同比增长 率（％）	进口额 （亿美元）	同比增长 率（％）
北京	153.4	−20.69	12.9	−4.2	140.5	−21.9
天津	69.0	5.42	10.1	3.3	58.9	5.8
河北	48.3	25.38	16.1	8.0	32.2	36.4
京津冀总值	270.7	−8.98	39.1	2.51	231.6	−10.67
占全国总值（％）	14.63		5.83		19.64	

资料来源：《中华人民共和国商务部对外贸易司信息公开网—2014 年农产品贸易统计》。

（二）障碍分析

1. 协同发展目标定位难

所谓协同发展，就是指协调京津冀相互协作完成某一目标，达到共同发展的三赢效果，即实现 1＋1＋1＞3 的效应。而目前京津冀协同方面制定的框架协议比较宽泛，没有指出具体协同各个方面的目标，协同发展目标实现的定量标准，以及目标之间如何协同。对于目标之间的协调难度较大，需要找到切入点。

2. 区域行政管理体制打破障碍

目前京津冀在农业补贴政策、投资政策和资源保护利用等方面有很大的差别。而且区域行政管理体制下的农业补贴政策、投资政策、农民收入、资源保护利用以及目标等方面是一种地方负责制，这不利于京津冀三地协同发展。

3. 区域农业竞争还很突出

京津冀三地地区之间由于气候资源的相似性导致农业产业结构形成的区域竞争问题还很突出，地方政府以及企业、农户都有自主的竞争行为，包括地方政府在产业结构调整方面的竞争行为，农产品区域竞争、农企区域竞争、休闲农业产业区域竞争等，以及农产品批发市场竞争等方面。京津冀三地多次签署合作协议，但在"你得即我失"的"零和"博弈模式下，合作难以持续，合作的深度依旧不够。在协同中，政府和市场的关系又很难调节，地方政府只能引导，又不能代替，处于两难的境地。

三、促进京津冀现代农业协同发展的建议

1. 客观认识实质性协同发展、合作共赢的复杂性和长期性

要清楚认识到京津冀三地的协同具有长期复杂性，不可能一蹴而就。京津冀协同发展规划虽已出台，但农业领域深度协同发展需要解决深层次的体制机制和利益问题依然存在，涉及规划、政策乃至法律的调整，还需要三方的政府、企业以及农户等生产经营者的认可、协作与配合，具有复杂性和长期性。既要发挥政府、企业、行业组织等作用积极合作、对接，又要尊重规律发挥市场决定性作用，由易到难、由点到面、由单一领域到全面协作，逐步推进。

2. 建立工作协同长效机制，抓紧制订具体实施方案

一是建立协调机构。建立京津冀农业协同综合协调机构，形成长期协作机制，齐抓共管，三省市互通信息，交流经验，协调解决发展中面临的问题，共同推进现代农业发展。二是当前务必抓紧制订操作性强的规划实施方案。要充分发挥中央有关部门的协调作用，将三地的中央政府有关农业农村发展、农业补贴、水资源、生态保护等相关规划实施方案具体化，资金统一调配使用规范化。三是抓紧制定区域间农业产业转移指导目录，未来有可能做到市县乡各级别的产业定位和协调，作为政府管理投资项目、制定实施相关政策的依据；在此基础上，制定差别化的区域农业产业发展支持政策，为区域间农业产业转移和合理布局提供指导。

3. 以农业信息、科技与人才共享平台建设为切入点

一方面，促进区域农业信息化，搭建信息服务平台。农业各方面的信息充分公开、流动和共享是协同发展的重要基础。重点是搭建起农业信息服务平台和大数据中心，构建服务于产前预警、产中控制和产后调整的全产业链的农业信息一体化系统，促进信息共享，包括统一的农产品市场流通平台、农产品质量安全检测平台、动物疫病防控平台等。另一方面，发挥三地农业科技人才的各自优势，搭建科技与人才共享平台建设。目前已经有相当的基础，需要深化实质性合作，率先实现一体化协同创新发展。围绕区域农业和主导产业发展的科技需求，提高农业科技创新能力、加速创新成果落地转化，为推进区域现代农业协同发展提供科技支撑。

4. 以产业化、品牌化对接作为协同发展为出发点

要借助首都品牌农产品和龙头企业提升天津河北农业全产业链经营的组织化水平例如，借助北京大兴县京欣西瓜、平谷大桃、板栗等众多知名品牌的知名度、影响力以及经营管理和运作模式，辐射带动天津、河北地方品牌产品提档升级；对接北京农产品物流配送、加工等农业产业化龙头企业的带动作用，开拓京津冀高档农产品消费市场，提升农产品附加值。重点是针对京津冀高消费群体市场，发展一批品质和价值较高的高档、特色农产品，带动农业结构调整。强化与北京农业园区及其休闲农业经营者的合作，引进先进理念和组织经营力量，提升京津冀整体水平。

5. 以京津冀龙头企业合作带动生产基地发展为突破点

将京津都市农业的科技化、循环化、设施化和精品化与河北省特色农业的基地化建

设，以利益为纽带实现对接，以京津农产品加工龙头公司的外移带动河北的农产品生产基地发展。结合"点"和"线"实现以点带面，以线带面。"点"可以选择：优势品种、优势品牌、优势涉农企业；线可以选择："优势品种的培育—生产种植—营销"一体；"北京科技——河北基地——天津外向"线路；打造区域内多个涉农企业集团；打造区域内多个合作社联合；打造区域内多个休闲农业联合。

6. 以建立京津冀现代农产品物流体系和国际农产品物流中心建设为落脚点

做好北京农产品批发市场转移承接工程，加快制定京津冀三地农产品物流体系协同发展规划，抢抓国家规划建设国家级区域农产品批发物流中心的机遇，发挥天津港口和自贸区优势以及现有的京津冀农产品物流批发市场的基础优势，做好京津冀三地农产品批发市场合理布局，构建立足华北、辐射东北西北、连接海外的国际农产品物流中心。

7. 财政金融政策和支持力度要跟进

财政支持方面，由中央和两省一市按一定比例共同出资，市场化运作的京津冀农业协同发展基金，积极引导社会资金投入，支持京津冀合作开展跨区域基础设施、产业技术创新、科技成果转化、重大项目建设、产业转移承接平台、生态建设和环境治理等建设[3]。金融支持方面，鼓励各类银行支持京津冀农业协同发展重点工程和重大项目建设；加大对家庭农场、专业大户、农民合作社等的信贷、保险等金融支持力度，探索赋予土地承包经营权、农业固定资产等抵押、担保权能；加快中小企业、农民合作社、家庭农场、专业大户等的信用担保体系和服务体系建设，扶持再担保机构发展；引导和扶持京津冀优质农业企业上市；同时大力推进三地互联互通的产权交易场所。

参考文献

章力建，朱立志，2014. 京津冀一体化农业协同发展的思考［J］. 中国农业信息，15（2）：1-2.
鞠林江，2011. 浅析廊坊农业在京津冀城市集群发展中的战略选择［C］. 第五届环渤海·环首都·京津冀协同发展论坛学术会议论文集.
北京市科学技术委员会，2015.《关于加快首都科技服务业发展的实施意见》公布京津冀将建一批协同创新科技服务站［N］. 北京日报，06-18.

京津冀农业协同发展的思考

赵邦宏　宗义湘　王俊芹

（河北农业大学经济贸易学院，河北保定　071001）

摘　要： 本文从省级和地方两个层面及京津农产品市场供给和需求视角对京津冀农业合作现状进行了深入分析，从政策、行政分割、重大项目等5个方面提出了京津冀农业合作存在的根本问题，从建立完善农产品市场体系规划等8个方面提出京津冀农业合作需推进的8个领域。

关键词： 京津冀　农业协同　现代农业

一、京津冀农业合作现状与问题

（一）京津冀农业合作现状

1. 省级层面合作取得进展

河北省分别与北京、天津签署了《北京市—河北省2013年至2015年合作框架协议》《天津市—河北省深化经济与社会发展合作框架协议》，河北省农业厅与北京市农委签署了《关于农业区域合作（2013—2015）框架协议》，主要是在蔬菜产业和乳业两方面开展合作。例如乳业合作，北京首都农业集团有限公司在定州建设"首农集团现代循环农业科技示范区"，在新乐新建以生产婴幼儿配方乳粉和液态奶为主的河北三元工业园。

2. 地方合作范围广泛

京张农业合作主要是建造供应基地，2012年张家口市政府与北京市农委签订了《供京蔬菜基地建设框架协议》，北京市支持蔬菜发展资金6 900万元建成了供京蔬菜基地70万亩。2013年投资20亿元的涿鹿辛普劳马铃薯深加工项目和投资20亿元的张北中粮百万头生猪项目步入实施。京承农业合作以大型涉农京企为主，各类合作项目已经达到100个，总投资额达120多亿元，到位资金80多亿元，带动基地农户15万户，2013年承德供应北京市场蔬菜达190万吨，食用菌20万吨，占北京蔬菜市场份额的25％以上。京廊农业合作以两地企业对接为主，廊坊市有55家龙头企业与北京18家大型超市和驻京单位建立了长期供应合同，与北京企业集团合作建设了华北现代农业科技物流园项目、草莓种植观光采摘项目，总投资超100亿元。京保农业项目主要是承接了北京的农贸市场外迁转移任务。

3. 京津市场总体供需判断：质与量均能满足需求

（1）北京多数农产品的本地供给与本地需求存在缺口。北京市场水产品、禽蛋、果蔬和肉类均存在较大供给缺口，年均供给缺口分别为128％、126.7％、41.4％、39.9％和34.1％。

（2）天津多数农产品的本地供给超过本地需求，水果常年存在较大缺口。从产销差量上看，天津的奶类、蔬菜、水产品和粮食的本地供给远大于本地需求，年均供给余量占比分别为 65.89％、54.94％、52.10％和 37.06％；肉类供给略大于需求，年均供给余量占比为 17.45％；禽蛋类供给略小于需求，年均供给缺口为 5％，供求基本平衡；水果类的供给常年存在较大缺口，年均供给缺口为 76.57％。

（3）按目前河北省农产品供给水平，不仅能够充分保障京津市场需求，并且有较大的供给剩余。另外，从产品品质看，河北省农产品已经基本符合京津市场需求。目前京津市场鲜活农产品需求以无公害食品为主约占 60％～70％，绿色食品为辅约占 20％～30％。总体需求趋势是高质量、高档化、绿色食品与有机食品。近年来，河北省努力提升农业标准化生产水平和农产品质量安全监管能力，没有发生区域性、系统性的重大农产品质量安全事件。

（二）京津冀农业协同存在的问题

1. 发展不平衡性和政策差异性瓶颈

农业企业对于农产品快速、低门槛进入北京市场需求迫切，但农业质量安全监管、现代物流配送等地方性标准存在差异，这是致使较难实现农产品的无缝对接进入的因素之一。全国范围内免收"菜篮子"车辆高速公路通行费，但如何进一步采取跟进措施，完善诸如统一标志、进场入店的入门标准等的管理政策问题，还因涉及较多部门和企业。

2. 行政分割与利益差异瓶颈

京津冀分属不同省市管辖，不同行政主体之间的政策关系和利益关系不同，因而对推进相关合作项目的态度也各不相同。就北京、天津客观上都或多或少存在一些地方壁垒，如超市入场费、配送要求、运输路线、销售地点等方面。各县农业结构趋同，错位发展不足，有时竞争大于合作，区域农业资源优化配置困难较大。

3. 重大项目和资金投入不足

我国中央与地方的分权原则是"地方区域调控要在中央的集中指导下进行"，因此，随着京津冀地区农业领域合作越来越广泛，地方政府在区域农业合作过程中的推动能力越发显得不足。现今京津冀农业合作缺少合作规划，目标和重点不明，这难免使农业合作有盲目性。基本上处于"三无"状态，即"无规划、无纲领、无组织"，大部分合作是在民间自发推动下取得的。因此，京津冀农业合作难以形成一个切实有效的推进机制，来进一步促进和加快区域农业合作步伐。无规划就没有大项目，没有具体的重大项目支撑，相关合作就没有载体，也难以建立相关基金和项目支撑资金。虽然有些地区之间自发进行了一些项目开发合作，但由于农业项目投资大、投资回收周期长、风险性较大，使很多项目合作最终因为资金的匮乏而搁浅。

4. 区域农业扶持政策差异性较大

首先是生态补偿性标准的差异。如赤城县 2000 年以来，赤城县累计投入资金 8.37 亿元，实施 21 世纪首水、京冀水源保护林、京津风沙源治理、退耕还林等生态工程，而项目资金配套标准，赤城县每亩造林标准 300 元，北京市至少每亩 3 000 元，多则每亩上万元。

其次，现代农业发展补偿差距大。如农机具补贴标准，河北省农机具补贴比例比北京市低 50％，北京补贴有机肥使用到 70％，河北省无此项补贴。北京通州农民新建一座标准的日光温室，政府补贴 4 万元，24 个县只补贴几千元。

5. 大型龙头企业知名品牌少、影响力低

山东寿光蔬菜在京津市场本身就是品牌，单项品牌的蔬菜更多。而我省实际供应的蔬菜很多，而且直接接入京津超市，但很多用了北京、山东的品牌。龙头企业经营规模小，生产基地区域性强。生产基地农民专业合作社组织化程度低，产品监控成本高，产业链条各环节的服务不到位。基地市场物流园区小、带动作用不够。

二、京津冀区域农业合作需要推进的几个领域

京津冀区域农业协同的核心就是将京津涉农科技、资金、人才的优势，与河北土地、人力资源、农业生产基地实现联合、融合、整合等。目前主要内容涉及农产品流通领域的全方位"绿色通道"覆盖；农产品市场交易信息平台机制的共享；农业科技研发领域的集成与创新；促进土地、人力资源、金融资本等要素市场在区域内的整合与联动开发；打造京津冀农业休闲观光旅游战略联盟。可以预见，通过 3～5 年的合作交流，京津冀区域内农业综合发展水平将会有显著提升。

（一）积极推动京津冀农产品市场体系规划

以现有的一批农产品市场为抓手，规划建设一批农产品商业网点，采取实体市场与电子商务交易"虚实"相结合的模式，推动京津冀区域农产品集散中心建设。立足京津冀地区的发展实际，按"总体规划，分步实施，先易后难，逐步提高"的原则，对构建京津冀农产品市场体系做出总体规划，提出明确的、具体的实施步骤和扶持政策措施等。

（二）积极推动和拓展农产品"绿色通道"

在严格执行中央"绿色通道"政策的基础上，进一步创新和完善农产品公路运输"绿色通道"政策，扩大"绿色通道"的覆盖范围，通过协商，共享京津冀各地区农产品的运输服务和流通保障。打造产加销一体化农产品"绿色通道"；创新"涉农产品"绿色通道；加大先进验货设备的研制和开发；制定对执行"绿色通道"相关企业的补偿政策。车辆进京的时间、通行证等。

（三）积极推动农产品质检结果互认

共同组建京津冀农产品质量认证和检测工作领导部门，建立统一的农产品各环节相配套的"速测"与"定量精测"手段，制定京津冀农产品质量标准体系以及市场准入制度，组建京津冀农产品质检中心，完善三地互联的农产品质量监测体系网络，指定认证和检测机构，执行认证和检测职能，进行有效监督，避免地区间重复检验。

（四）积极推动与京津地区的重大动物疫病联防联控

定期召开专家预警会议，建立信息、资源共享平台，做到"五个互相"（互相通报信息、互相配合处理、互相往来沟通、互相协作协助、互相激励促进）、"四个通报、四个联

合"（通报周边县区疫情动态、联合普查疫情，通报常年动物贩运户、联合追查疫源，通报立案查处案件结果、联合处理违法违章案件，通报免疫进展情况、联合查漏补免），构建重大动物疫病联防联控长效机制。

（五）积极推动稳定的营销对接渠道

对接双方都给予政策层面上的优惠，力促农超对接，使农超双方实现互惠互利，一方面保障京津市场、超市、酒店、学校、企业等拥有充足稳定的货源，特别是应急时刻的市场供应。另一方面保障专业合作社（企业）有稳定的订单，实现蔬菜生产者、超市、消费者利益均沾。

（六）建立经常性的信息交流反馈制度

应搞好顶层设计，加强与京津农业主管部门的沟通，建立协调联动机制，实现在"菜篮子"供应、项目对接、资金流动、人才交流、科技成果转化、信息共享、动物疫病防控、农产品质量安全监管、农资打假等方面的互惠互通。

（七）积极推动构建京津冀休闲观光农业联盟

通过建立由政府引导、行业协会牵头的京津冀休闲观光农业发展长效机制，统一和优化京津冀休闲观光农业规划、规范和完善京津冀休闲观光农业交流平台，重点在于推进休闲观光农业基地一体化建设、构建共享的休闲观光农业信息网络和打造统一的推介营销机构平台等；打造京津冀休闲观光农业产业联盟体。按照"政府引导、企业参与市场运作"的原则，以产业集群对接的高度来筹划，以合作开发休闲观光农业精品路线为手段，在原有的产业集聚的雏形上，通过加强战略联盟或连锁经营，打造无障碍休闲观光农业旅游区，共同开发观光休闲农业旅游产品，进一步完善、提升产业集聚水平，避免协同管理，防止恶性竞争。

（八）推动京津冀农业科技合作攻关平台建设

共同建立京津冀地区农业科技合作长效机制。整合各自的科研力量，联合建立京津冀农业科技合作与发展基金；开展京津冀地区农业科技重点领域的联合攻关研究。在品种审定互认的基础上实现优良品种无缝推广应用，实现农业科技成果转化等农业资源高效应用；加快推进京津冀地区农业信息网络体系的研发与应用。重点研究信息技术在农业上的应用和三地农业信息资源的共建共享，从而建立三地农业科技专家咨询库、农业新品种新技术信息库等共享的数据库，构建供各地农业科研机构进行技术协作研发的网络平台。

参考文献

韩长赋，2014. 推动大城市率先实现农业现代化 ［N］. 农民日报，04-28.
黄祖辉，刘东英，2006. 论生鲜农产品物流链的类型与形成机理 ［J］. 中国农村经济（11）.
俞菊生，2013. 都市现代农业创新市场合作 ［M］. 北京：中国农业科学技术出版社.
崔承印，等，2002. 北京农产品批发市场规划 ［J］. 北京规划建设（3）.

附 录

北京农业经济学会 2015 年工作总结

2015 年，北京农业经济学会在社科联直接领导下，在学会部、学术部等部门大力支持和帮助下，坚持正确的学术导向，坚持以会员为本的理念，开展了一系列的学术交流活动，现将一年来的工作简单总结如下：

一、举办学术会议，积极开展学术交流活动

2015 年，北京农业经济学会积极开展学术交流活动，主要是组织召开了以下的学术会议。

1. "TPP 与农业问题" 学术研讨会

2015 年 5 月 15 日下午，由北京农业经济学会和中国国外农业经济研究会、中国人民大学农业与农村发展学院联合主办的 "TPP 与农业问题" 学术研讨会在中国人民大学农业与农村发展学院明德主楼 931 会议室举行，来自农业部农业贸易促进中心、中国社会科学院农村发展研究所、中国农业大学经济管理学院、华中农业大学经济管理学院、北京农学院经济管理学院、大连商品交易所、中粮集团以及中国人民大学等单位的专家学者等 30 多人参会，围绕 TTP 谈判的背景及其未来趋势、TTP 谈判对农业的影响等问题进行了学术交流。

学术研讨会由北京农业经济学会会长唐忠教授主持。中国人民大学国际关系学院保建云教授、中国人民大学农业与农村发展学院特聘教授、美国农业部经济研究局高级经济学家段志煌先生和中国社会科学院农村发展研究所翁鸣研究员分别做了题为 "大国关系背景下的 TPP 谈判——问题、背景及对中国的影响" "包括与不包括中国在内的 TPP 对农业的影响——局部均衡分析" 和 "TPP 对中国农业的影响" 的主题报告。北京农业经济学会副会长、中国国外农业经济研究会会长、中国社会科学院农村发展研究所副所长杜志雄研究员，中国国外农业经济研究会副会长、农业部农业贸易促进中心主任倪洪兴先生，中国社会科学院农村发展研究所胡冰川博士，以及中国人民大学农业与农村发展学院唐忠教授、曾寅初教授等在专题讨论中发表了意见和看法。

2. "京津冀一体化下的农业协同发展" 学术研讨会

本次会议于 2015 年 7 月 4 日在中国人民大学农业与农村发展学院 931 会议室举行，来自京内农业部农村经济研究中心等 8 家单位、天津农学院经济管理学院、河北农业大学经济贸易学院等单位的津冀三地专家学者 40 多人参会，围绕京津冀农业协同发展的背景、途径、方式和政策等问题进行了热烈而深入的学术交流。来自京津冀的 4 位专家学者做了主题报告。与会代表在讨论中认为在国务院已经颁布 "京津冀协同发展规划纲要" 的背景下，应该加强对京津冀农业协调发展所涉及的产业协同、市场协同、生态协同等具体问题的深入研究，要特别重视京津冀农业协同发展中政府和市场两个方面的作用，加强对京津

冀协同发展中各地政府政策的梳理研究，加强京津冀农业协同发展中企业主体的行为研究，切实为京津冀一体化协同发展各项规划的落实提供科学依据。

本次会议是北京市社会科学界联合会主办的"2015学术前沿论坛"的学会专场之一，由北京农业经济学会承办。会议得到了北京市社科联的专项资助，其信息部并对会议进行了全程录像。

3. 北京农业经济学会 2015 学术年会

2015年12月5日，由北京农业经济学会和中国人民大学农业与农村发展学院共同主办的北京农业经济学会2015学术年会在中国人民大学明德主楼举行，来自中国社会科学院农村发展研究所、南京农业大学经济管理学院等京内外15家教学科研单位的专家学者80多人参会。本次学术年会的主题是"新常态下的农业经济发展"，与会代表围绕新常态下我国农业经济发展的理论与现实问题，进行了热烈而深入的学术交流。

北京市社会科学界联合会学会管理部周志勇主任代表社科联在开幕式上致辞，对本届学术年会的召开表示热烈祝贺，对北京农业经济学会的工作给予充分肯定，并希望学会继续团结凝聚广大学者，积极开展学术活动，不断加强自身建设，在为国家农业发展和首都经济建设建言献策上多出成果。

在学术年会主题报告会上，中国农业科学院农业经济与发展研究所秦富研究员、中国人民大学汪三贵教授、北京市农村经济研究中心郭光磊主任分别做了题为"我国发展新时期的粮食安全问题""以精准扶贫实现精准脱贫：我国反贫困的新思路"和"十三五"时期要树立新的京郊农业发展观"的主题报告。

学术年会征文入选的24篇学术论文，分为"农地流转与劳动就业""市场贸易与产业发展""信任信仰与社会保障"和"经济增长与资源环境"4个主题，分别在4个分会场进行了发表交流。

本次学术年会共收到42篇学术论文。在入选的24篇论文中，4篇优秀论文荣获"周诚农业经济学奖"二等奖，6篇优秀论文荣获"周诚农业经济学奖"三等奖。到会的学会领导与本届征文奖金捐助者邓联武先生一起，向本届学术年会征文所有入选论文的作者颁发了入选优秀论文奖证书，并向"周诚农业经济学奖"获奖论文的作者颁发了奖金。

此外，北京农业经济学会各团体会员单位都根据各自的学术活动安排，开展了形式丰富的各种学术交流活动。北京农业经济学会会员也积极参加各种学术交流活动，推动了北京地区农业经济学术事业的发展。

二、积极申报社科联的资助项目，启动了学术文集出版等工作

1. "2015 北京学术前沿论坛"学会专场资助项目

北京农业经济学会由会长唐忠教授牵头，以"京津冀一体化背景下的农业协同发展"为主题，申报了"2015北京学术前沿论坛"学会专场资助项目。项目获得批准，到账资助额为1万元。学会于2015年7月4日举办了此次专场论坛。论坛积极邀请了河北农业大学经济贸易学院、天津商学院经济管理学院等单位的学术参会，扩大了学会的影响，也

由此建立了与河北、天津等北京周边省份农业经济学者之间的联系协作关系。

2. 社科联的学术论文集出版资助项目

北京农业经济学会于 2013 年、2014 年连续两年在中国人民大学举办了学术年会。在学会学术年会论文征文时，都曾承诺结集出版论文集。然而由于出版资金等方面的原因，这项工作却迟迟未能正式启动。2015 年学会向北京市社会科学界联合会申请了论文集出版资助项目并获得批准，获得资助金额 3 万元。因此，学会秘书处再重新联系作者获得再次确认的基础上，将 2013 年和 2014 年两年学术年会入选征文中尚未投稿发表的学术论文，汇编成学术文集，以"中国农业经营发展研究"为题，提交给了中国农业出版社正式出版。

3. 学会专职人员聘用资助项目

北京农业经济学会在 2014 年申报北京市社科联"学会专职人员聘用资助项目"获得批准的基础上，2015 年继续申报了此类项目，也获得了批准，获得资助金额 5 万元。为此，学会结合秘书处所在单位中国人民大学农业与农村发展学院聘用人员的情况，聘用了一名专职人员。

三、积极加强学会自身建设，完善学会运行机制

1. 召开了学会会长办公会议

2015 年 2 月 12 日上午，北京农业经济学会在中国人民大学农业与农村发展学院召开了 2015 年第一次学会会长办公会议。会议总结了学会 2014 年的主要工作，通报了学会财务审计、年检以及税票开通等学会近期事务情况和学会 2014 年的财务收支情况，重点商议了学会 2015 年的工作安排以及近期学会的制度完善等问题。

2. 调整和增补了部分学会组织人员

学会根据会长办公会议的决定，部分调整和扩大学会组织机构。根据学会章程第二十四条有关学会副会长任职的条件，停止了本学会副会长周连第的职务。增补了北京市农林科学院农业综合发展研究所副所长李红研究员为学会副会长，增补了北京工商大学洪涛教授为常务理事，增补了国务院发展研究中心的高庆鹏、北京工商大学徐振宇和刘晓雪、首都经贸大学章浩和李青森等 5 位同志为本学会理事。

3. 调整完善了学会财务运行管理

2015 年完成了国税税票申报工作，开通了税票，进一步完善了学会的财务规则。

4. 恢复了具有展示性功能的学会网站

2015 年北京农业学会恢复了学会网站，目前可以满足必要的展示性功能部分。目前网站具有"学会介绍""学会动态""通知公告""学术交流""学术年会""文集期刊"等栏目。尚有待增加"会员服务""征文系统"等工作性功能的模块。

四、完成了社科联布置的各项工作

北京农业经济学会，根据北京市社科联的通知和要求，完成了各项申报、报送等任

务，也顺利地完成了学会年检等工作。

北京农业经济学会秘书处

2016 年 1 月

北京农业经济学会 2015 学术年会简介

2015 年 12 月 5 日，由北京农业经济学会和中国人民大学农业与农村发展学院共同主办的北京农业经济学会 2015 学术年会在中国人民大学明德主楼举行，来自中国社会科学院农村发展研究所、中国农业科学院农业经济与发展研究所、中国农业大学经济管理学院、北京市农村经济研究中心、北京市社会科学院经济研究所、北京市农林科学院农业综合发展研究所、北京农学院经济管理学院、北京农业职业学院、天津农学院经济管理学院，河北农业大学经济贸易学院和商学院、南京农业大学经济管理学院、西北农林科技大学经济管理学院、中国人民大学社会与人口学院与农业与农村发展学院等教学科研单位的专家学者 80 多人参会。本次学术年会的主题是"新常态下的农业经济发展"，与会代表围绕新常态下我国农业经济发展的理论与现实问题，进行了热烈而深入的学术交流。

学术年会开幕式和主题报告由与会北京农业经济学会会长、中国人民大学农业与农村发展学院院长唐忠教授主持。北京市社会科学界联合会学会管理部周志勇主任代表社科联在开幕式上致辞，对本届学术年会的召开表示热烈祝贺，对北京农业经济学会的工作给予充分肯定，并希望学会继续团结凝聚广大学者，积极开展学术活动，不断加强自身建设，在为国家农业发展和首都经济建设建言献策上多出成果。北京农业经济学会副会长兼秘书长、中国人民大学农业与农村发展学院曾寅初教授在开幕式上通报了 2015 年学会的主要工作。

在学术年会主题报告会上，中国农业科学院农业经济与发展研究所秦富研究员、中国人民大学农业与农村发展学院汪三贵教授、北京市农村经济研究中心郭光磊主任分别做了题为"我国发展新时期的粮食安全问题""以精准扶贫实现精准脱贫：我国反贫困的新思路"和"十三五"时期要树立新的京郊农业发展观"的主题报告。

学术年会征文入选的 24 篇学术论文，分成"农地流转与劳动就业""市场贸易与产业发展""信任信仰与社会保障"和"经济增长与资源环境"4 个主题，分别在 4 个分会场进行了发表交流。学会副会长、北京农学院经济管理学院院长李华教授和北京市农林科学院农业综合发展研究所副所长李红研究员，学会副秘书长、中国社会科学院农村发展研究所翁鸣研究员和北京市社会科学院经济研究所魏巍副研究员分别主持了学术论文发表会，来自中国人民大学农业与农村发展学院的汪三贵教授、尤婧副教授、郑适副教授、王志刚教授、陈传波副教授、马九杰教授、仇焕广教授、刘金龙教授等专家学者对发表的论文进行了精彩的评论。

美国北达科他州立大学农业商务与应用经济学系教授、中国人民大学农业与农村发展学院富布莱特高级访问学者 Cheryl Wachenheim（谢丽尔·瓦赫海姆）女士做了题为"Trends in Behavioral Economics：Food and Nutritional Research"的特别报告，以食物选择与营养研究为例，阐述了行为经济学研究的最新进展，重点探讨了关注非理性因素对食物选择行为的影响以及相关研究成果对消费引导政策的涵义。北京大德长丰农业生物技术有限公司董事长邓联武先生结合自己所在的种子行业背景，做了题为"我国农业生物技术与种业发展的问题与展望"的学术报告。

学术年会闭幕式由学会常务副会长、中国人民大学农业与农村发展学院孔祥智教授主持。学会副会长兼秘书长、中国人民大学农业与农村发展学院曾寅初教授简要介绍了本次年会征文以及优秀论文评审的有关情况。本次学术年会共收到42篇学术论文，经过学会特邀专家组匿名评审，共确定入选论文21篇以及针对省市属高校和科研机构的特别入选论文3篇。在入选论文中，4篇优秀论文荣获"周诚农业经济学奖"二等奖，6篇优秀论文荣获"周诚农业经济学奖"三等奖，本年度"周诚农业经济学奖"一等奖空缺。到会的学会会长、副会长和副秘书长与本届征文奖金捐助者邓联武先生一起，向本届学术年会征文所有入选论文的作者颁发了入选优秀论文奖证书，并向"周诚农业经济学奖"获奖论文的作者颁发了奖金。学会会长、中国人民大学农业与农村发展院长唐忠教授进行了简短的会议总结。

本次年会和本年度"周诚农业经济学奖"，得到了中国人民大学农业与农村发展学院89级本科校友、北京大德长丰农业生物技术有限公司董事长邓联武先生资金上的慷慨支持。

北京农业经济学会秘书处

2015 年 12 月

北京农业经济学会 2015 学术年会征文入选论文

1. 一般入选论文：21 篇（按论文标题首字拼音排序）

"半熟人社会"中的宗教信仰与人际信任——基于 2010 年 CGSS 数据的实证分析

徐立成（中国人民大学农业与农村发展学院）

CNFTA 框架下中国畜产品进口的贸易转移和创造效应——基于倍差法和 Heckman 两阶段模型的分析

王士权、常倩、李秉龙（中国农业大学经济管理学院）

PSM 方法分析正规借贷和非正规借贷对农户生产、消费和收入的影响——基于 CF-PS2010 年农村家庭调查数据

董云鑫（中国农业大学经济管理学院）

收录在本论文集中

菜籽油期货市场价格发现与套期保值功能——来自湖北省的 ARDL - ECM 的模型检验

李杏、王博雅、李富（武昌首义学院、武汉大学、长江期货）

收录在本论文集中

城镇化进程中农民工收入分布变化对其食物消费的影响——基于全国 3 510 个农民工的调查数据

李隆玲、田甜、武拉平（中国农业大学经济管理学院）

高考扩招对我国城乡教育公平的影响

徐娜（中国农业大学经济管理学院）

货币政策冲击如何影响中国农产品价格波动？——基于超调假说的分析

谢卫卫、罗光强（华中科技大学经济学院、湖南农业大学经济学院）

农地流转对家庭化流动的影响：来自流出地的证据

李龙、宋月萍（中国人民大学社会与人口学院、中国人民大学人口与发展研究中心）

农地确权促进农地流转吗？

林文声、王志刚（中国人民大学农业与农村发展学院）

农业生态治理能否改善农业增长中的生态尾效——引入水土资源质量约束的中国农业内生增长模型

刘乃郗、王萍萍（中国农业大学经济管理学院）

人口增长、结构调整与农业面源污染——基于空间面板 STIRPAT 模型的实证研究

吴义根、冯开文、李谷成（中国农业大学经济管理学院、池州学院商学院、华中农业大学经济管理学院）

社会信任对农户公共物品合作供给行为的影响分析——以小型水利设施为例

王昕（天津商业大学经济学院）

土地利用结构、产业结构与经济增长——以陕西为例

谢刚、李世平（西北农林科技大学经济管理学院）

土地托管与农地流转的挤出替代效应分析

孙凯、仝志辉（中国人民大学农业与农村发展学院）

我国粮食生产的范围经济与专业化研究

袁斌、陈超（南京农业大学经济与管理学院）

收录在本论文集中

现行草地经营制度下牧户是有效的吗？——基于内蒙古典型牧区 422 个样本的分析

刘博、励汀郁、赵青、谭淑豪（中国人民大学农业与农村发展学院）

新常态下我国棉花产业转型与市场调控：反思与前瞻

王双正（国家发展和改革委员会价格监测中心）

新农保提升老年人健康吗？——基于 CHARLS 数据的实证研究

郑晓冬、方向明（中国农业大学经济管理学院）

中国农民工工资议价能力测度——工作能力、劳资议价与工资离散

马英辉、蔡海龙（中国农业大学中国农村政策研究中心、中国农业大学经济管理学院）

宗教信仰对农村居民村委会选举行为的影响

普蓂喆、阮荣平、郑风田（中国人民大学农业与农村发展学院、中国人民大学国家发展与战略研究院）

最低工资、空间溢出与非农就业——基于空间杜宾模型的分析

秦明、樊林峰、王志刚（中国人民大学农业与农村发展学院）

2. 特别入选论文：3 篇（按论文标题首字拼音排序）

北京农业多功能演进过程及机理研究

陈慈、王爱玲、文化（北京市农林科学院农业综合发展研究所）

河北省蔬菜产业投入——产出效率的实证研究

张瑞涛、周明明、王俊芹（河北农业大学经济贸易学院）

美丽乡村生态建设 PPP 模式构建——基于白洋淀三个村庄的调研

王军、刘竟资、陈希（河北农业大学商学院）

收录在本论文集中

北京农业经济学会秘书处

2015 年 12 月

后　记

　　历经几个月的编辑整理工作，北京农业经济学会学术文集 2016/2017《中国农业经济协调发展研究》书稿，终于可以提交给出版社了。本文集的论文主要来自于以下 3 个部分：一是北京农业经济学会 2015 学术年会入选征文中尚未正式发表的部分论文，二是北京农业经济学会 2015 年组织召开"京津冀一体化背景下农业协同发展学术研讨会"的部分征文，三是北京农业经济学会秘书处为了编辑本文集而专门向部分会员征集的论文。

　　这是北京农业经济学会按照工作计划编辑出版的第二本学术文集。与2016 年出版的学术文集相比，收录在本文集中的学术年会入选征文数量明显减少。这并不是因为学术年会入选征文的数量减少了，而是因为大部分入选征文的作者都希望将其论文投稿到学术期刊发表。这至少说明本学会学术年会的入选征文具有不错的质量，大部分都达到了能够在学术期刊正式发表的水平。作为学术年会的主要组织者我应该为此高兴。但是，作为文集的编者我就不得不为本学术文集再次集征论文了。如果这种状况成为常态，那么学会看来就需要专门开辟学术文集论文的新稿源了。

　　编入本文集的论文并不是没有问题，一定存在着这样或那样的不足。编者在整理编辑时，也并没有对这些问题进行特殊的处理。但尽管如此，这些论文仍然具有其可贵的学术价值。许多论文既反映了作者对我国农业经济现实实践的强烈关注，也体现了对农业经济理论问题的不懈追求。北京农业经济学会出版此文集，正是希望通过农业经济学者之间的相互交流，共同提高我们的农业经济学术研究水平。

　　本文集的出版，我们首先要感谢各位作者积极支持本学会的活动，积极向本学会的学术年会提交征文，并到会进行报告交流，要感谢在学术年会上各位评论者对征文内容提出的宝贵的修改意见和建议，要感谢为学术年会组织和征文活动给予了大力支持的各学会团体会员单位，要感谢为学会学术年会及论文征文和报告交流做出贡献的秘书处工作人员和志愿者。特别要感谢来自天津和河北两地的农业经济学者积极参加本学会组织的学术研讨会和学术年会，并同意将征文收录在本文集中。其次，我们也要诚挚感谢为本文集的出版提供资助的北京市社会科学界联合会和中国人民大学农业与农村发展学院，感谢为文集出版做出贡献的出版社编辑！

　　衷心希望本文集的出版能对学界同仁有所启迪，也衷心希望北京农业经济学会能够越办越好，在推动北京地区的农业经济学术研究中发挥更大的作用。

北京农业经济学会副会长兼秘书长

曾寅初

2017 年 2 月